竞争政策与法律文库

黄勇 总主编

专著系列

江山 主编

纵向垄断协议合意之研究

Assessing the Concepts of "Agreement" Applied to Vertical Agreements

何 晴 著

法律出版社
LAW PRESS·CHINA
北京

图书在版编目(CIP)数据

纵向垄断协议合意之研究 / 何晴著. -- 北京 : 法律出版社, 2020(2022.7 重印)
ISBN 978-7-5197-5104-3

Ⅰ. ①纵… Ⅱ. ①何… Ⅲ. ①反垄断法-研究-中国
Ⅳ. ①D922.294.4

中国版本图书馆 CIP 数据核字(2020)第 218496 号

纵向垄断协议合意之研究
ZONGXIANG LONGDUAN XIEYI HEYI ZHI YANJIU

何 晴 著

策划编辑 沈小英
责任编辑 刘晓萌
装帧设计 李 瞻

出版发行 法律出版社
编辑统筹 法治与经济出版分社
责任校对 王 丰 王语童
责任印制 吕亚莉
经 销 新华书店

开本 710 毫米×1000 毫米 1/16
印张 17 字数 287 千
版本 2020 年 11 月第 1 版
印次 2022 年 7 月第 2 次印刷
印刷 北京虎彩文化传播有限公司

地址:北京市丰台区莲花池西里 7 号(100073)
网址:www. lawpress. com. cn
投稿邮箱:info@ lawpress. com. cn
举报盗版邮箱:jbwq@ lawpress. com. cn
销售电话:010-83938349
客服电话:010-83938350
咨询电话:010-63939796

书号:ISBN 978-7-5197-5104-3
定价:98.00 元
凡购买本社图书,如有印装错误,我社负责退换。电话:010-83938349

竞始择
争而和

总　　序

时至今日，市场经济成为现代国家经济发展模式的最优选择，已是共识。市场经济是主要通过市场来配置资源的经济运行机制，即经济生活中“生产什么”“如何生产”“为谁生产”等问题交由市场决定。市场经济条件下，由竞争所形成的资源相对价格承载着某一资源相对于其他资源的稀缺程度信息，而市场参与者依据该信息便可掌握相关市场的竞争态势，并作出相应的资源配置决策，从而大大降低信息成本和交易成本。与此同时，市场参与者不仅要受到竞争约束，而且要受到产权约束，从而极大降低了监督成本。正因如此，市场经济成为一种静态和动态资源配置效率兼具的经济制度。倘若不建立这样的制度，社会资源配置就缺乏可靠的指引，经济资源也就无法得到有效配置。因而市场经济成为各国发展经济的不二选择，我国也不例外。党的十四大确立“建设社会主义市场经济体制”目标、1993年“市场经济”入宪，宣示我国开启了经济建设的新模式。

市场经济要求市场在资源配置中起决定性作用，竞争是市场的核心机制。没有竞争，也就无所谓市场，更遑论市场经济。政策文件、法律文本上的“市场经济”，并不必然意味着市场或竞争能够在现实的资源配置中发挥积极作用。对于尚处于转型期的中国来说，计划经济体制下长官意志、行政命令和对产业政策的深度路径依赖并未完全消除，仍残留在经济政策制定的过程之中,或隐或显地影响或干扰着经济运行,其典型体现便是坊间所称的“行政垄断”。这不仅戕害市场公平竞争,也损害市场运行效率和政府威信。与此同时,竞争的自我毁坏性在我国市场经济运行中也不可避免。如何有效规制垄断便成为市场经济运行中不可回避的话题。1993 年出台的《反不正当竞争法》和 2007 年颁布的《反垄断法》相继成为我国打击垄断、保护竞争的法制支撑,在矫正竞争扭曲行为、维护市场竞争秩序方面发挥了不容忽视的效用,但在我国改革进入“深水区”之时面临包括体制、机制在内的诸多束缚和挑战。显然,这已不是反垄断法所能承载之重,需将竞争政策与法律置于中国全面深化改革的时代大背景之下整体考量、全面筹划。

在中国,自古以来改革绝非易事,当代经济改革更是一件宏大的历史叙事。对内改革、对外开放,是 30 多年来经济建设不变的主题。众所周知,改革就会向旧体制“宣战”,更会触动某些利益集团或群体的“奶酪”,从而使改革困难重重。拿出“壮士断腕”的勇气和魄力,不是套话而是改革浪潮中决策者的真实呼唤与深情呐喊。因此,在经济改革进程中,导入竞争机制,将计划经济体制遗留下来的那只踩住市场“无形之手”的政府“有形之脚”驱离,还以市场经济之应有活力,其难度可想而知!改革尚未完成,法治仍需努力!唯有通过改革,方能不断巩固和强化市场机制,以及竞争在资源配置和国民经济运行中的决定性作用。“使市场在资源配置中起决定性作用和更好发挥政府作用,必须以保护产权、维护契约、统一市场、平等交换、公平竞争、有效监管为基本导向,完善社会主义市场经济法律制度”,不仅是政策表达,更是经济改革的制度诉求。其核心,是促进市场竞争的政策选择与法律治理问题。对学者来说,是挑战,更是机遇。

在欧美成熟市场经济法域,丰富的反垄断理论学说与实践经验的积累,源自制度与市场长时期的共同演进。而在中国,反垄断法诞生伊始就面临着浓缩的改革大时代和迭代的经济新潮流,既要夯实制度基础、因应改革变局、又要立足理论前沿、迎接未知未来。为此,与之相关的竞争政策与立法的基础性、系统性和前沿性、开创性的研究都亟待充实。当前,竞争政策与法律所处的宏观环境是动态的。正推进着的全面深化改革战略,不仅从制度层面上不断改变着现行的制度与规范体系,更改变着制度所处的环境,需要研究动态之下的制度把握与应用。唯有宏观把握竞争政策与产业政策作为经济发展政策工具选择的优劣、消长,方能从容布划,为经济改革的路径选择、制度设计和政策制定建言献策。与此同时,反垄断法的不确定性也呼唤理论与实践的深化。这种不确定性由多种因素促成,既有规范文字的原则抽象,也有垄断行为的千变万化,更有市场情势的瞬息万变。也正是因为这种不确定性,使反垄断法适用极具技术性、专业性,无论是具体实务还是理论探讨,无不需要跨领域、跨学科的多角度、多层次深入思考、比较分析、潜心研究,借鉴和汲取域外有益经验,总结和归纳国内反垄断实践之得失。竞争政策与反垄断法不是停留在政策与法律文本的字里行间,而是要落地、生根,在政策实施与法律适用中方能获得生命。脱离实际、远离中国市场竞争的竞争政策与法律研究注定是灰色的。该领域的研究不仅要着眼于竞争政策与反垄断法深层次的理论追寻,更要善于把握现实中的实践需求,如当下的公平竞争审查、执法机制与程序完善、创新与反垄断等问题,深入挖掘、扎实研究,小心求证、谨慎结论。唯有如此,竞争政策与法律研究在中国方可开花、结果。

对外经济贸易大学竞争法中心是为回应我国《反垄断法》制定和实施需求、推动竞争法律与政策研究、加强对外学术交流与合作而成立的校级研究机构。自成立以来,始终以"竞始择,争而和"为情怀,以推动和引领中国竞争法研究为己任,通过举办国际性论坛、系列讲座和提供咨询服务等多种形式,构建良好的学术研究平台,开展前沿性研究、培养竞争法人才,服务国家与社会。百舸争流,奋楫者先。为进一步推动中国竞争政策与法律研究的发展,中心拟举惠园之力、聚全国竞争法同人之智识,组织出版《竞争政策与法律文库》,以共襄中国竞争法治之盛事。《文库》设专著系列、译著系列、案例系列、文集系列,是法律出版社与对外经济贸易大学竞争法中心共同打造的学术品牌。中心将秉持开放包容之胸怀、恪守择优务实之原则,认真对待每一位竞争法志士的优秀作品。期待您的大作!

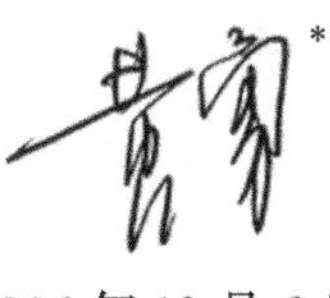*

2016 年 10 月 6 日

* 对外经济贸易大学竞争法中心主任,教授、博士研究生导师。

序　言

我国《反垄断法》为市场经济发展保驾护航10余载，第十三届全国人大常委会将《反垄断法》的修订列入立法计划，表明国家进一步明确将竞争政策作为推动市场经济改革、促进产业结构调整的基础性政策，修订《反垄断法》的首要目标便是“强化竞争政策基础地位”。垄断协议作为规制限制竞争行为的主要行为类型，在反垄断法中的地位不言而喻。数字经济时代背景下垄断协议的实施方式更加隐蔽化，如何分辨经营者之间的共谋行为成为我国《反垄断法》修订面临的挑战。因此，为响应《反垄断法》修订的呼声，本书选取“合意”这一概念作为研究垄断协议的切入点，希冀对明晰垄断协议的定义有所裨益。另外，本书系于2018年发表之博士学位论文基础上撰写而成的，虽着力于解决一般性问题，但并未脱离我国经济生活发展状况以及当前执法实践，与《反垄断法》修订方案中的一些热门议题直接相关，例如，结合我国执法实践重新审视转售价格限制的构成要件，以及在第四编第四章讨论市场力与合意关联性时对“相对优势地位”的内涵及功能做了延伸探讨。

对协议“合意”内涵的确定是确定垄断协议定义的重点与难点，直接影响《反垄断法》中垄断协议概念所能涵盖的协议类型。与合意行为相对应的概念是单方行为，因此，要确定垄断协议合意内涵的宽窄就必须确定合意行为与单方行为的界限，而在垄断协议类型中，对纵向垄断协议的研究是区分合意行为与单方行为的关键。研究纵向垄断协议难免需要考虑一个先决性问题,即是否有必要在讨论限制竞争效果之前讨论合意。通过归纳总结美、欧理论及实务发展成果可知,竞争法对垄断协议的评价虽最终落脚于效果,但在纵向限制情形下,亦须关注行为本身是否存在合意。当经营者市场力较小时,可能因为经营者采合意行为而产生竞争损害,如依美国法扩大学说理论,因受第三方强迫所为之转售价格限制属合意行为且限制竞争效果显著;反之,若合意不成立,即仅为单方行为,且无可非难之限制竞争效果。当经营者市场力较大时,如果不存在合意而系单方限制行为,则行为之限制竞争疑虑是否达以"滥用市场支配地位"进行规范之必要,则须依滥用市场支配地位的违法性评价标准进行判断。

因判例之于竞争法的意义,本书对美、欧之相关判决整理达 50 余个,并对照纵向垄断协议之各种行为态样予以类型化,择其要而有详解或论述者达 30 多个。希望为致力于反垄断法研究之学界同仁,就垄断协议相关基础问题的解释方面提供有益参考与案例支撑。若可作为法学相关专业学生的辅助教材或延伸读物,则为本书之荣幸。以下提示书中几项美、欧法院之判决,以利于读者阅读。

欧盟竞争法下,纵向垄断协议的合意内涵自 2000 年拜耳案到 2003 年大众汽车案再到 2009 年葛兰素史克案,经历了由限缩到适当回调的过程,其中拜耳案的意义体现为两点:一是由传统的"持续商业关系"理论向"默示同意"理论转变;二是体现了合意对于违法性判断的功能性,即倘若合意不成立,则协议不具违法性,故无须论证其是否具有限制竞争效果。因此,本书在梳理欧盟竞争法关于合意内涵的部分系先从同时包含协议、决定与协同行为的垄断协议合意概念着手,再具体论述影响合意内涵宽窄的纵向垄断协议。而美国反托拉斯法上的合意概念则更加难以梳理归纳,其中,1984 年孟山都案的"生产商—控诉者共谋"模式对合意内涵的限缩倾向实则有受当时对纵向价格限制仍采本身违法原则的影响,因此,对于合意内涵的研究又必须结合本身违法原则以及合理原则的发展轨迹。

本书付梓之际,《〈反垄断法〉修订草案(公开征求意见稿)》已向社会公开征求意见,希冀本书对反垄断法理论及实务能略尽绵薄之力。

在此要感谢恩师何之迈教授,我于 6 年前初到我国台湾地区求学,若非恩师有教无类倾囊相授,断然不会有拙著问世。另要感谢北京邮电大学人文学院法律系的支持以及学校新进教师人才项目给予的经费支持。

本书之成有赖法律出版社法治与经济分社沈小英社长与刘晓萌编辑及编辑部各位同仁提出之宝贵建议，于此鸣谢。

何 晴

2020 年 10 月 10 日

Contents

目录

第一编 绪　　论

第二编 美国与欧盟垄断协议之合意内涵

表目录

图目录

第一编 绪　　论

第一章　研究动机与研究目的

第一节　研究动机

竞争法作为法学领域中尤具全球化特征的法的部门，在不同法域之间又存在较为显著之个体化差异，如法律思维、分析架构及举证责任分配制度等。而研究纵向垄断协议之意义恰如美国学者理查德·波斯纳所言：反托拉斯法中关于纵向限制政策的部分是反托拉斯法研究中最大的实质性问题。[①] 故本书将以比较法为主要研究方法，以美、欧、中国法制为重点，对纵向垄断协议研究议题中最为根本却又极富争议性之“合意”的内涵展开讨论。

限制竞争行为中的两个主要行为态样即为垄断协议与单方行为。垄断协议之核心概念为“合意”，而合意应如何定义在学说及实务上素有争议。垄断协议中的纵向垄断协议因与横向垄断协议有所不同，又与单方行为有所交错，因此研究纵向垄断协议合意内涵有助于厘清垄断协议之合意内涵。

立法上，美国反托拉斯法体系中以存在契约(existence of an agreement)为要件的立法包括《谢尔曼法》(Sherman Act)第1条、第2条部分行为(以共谋手

---

① See Richard A. Posner, *Vertical Restraints and Antitrust Policy*, U. Chi. L. Rev. 72, 2005, p. 229.

段试图获取垄断)以及《克莱顿法》(Clayton Act)第 3 条,且上述法条所规定契约之构成要件大多数情况下(most often)是相同的。[①] 以《谢尔曼法》为例,第 1 条规范具有限制竞争效果的契约、联合或共谋,第 2 条规范垄断经营者实施的单方限制行为,或经营者为获取市场支配地位所为之限制行为。一般认为,适用《谢尔曼法》第 1 条判断垄断协议之不合理性对于经营者市场力水平要求较低,而适用第 2 条判断是否存在滥用行为则对于经营者市场力水平要求较高(法院曾将支配地位认定为市场份额须高于 70%[②])。故有学者指出,法院似乎忽略了第 2 条亦包含"以共谋手段试图获取垄断"之情形,[③]而此与法院之"空白理论"(gap theory)相关。[④] 申言之,上述情形在理论上并不以经营者具有支配地位为要件,但于法律适用上,对于市场力不足者(未达垄断)是否可能通过实施垄断协议实现排除竞争者进而获取垄断之效果,在纵向垄断协议之情形下是否成立"以共谋手段试图获取垄断",存在学说及实务上之争议。

比较欧盟立法例,亦存在关于纵向垄断协议合意认定之争议。欧盟限制竞争规范规定于《欧盟运行条约》(Treaty on the Functioning of the European Union, TFEU,本书以下简称欧盟竞争法)第 101 条与第 102 条,其中第 101 条规范垄断协议,并将违法情形规定于第 101 条第 1 项,将豁免情形规定于第 101 条第 3 项。而单方行为同样因为须首先满足市场支配地位之认定始得适用第 102 条之规范,从而造成不具市场支配地位之经营者所为之单方行为同时不受第 101 条及第 102 条规范的情形。[⑤] 唯须注意的是,美国立法例下学者提出的质疑似认为尚存在应受规范但可能被遗漏之"共谋",而欧盟立法例下则不存在此类可能被遗漏之垄断协议,本书认为,此与美、欧两种立法体例下对于垄断协议之合意内涵(concept of agreement)的宽窄不同有关。易言之,欧盟竞争法之合意内涵比美国反托拉斯法之合意内涵更宽。在欧盟竞争法体例下,合意内涵

① See Phillip E. Areeda & Herbert Hovenkamp, *Fundamentals of Antitrust Law*, 4th ed., Aspen Publishers, 2011, p. 1401a.

② See Andrew I. Gavil, *Copperweld* 2000: *The Vanishing Gap Between Sections* 1 *and* 2 *of the Sherman Act*, Antitrust L. J. 68, 2000, p. 94.

③ Ibid., p. 92.

④ 该理论基于法院的一种假设,即证明"不合理限制交易"的证据较证明滥用市场支配地位或试图获取市场支配地位的证据要求更少。See Andrew I. Gavil, *Copperweld* 2000: *The Vanishing Gap Between Sections* 1 *and* 2 *of the Sherman Act*, Antitrust L. J. 68, 2000, p. 92.

⑤ See Richard Whish & David Bailey, *Competition Law*, 8th ed., Oxford University Press, 2015, p. 110.

之范围甚至包括外观上看似单方行为之行为态样。① 且对于纵向限制行为之非难性理论包括两种:“持续商业关系”(Continuous Business Relationship)理论与“默示服从/同意”[Tacit Acquiescence (Assent)]理论,即使前者如今已被欧洲法院限缩适用(美国无此理论),后者在欧盟之适用范围则较美国更广,即美国反托拉斯法体例更为严格地限制该默示服从协议概念的适用。②

实务上,美国与欧盟皆经过复杂的演变过程。从美国法院判决观察,从迈尔斯(Dr. Miles)案③到高露洁(Colgate)案④到孟山都(Monsanto)案⑤再到丽锦(Leegin)案,⑥在丽锦案之前,由于受到高露洁/孟山都(Colgate/Monsanto)两个判决的影响,法院对于纵向垄断协议之合意的认定长期以来仍较为严苛,根据高露洁/孟山都案法院的见解:即使上游生产商在契约条款中已明确阐述其包含限制竞争内容的销售政策(包含限制竞争条款的明示协议),且要求销售商必须遵从该限制政策,否则将终止契约,亦无法由销售商签订契约的行为推定其与生产商达成合意。⑦ 其中,孟山都案法院乃是在生产商对降价销售商提出终止契约的威胁并实施监督之后,进而由销售商遵从指定售价的回应行为认定存在合意,故本质上并未逾越高露洁案之见解范畴。丽锦案之后,有学者认为,高露洁案所确立的对于纵向垄断协议之合意认定采限缩认定的方法,由于丽锦案所确立的对于纵向垄断协议之违法性认定一体适用合理原则而丧失了限缩认定的必要性。申言之,丽锦案使高露洁案与孟山都案产生的影响力被大幅削弱。⑧

比较欧盟判例发展,以拜耳(Bayer)案⑨为转折点。在该案之前,欧盟委员

---

① See Joanna Goyder, *EU Distribution Law*, 4th ed., Hart Publishing, 2005, p.20.

② See Csongor Istvan Nagy, *EU and US Competition Law: Divided in Unity?: The Rule on Restrictive Agreements and Vertical Intra-Brand Restraints*, Abingdon-on-Thames, Routledge, 2013, p.37.

③ Dr. Miles Medical Co. v. John D. Park & Sons Co., 220 U.S. 373 (1911).

④ United States v. Colgate & Co., 250 U.S. 300 (1919).

⑤ Monsanto Co. v. Spray-Rite Serv. Corp., 465 U.S. 752 (1984).

⑥ Leegin Creative Leather Prods., Inc. v. PSKS, Inc., 551 US 877 (2007).

⑦ See Louis Kaplow, *The Meaning of Vertical Agreement and the Structure of Competition Law*, Harvard John M. Olin Discussion Paper No. 860, 2016, p.12.

⑧ See Herbert Hovenkamp, *Leegin, the Rule of Reason, and Vertical Agreement*, U Iowa Legal Studies Research Paper No. 10-40, 2010, p.6, 11.

⑨ Case T-41/96, Bayer AG v. Commission, [2000] ECR Ⅱ-3383.

会对于部分从表面上看似单方行为的垂直类型案件一般都将其认定为合意行为或协同行为从而受到第 101 条第 1 项的规范，且其中部分判决受到欧洲法院的肯认。然而自 1996 年的拜耳案开始，欧盟委员会所认定之纵向垄断协议合意的决定有大量被欧洲法院驳回并宣告无效，即使该案之后已有若干认定构成纵向垄断协议合意的案件得到欧盟普通法院（General Court）的支持，但仍然被欧洲法院宣告无效。①

学说上，就纵向垄断协议合意内涵之宽窄认定亦素有争议。在美国，哈佛学派、芝加哥学派、后芝加哥学派以及新发展之新哈佛学派对于反托拉斯传统理论之见解亦显现出分歧，但由于本书不拟就学派间之争论作过多赘述，仅着力于纵向垄断协议合意内涵的部分做整理、研析，因此在学说见解部分将学者对纵向垄断协议合意与横向垄断协议合意及单方行为的联系与区别之观点分为限缩学说、扩大学说以及折中学说（将于后文详述）。相较之下，欧盟相关学说见解则以对协议合意定义采较为宽松之解释为多数说，例如，有学者认为，条约规定之合意定义较广（broad interpretation），不仅包括书面契约还包括口头契约及默示同意（tacit understanding），且与品牌内或品牌间之限制竞争类型无关。② 另有学者认为，拜耳案的法院判决错误地将上下游间之合意行为认定为上游的单方行为。③

因此，通过观察整理美、欧在立法、实务及学说上之实践，思考我国 2008 年颁布实施之《反垄断法》中关于垄断协议合意部分之规定是否有可改善之空间，即为本书之研究动机。

第二节 研究目的

我国《反垄断法》自 2008 年起实施至今已有 10 多年。现行《反垄断法》中部分条款已不能完全适应现在和将来的需要，尤其是随着互联网及数字经济的快速发展，新兴产业模式下的竞争问题层出不穷，如网约车平台算法合谋、网络

---

① See Richard Whish & David Bailey, *Competition Law*, 8th ed., Oxford University Press, 2015, p. 111, 114.

② See Lennart Ritter et al., *European Competition Law: A Practitioner's Guide*, 2d ed., Kluwer Law International, 2000, p. 82, 97.

③ See Richard Whish & David Bailey, *Competition Law*, 8th ed., Oxford University Press, 2015, p. 115.

平台独家交易等问题，其中均涉及垄断协议的适用问题。国务院反垄断委员会2018年11月将《反垄断法》修订工作列入工作计划，第十三届全国人大常委会也已将《反垄断法》的修订列入立法计划。

解决新问题不仅需要有新思路、新方法，更需要把一些根本性问题研究透彻，如垄断协议的定义。美国《谢尔曼法》有100年历史，欧盟《运行条约》也有70年历史，但无论美、欧，还是我国，对于垄断协议的定义，尤其是作为主观要件的“合意”的定义存在很多争议，例如，美国学界关于合意内涵的学说就可分为限缩学说、扩大学说、折中学说，但总体上，美、欧有相互融合的趋势。从我国现行《反垄断法》关于垄断协议的立法模式来看，系将垄断协议当中的横向垄断协议与纵向垄断协议分别规定于第13条与第14条，但并未单列条文规定垄断协议的定义，垄断协议的定义应包含哪些要件、放置位置为何、可涵盖哪些具体行为态样，均涉及垄断协议的立法模式问题，但目前讨论者较少。因此，本书立足于本国理论及实践经验，从我国法治实践经验中提炼立法政策，以期为《反垄断法》的修订提出修法建议，尤其对最具争议性之第13条、第14条关于垄断协议的定义以及纵向垄断协议的规定提出建议。

第二章　研究方法、范围与问题设定

第一节　研究方法

本书采文献探讨方法、比较法及个案研究法，收集美、欧及国内文献资料，另搜寻美、欧纵向垄断协议合意研究之国内外期刊文献、学术论文及法院判决、学者文章，其中在美国司法部、联邦交易委员会网站获取相关案例资料，在 Jstor、Westlaw 等学术文献网站乃至哈佛大学法学院、芝加哥大学法学院网站打印学者文章等文献数据；又从欧盟委员会网站、OECD 网站等处收录资料，例如，在欧盟委员会网站搜寻最新《纵向限制指南》(Guidelines on Vertical Restraints)等；后按照美、欧于立法、实务及学说上之发展与现状对美、欧之相关研究进行梳理、分类、比较，并选取代表性个案做深入探讨，以便为我国竞争法垄断协议规范之改善提供参考。

第二节　研究范围与问题设定

就纵向垄断协议合意之研究议题，首先从水平面向比较上看，纵向垄断协议合意与横向垄断协议合意、纵向垄断协议与单方限制之联系与区别为何。其次从垂直面向比较上看，纵向垄断协议又有多种分类方式，例如，按合意内容是否与价格相关可分为纵向价格限制与纵向非价格限制，按合意方式是否存在明示契约条款可分为明示限制(express)与默示限制(implied),按合意主体之意愿可分为自愿型限制(voluntary)与强迫/非自愿型限制(coerced),按限制竞争效果影响范围又可分为品牌间限制与品牌内限制。其中诸如默示限制、非自愿型限制,以及纵向垄断协议之合意是否应区分品牌间与品牌内等,皆存在争议及可探究之价值。因此,需要厘清纵向垄断协议合意内涵与可能影响合意判断之相关概念的关系。

从实务发展之观察可见混合型垄断协议亦是影响纵向垄断协议合意判断之重点与难点。故本书将分别选取纵向垄断协议与横向价格限制交错、纵向垄断协议与联合抵制交错之典型案例予以研析,以期能够厘清如何在混合型垄断协议中判断是否存在合意行为。

回归至我国限制竞争规范有关纵向垄断协议内涵之检视上,拟研究之问题包括:(1)《反垄断法》第13条第2项关于垄断协议定义是否妥适,垄断协议之"禁止"应如何理解;(2)垄断协议的构成要件、对于"目的违法"的理解以及协议认定与效果认定之关系问题;(3)横向与纵向限制之区分及单方与双方限制之区分问题。

第二编　美国与欧盟垄断协议之合意内涵

第一章　竞争法规范之合意定义

第一节　美国法之合意定义

一、一般性规范定义

(一)立法背景及问题的提出

立法上,美国反托拉斯法体系中以存在契约(existence of an agreement)为要件的立法包括《谢尔曼法》第1条、第2条部分行为(以共谋手段试图获取市场支配地位)以及《克莱顿法》第3条,且上述法条所规定契约之构成要件大多数情况下(most often)是相同的。①

根据美国的司法实践,《谢尔曼法》第1条规范的协调一致行为(concerted activity)与第2条规范的单方行为(unilateral activity)相比须接受更为严厉之审查(judged more sternly)。② 具体而言,某些协议被认为当然具有反竞争性而无须审查其实际上造成之损害,而其他垄断协议则须适用合理原则,对市场力量与市场结构进行审查以评价该垄断协议的实际效果(actual effect),但无论实行何种审查方法,都不必证明实施该协调一致

---

① See Phillip E. Areeda & Herbert Hovenkamp, *Fundamentals of Antitrust Law*, 4th ed., Aspen Publishers, 2011, p. 14.01a.

② See Andrew I. Gavil, *Copperweld* 2000: *The Vanishing Gap between Sections* 1 *and* 2 *of the Sherman Act*, Antitrust L. J. 68, 2000, p. 92.

行为之主体垄断(滥用市场支配地位)或试图获取市场支配地位。[①] 但由于法条对于何为垄断协议之合意、横向垄断协议与纵向垄断协议有何区别与联系、纵向垄断协议与单方限制行为有何区别与联系,皆未见详尽说明,在此背景之下,对于美国法反托拉斯法垄断协议规范之合意定义为何,须先予叙明,以下详论之。

(二)合意主体

《谢尔曼法》第1条(包括《克莱顿法》第3条)皆为规范两人(persons)以上之间的契约或协议,唯法条除指出同时包含公司法人(corporations)与自然人以外并未具体界定其所规范之主体,[②]但学理上一般认可以较为宽松之认定方式对合意主体进行认定。根据以往及目前之判决,由单个公司内部的自然人所为之协同行为不构成《谢尔曼法》第1条所规范之"契约、联合…或共谋"。"相关经济主体"(relevant economic actor)作为新古典主义经济学理论中的名词,亦适用于反托拉斯法中关于合意主体的解释,其在大多数情形下表示企业(firm),包括公司法人、合伙企业与独资企业;参照普通法,公司法人具有单一、独立的法律人格,但合伙企业则不具有,反托拉斯法亦保留了该项差异。[③] 然而亦存在企业参与贸易协会或某个团体之情形,此时该协会或团体所为之行为可能被视为单一主体所为之行为,也可能被视为参与该协会或团体之数个企业共同实施的行为;另外,在买卖双方所建立的垂直交易关系中,可能涉及代理、寄售(consignment)或类似关系,与普通法下之"代理"(agency)概念相似,通常认为,本人(被代理人)系通过代理人实施特定行为,该行为系由单一主体所为之行为,反托拉斯法亦不例外。[④]

鉴于法条规定之概念仍存在模糊性,有学者认为,不必过分考虑是否将"企业"认定为单一主体,因为对于存在疑虑之情形,法院可先行认定系争行为构成共谋,而后在合法性审查中仍得判定合理行为为合法(若证实系争行为非"不合理限制交易"行为);对于超出传统、典型的垄断协议态样之外的一些较为特殊、可能存在争议的垄断协议态样,则可不必适用当然违法规则予以判定。[⑤] 然而

---

① Copperweld Corp. v. Independence Tube Corp., 467 U.S. 752, 768 (1984).

② See Phillip E. Areeda & Herbert Hovenkamp, *Fundamentals of Antitrust Law*, 4th ed., Aspen Publishers, 2011, p. 14. 13a.

③ Ibid.

④ Ibid.

⑤ Ibid.

无论当前之解释是否过于限缩“企业”(合意主体)之概念,皆可通过对反托拉斯实体规则的调整,对不同于常规模式(上述对于“企业”概念之解释)的“共谋者”(conspirators)做出解释。[①] 综言之,对于合意主体的认定,采较为宽松之认定方式为宜。

(三)合意方式——一致意见之意涵(a meeting of minds)

从法条内容以观,《谢尔曼法》第 1 条规定禁止不合理限制交易之契约(contract)、联合(combination)或共谋(conspiracy),此三个法律概念被解释为同一个概念,且其他涉及规范“协议”(agreement)之反托拉斯法法条,例如《谢尔曼法》第 2 条、《克莱顿法》第 3 条,其所规定之协议构成要件中大多数皆与《谢尔曼法》第 1 条规定之要件相同。[②] 以下主要从四个方面讨论:

1. 合意判断与违法性判断/限制竞争效果之关系

协议本身并不违反反托拉斯法,只有具反竞争内容之协议才被认定为违反反托拉斯法。申言之,在反托拉斯讨论框架内,协议之存在与否必须与其合法性问题分开讨论。[③] 在横向垄断协议认定中,竞争者间相互交换价格信息行为即足以认定构成协议,但该协议为“交换信息协议”,而是否具违法性则需认定其是否导致价格稳定化。[④] 换言之,是否构成固定价格协议(当然违法之协议)则还须结合其他情况证据加以证明。[⑤] 对于纵向垄断协议亦是如此,盖纵向垄断协议存在与否与对其合法性进行评价是相互独立的两个问题,因此不必担心在认定是否存在协议时将可能存在争议之内容过度包含(over-inclusiveness)在协议概念中。换言之,不必担心垄断协议之合意内涵过于宽广的问题,因为可在对协议进行合法性审查时再行判定系争协议是否应被禁止,而倘若禁止该协议之理由得到充分论证,则即使在先前认定是否存在协议时有过度包含之嫌,亦不影响最终之违法性判断。[⑥]

---

① See Phillip E. Areeda & Herbert Hovenkamp, *Fundamentals of Antitrust Law*, 4th ed., Aspen Publishers, 2011, p. 14.13a.

② Ibid., p. 14.01a.

③ Ibid., p. 14.01b.

④ Cf. Greenhaw v. Lubbock County Beverage Assn., 721 F.2d 1019, 1030 (5th Cir. 1983). See also Phillip E. Areeda & Herbert Hovenkamp, *Fundamentals of Antitrust Law*, 4th ed., New York, Aspen Publishers, 2011, p. 14.04c.

⑤ See Phillip E. Areeda & Herbert Hovenkamp, *Fundamentals of Antitrust Law*, 4th ed., Aspen Publishers, 2011, p. 14.04c.

⑥ Ibid., p. 14.11a.

2. 考量因素

《谢尔曼法》并未区分协议与共谋，甚至有时亦使用“协同行为”(concerted action)，即《谢尔曼法》第1条规范不合理限制交易的协同行为，而与协同行为有明显区别且亦受《谢尔曼法》规制之行为乃单方行为(unilateral action)，当实施单方行为的主体具有支配地位时则其受《谢尔曼法》第2条规范。① 在认定是否存在共谋时，通常存在四个考量因素，但该考量因素为选择性因素，非须同时满足始得认定存在共谋：②

(1)当系争合作行为(cooperation)会增加实施反竞争行为与实现反竞争行为目标的可能性时，则可能存在共谋。例如，倘若某厂商在经得其牧师的同意之后实施了限制竞争行为，并无法因此认定双方之间存在“协议”，虽然该厂商在未获得其精神导师(牧师)同意的情况下，可能不会实施限制行为，但该牧师的“同意”并未增加该厂商实施反竞争行为的可能性，则不构成双方之共谋。

(2)当系争合作行为会产生或增加市场力时，则可能存在共谋。具体而言，缺乏市场力的竞争者之间可以通过共谋或结合方式产生能够控制市场的力量。就纵向限制情形而言，对于生产商是否可通过实施纵向限制增加其市场力则存在不同观点，持肯定观点的学者认为，实施纵向限制可增加生产商的市场力并使其能够获取垄断利润。③

(3)当系争合作行为对竞争造成限制时，则可能存在共谋。业者之间可能采取共同行动以减少竞争，例如，当该共同行动导致价格竞争减少，或制订一致性的销售条款，则可能存在共谋。

(4)当系争合作行为使参与合作的主体在本该存在竞争的事项上放弃自主决定权时，则可能存在共谋。该对于参与者自主决定权的限制，不仅限于竞争者之间相互约束未来的竞争行为，而且只需对市场主体之行动自由达成相互约束的共识即可能构成共谋。但须注意的是，倘若未对竞争造成实际或潜在的损害，则不具有反托拉斯法意义上的限制竞争疑虑，但此与是否存在共谋乃两个层面的问题，应当分开讨论。

---

① See Phillip E. Areeda & Herbert Hovenkamp, *Fundamentals of Antitrust Law*, 4th ed., Aspen Publishers, 2011, p. 14.02a.

② Ibid.

③ See Herbert Hovenkamp, *Antitrust*, 2d ed., St. Paul, West Publishing Co., 1993, p. 177–178.

不同垄断协议态样可能涉及不同考量因素，如水平固定价格之垄断协议同时涉及上述四个因素，而就纵向价格或非价格限制类型，有学者认为通常不存在第二个因素，[①]且此因素的缺失使对于纵向垄断协议的处分较涉及竞争者间之垄断协议更为宽容。[②]

3. 构成要件及证明方法

关于合意构成要件，来自官方的法律声明实际上并未能充分解决这一问题，美国最高法院曾指出"当共谋者存在一个共同目的（a unity of purpose）或一个共同计划与理解，或在不法协议中达成一致意见（a meeting of the minds），则可能认定该行为构成共谋"，[③]该论述仅是提出存在"共谋"（collusion）即足以证明存在共谋。[④] 就法院所提及之"默示共谋"（tacit collusion），虽一般认为不同于有意识的平行行为（conscious parallelism），但亦并未给以清晰界定。总而言之，在法院判决及大多数声明中对此类关键词并无明确定义。[⑤]

基于上述考量因素，结合法院判决与学者归纳，以下试讨论合意方式——一致意见之意涵。首先须明确，主体之间不具竞争关系并不能消除其成立共谋之可能，但倘若系争行为缺乏一个明确表示的承诺（express promise），则通常无法直接推得存在共谋，而此承诺通常是为了实现互利（quid pro quo）。[⑥] 至此可见，在构成要件上并未区分横向与纵向垄断协议之合意，但对垄断协议合意内涵之讨论主要还是基于对判例之总结及学说发展。[⑦] 虽并未将此处所提及之"互利"按构成要件论，但在合意认定中，其往往成为一个决定性因素。1939 年

---

① 但亦有学者提出，只有当纵向限制有利可图时，生产商才会采取此类纵向限制，而纵向限制可能由于两种原因之一而有利可图：(1)盖该纵向限制增加销售系统的效率而有助于生产商降低成本；(2)盖该纵向限制增加该生产商的市场力而使其能够获取垄断利润。反托拉斯政策为达到消费者福利的最大化而可能肯认具第一种效果的限制行为，而非难具第二种效果的限制行为。See Herbert Hovenkamp, *Antitrust*, 2d ed., St. Paul, West Publishing Co., 1993, p. 177 - 178.

② See Phillip E. Areeda & Herbert Hovenkamp, *Fundamentals of Antitrust Law*, 4th ed., Aspen Publishers, 2011, p. 14. 02a.

③ American Tobacco Co. v. United States, 328 U. S. 781, 809 - 10 (1946).

④ See Phillip E. Areeda & Louis Kaplow, *Antitrust Analysis: Problems, Text, and Cases*, Wolters Kluwer Law & Business, 2013, p. 1124.

⑤ Ibid.

⑥ See Phillip E. Areeda & Herbert Hovenkamp, *Fundamentals of Antitrust Law*, 4th ed., Aspen Publishers, 2011, p. 14. 02b.

⑦ 关于学说见解，美国学界尚存在较明显之分歧，此部分之探讨主要在本编第三章展开。

州际电影公司(Interstate Circuit)案[①]中,美国最高法院提出,当合意主体一方知悉自己被期待并被邀请实施协同行为而遵从并参与该计划时,则可认定构成《谢尔曼法》第1条规范之共谋。[②] 该论述对共谋提出了3个要件:(1)一方知悉被邀请实施协同行为;(2)遵从相对人所提计划;(3)参与该计划。但有学者认为,该案所提之构成要件有其特殊的背景,倘若脱离这一背景则可能产生误判或将共谋定义过分扩大,遂提出如下3个限制性因素:[③](1)双方无共同行为(common action);(2)存在被邀请一方仅是实施自己单方决定之计划的可能,接受相对人提出之观点不足以构成共谋,依照相对人期待而行动不足以构成共谋;(3)不存在同意的动机(motivation/motive),如未限制一方行动之自由、未增加其市场力量。

第一个限制性因素涉及行为。首先,共同行为并非构成要件,当其中一方表示出同意受拘束及限制未来行动自由之意图(intention)时,即使无共同行为亦可能构成共谋;其次,就行为态样而言,并不局限于以实际执行为表示方式或口头表示方式,单方承诺(one-sided promise)亦有可能构成共谋,其原因可能包括一方通过杠杆作用向相对人施加压力之情形下相对人给予承诺,或该相对人因在不相关方面需要邀请一方的合作——相当于互利关系,此时给予承诺一方存在受拘束及限制未来行动自由之意图,即使计划具不可执行性亦构成共谋;[④]最后,不同执行方式或许并不影响构成共谋之判定,例如,销售商遵从生产商在先声明之条款(倘若违反则终止契约关系)与销售商先为明示承诺而后实施,虽形式不同但前者仍被推定为构成明示协议,[⑤]因销售商会基于个人最佳选择的考量(利益考量)做出决定。因此,虽法院肯认共谋可由实际实施行为认定,[⑥]但是否有实施行为、以何种行为方式表示并不重要,而应关注者为行为背后之意图及利益考量。然倘若缺少在先政策情形下而为终止契约行为(如因第三方

---

① Interstate Circuit v. United States, 306 U.S. 208 (1939).

② Ibid., p.226.

③ See Phillip E. Areeda & Herbert Hovenkamp, *Fundamentals of Antitrust Law*, 4th ed., Aspen Publishers, 2011, p.14.02b.

④ Ibid.

⑤ See Phillip E. Areeda & Herbert Hovenkamp, *Fundamentals of Antitrust Law*, 4th ed., Aspen Publishers, 2011, p.14.12b.

⑥ See Louis Kaplow, *Antitrust*, in A. Mitchell Polinsky & Steven Shavell eds., Handbook of Law and Economics, Vol. ii, Amsterdam, Elsevier, 2011, p.1127.

控诉）则无法径依该在先政策认定存在共谋，此涉及同时存在水平、垂直关系之情形，较为复杂，将于第四点讨论。

第二个限制因素实际涉及证明方法问题。传统之证明方法包括通过附加因素（plus factors）证明的方法，[①]而在法院判决中“唯一合理解释”方法亦常被适用。以经典案例孟山都（Monsanto）案[②]为代表，美国最高法院肯认由原告承担提出证据以排除一切独立行为可能的举证责任；且美国联邦贸易委员会（Federal Trade Commission ，FTC）曾试图适用《联邦贸易委员会法案》（FTC Act）第5条对三种具有促进寡占功能的方式或条款发布禁制令。[③] 但巡回法院撤销了委员会的决定，并指出即使适用法案第5条，委员会亦须证明：（1）被告存在限制竞争之意图或目的（intent or purpose）。或（2）行为不存在任何促进竞争之正当理由；且由该限制因素之表述以观，对于州际电影公司（Interstate Circuit）案要件之适用应以排除存在独立行为之可能为限制条件。

第三个限制因素涉及动机之证明。首先，法院在判决中可能因被告缺少动机而认定不构成共谋，动机的认定在判断是否构成垄断协议合意时实际是对因果关系的认定，[④]即相对人的接受或同意或执行行为是因为邀请或提供信息一方的邀请行为或寻求同意行为。其次，动机如何证明是难点。例如，对于销售商降价后生产商终止与其契约关系之情形，生产商终止契约的动机究为限制转售价格（生产商与服从不降价政策的销售商之间是否构成转售价格限制）或仅为销售商服务质量下降不无商榷余地。从利益关系角度看，生产商可能从较高

---

① 有学者认为，该方法所要求之因素有相当部分仅为证明存在相互依赖而非证明存在独立行为，如通过认定经营者行为在缺乏共谋情形下违背自身利益以证明存在共谋。See Phillip E. Areeda & Louis Kaplow, *Antitrust Analysis: Problems, Text, and Cases*, Austin, Wolters Kluwer Law & Business, 2013, p. 1127. 该方法可能导致难以将真正的默示协议（Tacit Agreement）与仅为相互依赖行为（Mere Interdependent Behavior）相区分。See Louis Kaplow, *Antitrust*, in A. Mitchell Polinsky & Steven Shavell eds., Handbook of Law and Economics, Vol. ii, Amsterdam, Elsevier, 2011, p. 214 – 215.

② Monsanto Co. v. Spray-Rite Serv. Corp., 465 U. S. 752 (1984).

③ 该三种方式或条款为：事先声明价格调整、统一交货价格、价格保护措施/“最优惠待遇”条款。See Herbert Hovenkamp, *Antitrust*, 2d ed., St. Paul, West Publishing Co., 1993, p. 83.

④ 后文还将涉及依赖性探讨，学者认为，行为之相互依赖性是存在一致意见之内在含义，本书认为，此依赖性因素似亦可视为对因果关系之认定。

的转售价格中获利,[①]故行为之有利性似可为动机提供证明,然若涉及第三方向生产商控诉后终止契约之情形,则需另行讨论。

4. 同时存在水平、垂直关系之合意证明

以生产商终止与销售商契约关系为例,倘若终止契约前有第三方销售商向该生产商控诉该销售商降价行为,则此时同时存在生产商与销售商之垂直关系、不同销售商间之水平关系。假设生产商为A,被终止契约的销售商为B,第三方销售商为C,则A终止契约行为与C控诉行为间是否存在因果关系,以及A与C是否存在共谋,可试由A终止契约之动机观察。A之动机存在两种可能,或为A基于自身政策实施的考量终止契约,或为A因终止契约符合C之利益而终止契约。[②] 就前者情形,如前述又存在两种动机——改善服务或限制价格(Resale Price Maintenance,RPM),而若为改善服务情形,因改善服务可促进销售故A与C皆可从此行为中获利,然应如何判断究为以RPM为动机或以改善服务为动机?两种方式有何差别?又,若为RPM情形,从利益考量以观,可能存在A获利大于C获利情形;反之亦存在。而倘若C获利大于A获利,则似应认为存在A为实现C之利益终止契约之可能。再者,就A为实现C之利益终止契约这一情形,亦存在两种动机——RPM与排除竞争者B,且存在C利诱(induce)或强迫(coerce)A之可能,[③]但不论何者,A、C皆构成共谋或至少为限制竞争行为;[④]当C提出限制竞争之邀请,A表示出同意受拘束及限制未来行动自由之意图,且存在同意之动机(因果关系),则似可认定A、C构成共谋。现所剩问题为:如前所述,若A之终止契约行为是以改善服务为动机,应如何认定?(推论过程总结见图1)

---

① 但销售商同时亦可从较高转售价格中获利,甚至可能存在其获利大于生产商获利之情形,盖利益考量可能影响行为动机(或为生产商基于自身利益考量,或为销售商诱导、强迫),故比较生产商与销售商获利情况有意义,而生产商之获利情况可能与其产品市场份额等市场力因素有关。

② See Phillip E. Areeda & Herbert Hovenkamp, *Fundamentals of Antitrust Law*, 4th ed., Aspen Publishers, 2011, p. 14. 12e.

③ Ibid., p. 14. 11b, 14. 12e.

④ 若存在强迫因素,则似亦存在销售商单方限制行为之可能(虽同时存在构成含强迫服从之默示协议的可能),此于后文第三节中进一步讨论。

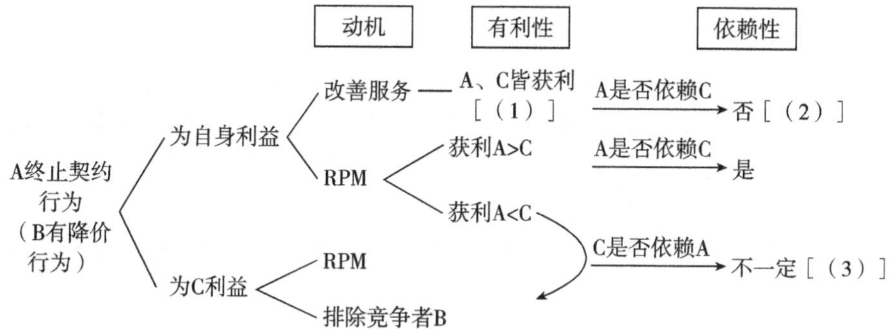

（1）如何判断究为以 RPM 为动机还是以改善服务为动机：比较 A 从改善服务方式所获之利与 RPM 所获之利，倘若前者获利大于后者则采改善服务方式之动机较大（如上游竞争程度高，服务质量严重影响销量）；两种方式之差别：体现于 A、C 相互间依赖性不同。

（2）倘若销售商 B 实施降价是因为服务质量下降所致，则 B 仍可能通过"搭便车"（其他销售商如 C 服务质量高但价格亦高）保证销量，即使服务质量影响其销量，A 不需依赖于 C 之"同意"便可与 B 终止契约关系并得实现其最大化利益，故若以改善服务为动机，则 A 对 C 不存在依赖性［此为适用马克·安德森（Mark Anderson）教授提出之"依赖性测试"方法（Dependent Test）：当行为主体实现利益最大化之行为系依赖于他人之行为时，则该行为为符合《谢尔曼法》第 1 条规范目的之协议。See Mark D. Anderson, *Vertical Agreements Under Section* 1 *of the Sherman Act*: *Results in Search of Reasons*, U. Fla. L. Rev. 37, 1985, p.930. ］（一方不存在依赖性则相互依赖不成立）。

（3）倘若 A 为 C 利益实施 PRM，则 C 依赖于 A 之同意，且 A 之获利亦依赖于 A、C 合作；倘若 A 为 C 利益实施排除 B，则 C 不一定依赖于 A，因 C 有可能仅是通过 A 实施单方限制行为。

图 1　存在第三方销售商（C）控诉行为之生产商（A）终止与销售商（B）契约关系行为分析

（四）合意内容

对于共谋之指控或审判意见，在系争共谋行为之性质认定上可能存在一定模糊性。例如，当竞争者间就以往或未来价格相互交换信息，则可认定存在共谋行为，然法官往往跳过信息交换之合作而仅是着重于认定合意主体是否共谋固定价格。诚然，前者可能导致后者，但两者实则是对共谋行为是否存在与共谋行为是否合法两个不同问题之分析。申言之，交换信息之协议虽成立但不必然具有违法性，而固定价格之协议虽具违法性但在此情形中却不必然成立。①

① See Phillip E. Areeda & Herbert Hovenkamp, *Fundamentals of Antitrust Law*, 4th ed., Aspen Publishers, 2011, p. 14.06a.

故就合意内容是否涉及价格,有学者认为不宜以合意内容为价格或非价格论合意是否成立。盖非价格限制会影响价格,而一些涉及价格的信息交换可能并不构成固定价格协议,如在生产商与销售商之交易关系中,可能存在涉及价格的控诉行为(complaints)[销售商甲向生产商控诉销售商乙擅自降价销售],此时须审慎地将该与价格相关之控诉行为作为纵向价格协议之证据,因为生产商与销售商之间的信息交换很常见,且往往有助于提高分配效率,如果直接依信息交换之内容涉及价格即推定存在共谋,或将造成对合理分配行为的不当干预。①

二、纵向垄断协议合意

(一)纵向垄断协议与横向垄断协议

虽反托拉斯法对于垄断协议之规范同时适用于横向垄断协议与纵向垄断协议,但仍需明确两者之区别。在前述认定是否存在共谋之考量因素中,部分考量因素在横向垄断协议情形中适用但不适用或适用方式不同于纵向垄断协议情形。首先,就合作行为可能产生对竞争的限制而言,在横向垄断协议情形下,一个存在竞争者的企业不可能独自固定价格,或在无其他竞争者参与的情形下将竞争者排除出相关市场,而纵向情形在某种程度上与之相同,即生产商不可能在无销售商合作之情形下固定销售商之转售价格,或迫使其购买被搭售产品。② 尽管如此,除非合意主体得控制整个市场,否则一个单纯的纵向协议无法固定整个市场上的产品价格。③ 其次,就合作行为可能增加市场力而言,横向垄断协议存在限制竞争疑虑亦是因为其可能增加原来不存在之市场力量。卡特尔协议即是通过缺乏控制产量或价格力量的公司间联合为价格与产量决策以增加市场力,但亦须明确,并非所有竞争者间之协议均会产生有意义的或甚至可察觉之力量,例如,两个农民之间达成共享一件昂贵器具的合意即不会产生可察觉之力量。④ 而在一般情形下,一个单纯的纵向协议不会增加任何一方

---

① See Herbert Hovenkamp, *Leegin, the Rule of Reason, and Vertical Agreement*, U Iowa Legal Studies Research Paper No. 10 – 40, 2010, p. 12.

② See Phillip E. Areeda & Herbert Hovenkamp, *Fundamentals of Antitrust Law*, 4th ed., Aspen Publishers, 2011, p. 14. 11a.

③ Ibid.

④ Ibid. 此"可察觉之力量"与后文所述欧盟法下垄断协议该当性判断之"可感觉效果"标准似有异曲同工之作用。

的市场力，尽管其可能反映出其中一方已存在之力量，但如前述，对于生产商是否可通过实施纵向限制以增加其市场力存在不同观点，持肯定观点的学者认为，实施纵向限制可增加生产商的市场力并使其能够获取垄断利润。总而言之，尽管纵向垄断协议与横向垄断协议存在不同，但两者皆受《谢尔曼法》第 1 条之规范，亟待认定的是当缺乏传统意义上的交换承诺(exchange of promises)的方式时，包含横向垄断协议与纵向垄断协议在内的“协议”(agreement)时构成要件为何。①

(二)纵向垄断协议与单方限制

法院通常会将“单方”(unilateral)一词作为其认定不存在非法协议的结论，但针对该“单方”情形，法院存在三种不同之解释方式。② (1)将是否属单方行为作为事实结论(factual conclusion)，即从事实之角度判断：生产商实施限制以服务于自身利益而不考虑销售商偏好(preferences)，即使该限制系存在于经销商特许经销协议(dealer franchise agreement)中，也仍仅构成单方行为；(2)将是否属单方行为作为事实结论：生产商或销售商未向相对人作出任何承诺(promise or commitment)，甚至未与相对人沟通(communication)，因此仅构成单方行为；(3)(众多法院所实行的)将是否属单方行为作为法律结论(legal conclusion)，即从法律之角度判断：系争行为，例如事先声明(advance announcements)生产商将对不遵从指定价格者停止供应之行为，系该当《谢尔曼法》规范目的之“契约、联合或共谋”，非属单方行为。

上述讨论尚未涉及效果层面之评价，而若涉及单方行为之限制竞争效果评价，则有适用《谢尔曼法》第 1 条与第 2 条之评价标准问题。有学者认为，评价标准之主要区别在于，倘适用第 1 条，则须判断系争协议是否“限制交易”(restrains trade)，此时通常需要提供产出减少的证明；若适用第 2 条，则须判断系争行为是否系由一个垄断厂商所为，且该行为不合理地(unreasonably)排除了竞争者。③

---

① See Phillip E. Areeda & Herbert Hovenkamp, *Fundamentals of Antitrust Law*, 4th ed., Aspen Publishers, 2011, p. 14. 11a.

② See Herbert Hovenkamp, *Leegin, the Rule of Reason, and Vertical Agreement*, U Iowa Legal Studies Research Paper No. 10 – 40, 2010, p. 4.

③ Ibid., p. 11.

三、结语

美国反托拉斯法对于垄断协议合意之基本定义为存在一致意见。申言之，提出邀请一方存在限制竞争之意图，接受一方存在受拘束及限制未来行动自由之意图（存在共同目的，但非“共同限制竞争目的”），且对于合意内涵之界定不区分横向垄断协议或纵向垄断协议。经营者间相互约束经营者活动，不仅限于竞争者之间相互约束未来的竞争行为，而且只需对市场主体之行动自由达成相互约束的共识即可。至于是否对竞争造成实际或潜在的损害，与是否存在共谋乃两个问题，即须明确，垄断协议合意判断与其违法性判断分属两个层面的问题，应当分开讨论。基于前文的梳理与分析，现总结如下：

是否存在合意与是否具限制效果，虽为两个问题，但反托拉斯法的评价最终落脚于效果，在影响横向垄断协议合意成立与纵向垄断协议合意成立的因素中，系争行为是否会产生或增加市场力，不仅影响合意判断，亦可能导致对于行为限制竞争疑虑的评价不同。学说上有观点认为，纵向情形下，此因素的缺失使对于纵向垄断协议的处理较横向垄断协议更为宽容。但学者赫伯特·霍文坎普（Herbert Hovenkamp）认为，生产商实行纵向限制必然是出于有利可图，而有利可图的原因包含增加销售系统效率（如为改善服务）与增加自身市场力以获取垄断利润两种可能，前者于法的评价上认其具经济效率而不具可非难性，但后者于法的评价上认其具显著限制竞争效果而具可非难性。

因此，美国法重视因果关系的认定，行为本身的合意判断对于效果判断的重要性亦由此凸显。就合意之判断，合意主体之实际实施行为可用以认定存在共谋，但并非必然存在共谋，是否有实施行为、以何种行为方式表示实则不重要，而提出邀请一方之邀请行为与相对人接受或同意或执行行为间之因果关系认定则有必要，即相对人的接受或同意或执行行为是因为邀请或提供信息一方的邀请行为或寻求同意行为，始得认定相对人对邀请一方提出之限制竞争政策为同意之意思表示。而就因果关系之证明，则需借助于行为之有利性（尤其是行为对相对人之有利性）与相互依赖性加以证明，其中对于行为动机的认定亦常为法院所重视，而通过有利性之分析可为动机提供证明。唯须注意的是，在认定动机时可能需要适用唯一合理解释的证明方法［以孟山都（Monsanto）案为典型案例］，即排除行为人存在独立行为之可能。

第二节 欧盟法之合意定义

一、一般性规范定义

(一)立法背景及问题的提出

《欧盟竞争法》第101条第1项规定禁止联合的而非个人的行为。法条所规定之"经营者间之协议(agreements)、行业协会之决定(decisions)与协同行为(concerted practices)"要求具备独立经营者间"共谋"(collusion)之要件,而不同共谋类型只有通过其表现出之强度与形式来区分,故须依据法条内在之含义进行理解与区分。[①] 法条区分上述三种行为态样之目的在于使得法条所禁止之行为能够囊括经营者间不同形式之协调(coordination)与共谋。[②]

当经营者被认定为违反第101条时将面临巨额罚款,因此也就导致实施共谋行为之经营者倾向于采取隐蔽之方式以否认存在共谋行为,而不是通过适用第101条第3项来进行行为合法性之抗辩;竞争执法机构也因此面临如何认定此类隐蔽行为是否为法律所禁止之共谋行为,或仅为独立行为。[③] 尽管上述协议、决定与协同行为可能产生重叠,但无论系争行为定性为三者中之何者皆不会影响其违法性判断,区分之关键即在于区分合法之独立行为与非法之共谋行为。[④] 故对于法条之解释较为宽松,但并未扩大至将应当被认定为独立行为之行为态样涵盖进来。[⑤]

虽总体上,欧盟竞争法之合意内涵比美国反托拉斯法之合意内涵更宽,但自1996年的拜耳(Bayer)案[⑥]开始,欧盟委员会所认定之纵向垄断协议合意的决定中有大量被欧洲法院驳回并宣告无效,即使该案之后已有若干认定构成纵

---

① See Alison Jones & Brenda Sufrin, *EU Competition Law: Text, Cases and Materials*, 4th ed., Oxford University Press, 2011, p.141.

② Case C-49/92 P Commission v. AnicPartecipazioni [1999] ECR Ⅰ-4125, para. 112.

③ 独立行为系指不存在协调(concertation)因素之单纯平行行为。See Lennart Ritter et al., *European Competition Law: A Practitioner's Guide*, 2d ed., Kluwer Law International, 2000, p.81.

④ See Alison Jones & Brenda Sufrin, *EU Competition Law: Text, Cases and Materials*, 4th ed., Oxford University Press, 2011, p.142.

⑤ Ibid.

⑥ Case T-41/96, Bayer AG v. Commission [2000] ECR Ⅱ-3383, *aff'd* Cases C-2 & 3/01 P, [2004] ECR Ⅰ-23.

向垄断协议合意的案件得到欧盟普通法院(General Court)的支持,但仍然被欧洲法院宣告无效,[①]此与学说上关于评价纵向限制行为之理论体系上的发展不无关系。以下先就欧盟竞争法垄断协议规范之合意定义予以详述。

(二)合意主体

1.经营者

欧盟竞争法并未界定"经营者"(undertaking),而是由欧盟法院承担厘清其内涵之责任。[②] 在1991年霍夫纳与埃尔瑟(Hofner and Elser)案[③]中,欧洲法院提出:经营者之概念涵盖任何参与经济活动之实体,无论其法律地位以及资本运作方式为何。而后在2000年巴甫洛夫(Pavlov)案[④]中法院指出:在系争相关市场上的任何提供产品或服务之活动皆构成经济活动。其后在2002年沃特斯(Wouters)案[⑤]中,法院又进一步说明:欧盟竞争法条款不适用于活动之目标与所遵循之规则本质上不属于经济活动范围之活动,或者为与公权力机构行使公权力有关之活动。在确定系争法律实体是否为竞争法所规范之"经营者"时,可结合如下两点进行判断。

(1)功能分析方法(Functional Approach)

首先应明确,同一个法律实体可能在实施某项活动时被认定为经营者,而在实施另一项活动时则不被认定为经营者,此时须采用功能分析方法进行辨别。易言之,应对系争实体所实施之每一项活动进行分类,将其分别划分至公权力行使范畴或实施经济活动范畴。[⑥] 例如,某成员国内的一个行政机构同时具有依法规定汽车停放位置的权力与将其所有之土地作为停车场经营之权利,则当该行政机构使用前项功能时应认定其为行使公权力而不得认定为经营者,

---

① See Richard Whish & David Bailey, *Competition Law*, 8th ed., Oxford University Press, 2015, p.111, 114.

② Ibid., p.85.

③ Case C-41/90, Hofner and Elser v. Macrotron GmbH [1991] ECR Ⅰ-1979, para. 21. See also Richard Whish, Ibid., p.86.

④ Case C-180/98 etc, Pavlov v. Commission [2000] ECR Ⅰ-6451, para. 75.

⑤ Case C-309/99, Wouters v. AlgemeneRaad van de NederlandscheOrde van Advocaten [2002] ECR Ⅰ-1577, para. 57.

⑥ Case C-49/07, MOTOE v. Commission [2008] ECR Ⅰ-4863, para. 25. See also Richard Whish & David Bailey, *Competition Law*, 8th ed., Oxford University Press, 2015, p.87.

而当其使用后项功能时则应将其认定为经营者。①

(2)参与经济活动

一方面,所谓经济活动,应满足如下条件:②

①在系争相关市场上提供产品或服务。例如,提供救护车有偿服务的医疗救助组织符合"经营者"的定义;作为一个卡特尔组织的"协调者"(facilitator)的法人亦可视为"经营者",即使该法人本身并未提供该卡特尔组织的产品或服务;而倘若仅作为持有经营者股份的股东则不构成"经营者",除非该股东通过参与该经营者之经营而对经营者实施控制(exercise control);倘若一个公司无资产,或无雇员,或无营业额,即处于"非运营"状态(dormant),则视为未提供产品或服务,不构成"经营者"。

②非必须以获得经济上之利益为目的。具体而言,一个团体即使不存在经济上之营利目的,如果其从事之活动亦可能为"经济活动"。例如,法院曾认定"联邦就业机构"(Federal Employment Office)即使免费提供其服务,亦构成"经营者";足球俱乐部从事的足球方面的活动构成"经济活动",而将这些俱乐部组织在一起的国家(足球)协会,构成"行业协会",此性质不因俱乐部为职业俱乐部或非职业(业余)俱乐部而改变。

③与行为主体之法律地位及设立方式无关。具体而言,团体或个人,只要参与经济活动即为"经营者",与该经营者之具体法律形式无关。不仅公司(companies)、合伙之工商行号可构成"经营者",而且其他团体如农业合作社、贸易协会亦可构成"经营者"(因此数个贸易协会之间签订的协议受第101条第1项之规制);自然人亦构成"经营者",除非其作为雇员之个体身份,或作为最终消费者之个体身份,盖其购买产品或服务之行为非所谓"经济上"(economic)之行为。但须注意者,当公权力机构参与经济活动时,或国有企业、由国家赋予特定职能的机构、准政府机构参与经济活动时,皆可构成"经营者"。

另一方面,所谓经济活动,不包括:③

①团结扶助(solidarity),即由一个社会团体向另一个社会团体提供强制性

---

① See Richard Whish & David Bailey, *Competition Law*, 8th ed., Oxford University Press, 2015, p.87.

② Ibid., p.87-89.

③ Ibid., p.89-92.

补助的非商业性质的行为,[①]故基于团结扶助之社会保护行为非属经济活动,但不可一概而论,须根据具体案件事实进行判断。欧洲法院曾指出,此团结扶助可能涉及之形式多样,既可能为国家社会保障计划,亦可能系由商业保险公司所运营的私人保险方案,因此有必要根据系争团结扶助是否排除经济活动进行区分。[②] 例如,如果提供团结扶助之团体向受扶助对象给付之利益取决于该受助人缴纳之金额,以及取决于该团体之经营部门因投资所获得的盈利,则该提供团结扶助方案之团体应认为正在从事经济活动。

②与公权力机构所行使之公权力相关的活动。[③] 欧洲法院曾指出,若一个团体所从事之活动系"为公共利益所实施的一项任务,且构成国家基本职能的一部分",或者其所从事之活动系"从其性质、目的以及规则上,皆与本应由公权力机构所行使之公权力相关",则该团体所从事之活动即为行使"公权力"。

③从属于非经济活动的政府采购行为。所谓"从属于非经济活动",欧洲法院曾于 2003 年芬宁(FENIN)案[④]判决中作出解释,该案涉及西班牙公权力机构实施的健康医疗产品方面的政府采购行为,就该政府采购行为是否属经济活动范畴,先是普通法院指出,当公权力机构系基于团结扶助(solidarity)向市民提供健康医疗产品,则该行为非属经济活动;欧洲法院则进一步指出,购买产品之行为不应脱离行为之目的来判断其性质,而在该案中,由于系争公权力机构实施之行为乃广泛地提供免费健康医疗产品之行为,该行为非属经济活动,则为实现该目的所实施之政府采购行为,作为上述行为之从属行为(ancillary behaviour),亦非属经济活动。

但须注意的是,第 101 条不适用于雇员与雇主之间旨在改善工作条件的团体协议,该协议属于社会政策范畴。[⑤]

---

① Case C-70/95, Sodemare v. RegioneLombardia [1997] ECR Ⅰ-3395, para. 29.

② Cases C-264/01, etc. [2004] ECR Ⅰ-2493, para. 36. See also Richard Whish & David Bailey, *Competition Law*, 8th ed., Oxford University Press, 2015, p. 90.

③ 但与国家机构磋商之后所为之垄断协议仍属竞争法规范范畴。See Alison Jones & Brenda Sufrin, *EU Competition Law: Text, Cases and Materials*, 4th ed., Oxford University Press, 2011, p. 143.

④ Cases T-319/99, FENIN v. Commission [2003] ECR Ⅱ-357.

⑤ See Alison Jones & Brenda Sufrin, *EU Competition Law: Text, Cases and Materials*, 4th ed., Oxford University Press, 2011, p. 145-146.

2. 行业协会

第 101 条所规范之垄断协议除经营者间之垄断协议以外，还包括行业协会所做之决定；就行业协会而言，并不以其参与经济活动为要件，且即使该行业协会变更为公开型公司（如在股票交易所公开发行股票）也不必然会改变其行业协会之性质。例如，在万事达卡（MasterCard）案[①]中，由若干银行组成之行业协会因之后在纽约股票交易所公开发行股票从而变更为一个独立实体且不再为原有协会之成员所有，欧盟委员会（以下简称委员会）认定其仍保持银行间行为之协调的惯常模式，且系争银行仍维持对于万事达卡公司部分相关事宜之决策权故而仍应将其视为行业协会。但该案亦具有其特殊性，即万事达卡公司之公开发行行为是于委员会行政调查程序进行过程中所为之行为。[②] 另外，如果非行业协会成员遵从该协会所做之决定，则该非协会成员亦可被认定为做出决定之合意主体。[③]

（三）合意方式——协议、决定与协同行为之意涵（agreement, decision and concerted practice）

关于行业协会之决定方式，因其与协议及协同行为相对较易区分，故先行予以说明。决定之形式主要为行业协会之组织条款、章程或规定，该决定不仅可能对参与并通过该决定之成员有拘束力，还可能对并未表示同意甚至可能未参与决策过程之成员产生拘束力；该决定反映了协会协调其成员市场行为之意图（intention）。[④]

以下就协议（agreements）与协同行为（concerted practices）分别详述。[⑤]

1. 协议

欧盟竞争法下之“协议”定义不同于契约法下之契约内涵，具体而言，竞争法之垄断协议合意内涵较契约法更宽。申言之，第 101 条之适用不以系争协议

---

① Case C－382/12 P, MasterCard Inc v. Commission EU:C:2014:2201.

② See Richard Whish & David Bailey, *Competition Law*, 8th ed., Oxford University Press, 2015, p. 94.

③ See Lennart Ritter et al., *European Competition Law: A Practitioner's Guide*, 2d ed., Kluwer Law International, 2000, p. 86.

④ Ibid.

⑤ 由于本书所述之“垄断协议”为协议、协同行为与决定之上位概念，故为达表述上之统一，后文其他部分之讨论似统一采“垄断协议”为宜。

对合意主体具有法律上之拘束力为先决条件,[①]且不论其是否为内国法所规范之契约,不论其是否规定违约责任以及不论其为书面或口头形式。[②] 但法条并未就“协议”做详尽解释,直至2000年拜耳(Bayer)案[③]普通法院提出了至今仍被视为经典之界定:[④]主观因素(subjective element)的存在正是协议之概念的显著特征,亦即经营者间就在市场上实施一项政策、寻求实现一个目标或适用一项行为准则而达成一致意愿(a concurrence of wills),则得认定构成协议。[⑤] 故由法院判决以观,构成协议之要件为系争经营者表达其在市场上以特定方式行动之联合目的(joint intention),但该联合目的之成立不以存在“共同限制竞争目的”为要件,具体而言,不以合意主体共同寻求某个限制竞争目标(pursue an anti-competitive aim)为要件。[⑥] 以往判决中亦有以“最低限度之合意”(minimum of consensus)或以“共同目的”(common intentions)为表述。例如,以“共同目的”解释协议之表述为:如果经营者间或通过第三方,如通过共同的供货商或授权人,来决定所有参与者在市场上之行为模式或受约束之经营者活动,从而限制或可能限制参与者之商业自由,则得认定经营者间存在协议。[⑦] 而就合意(consensus)之解释,法院认为其要件包括:(1)考量他人利益之意图(intent);(2)使自身置于一种经济上、社会上或道德上之压力。换言之,是指存在相互理解(mutual understanding)或联合目的(joint intention)。[⑧] 在一些判例

---

① See Lennart Ritter et al., *European Competition Law: A Practitioner's Guide*, 2d ed., Kluwer Law International, 2000, p. 82.

② See Alison Jones & Brenda Sufrin, *EU Competition Law: Text, Cases and Materials*, 4th ed., Oxford University Press, 2011, p. 142.

③ Case T-41/96, Bayer v. Commission [2000] ECR Ⅱ-3383.

④ See Alison Jones & Brenda Sufrin, *EU Competition Law: Text, Cases and Materials*, 4th ed., Oxford University Press, 2011, p. 142.

⑤ 根据欧盟委员会公布之纵向限制行为指南,其将纵向协议定义为:合意主体表示在市场上以特定方式行动之联合目的即足以构成第101条所规范之协议,其中关于目的之表示应为忠实表示,而与目的之表示形式无关;当不存在表示一致意愿之明示协议时,委员会必须证明一方提出之单方政策得到相对人之同意。See para. 25, OJ [2010] C 130/1.

⑥ Case T-168/01, GlaxoSmithKline Services Unlimited v. Commission, paras. 75-77. Available at http://curia.europa.eu/juris/liste.jsf? language=en&num=T-168/01.

⑦ Polypropylene-Rhone-Poulenc [1991] ECR Ⅱ-867, paras. 120, 211. See also Lennart Ritter et al., *European Competition Law: A Practitioner's Guide*, 2d ed., Kluwer Law International, 2000, p. 82.

⑧ See Lennart Ritter et al., *European Competition Law: A Practitioner's Guide*, 2d ed., Kluwer Law International, 2000, p. 83.

中,法院认为当经营者在"好邻居规则"(Good Neighbour Rules)或"建立惯例与行为准则"(Establish Practice and Ethics)或"为了大家的利益而遵守某些游戏规则"任一方面达成合意则可认定构成协议。① 且就协议之界定范围问题,法院指出,经营者不得以因受威胁而屈从始达成合意为抗辩理由。② 换言之,即使存在对交易相对人之威胁,亦不妨碍合意之成立。另外,法院亦曾在判决中指出不构成协议之情形,即仅为商谈(negotiations)而尚未发展至表达联合目的,或仅为单方提出要约,则不构成协议。③

相较于法院对于协议之界定,委员会则指出,即使合意主体一方或多方并无实施系争联合目的之意图(intention),但已表示有联合目的的,亦不影响对于协议之认定;协议之内涵本质上具有客观性(objective),与行为背后之实际动机(motives)与潜藏目的(hidden intentions)无关。④ 委员会认为,所谓佯装实施,或从未意图实施或遵从达成之条款,不构成抗辩理由。⑤ 由此观之,委员会除肯认法院所提出之一致意愿之主观因素外,亦强调以行为认定之重要性。申言之,在认定存在一致意愿之前提下,即有共同目的之表示,而声称无实施该共同目的之意图不影响协议之成立。⑥ 但就是否由"行为"即可认定存在协议以及行为之形式是否有限定皆不无疑问,故而"一致意愿"究应如何认定仍存在证明上之困难。在拜耳(Bayer)案中,法院提出对于联合之证明须通过直接或间接证据证明存在"一致意见"(a meeting of minds),⑦因无法证明(1)系争经营

---

① Cases 209 - 15 and 218/78, Van Landewyck v. Commission [1980] ECR 3125, paras. 85 - 86; *Cement*, OJ [1994] L 343/1, para. 45(6). See also Alison Jones & Brenda Sufrin, *EU Competition Law: Text, Cases and Materials*, 4th ed., Oxford University Press, 2011, p. 142 - 143.

② Case T - 25/95, Cimenteries CBR SA v. Commission [2000] ECR Ⅱ - 491, para. 2557. See also Alison Jones & Brenda Sufrin, *EU Competition Law: Text, Cases and Materials*, 4th ed., Oxford University Press, 2011, p. 143.

③ Jaeger/Opel Norge [1998] E - 3/97, para. 36. See also Lennart Ritter et al., *European Competition Law: A Practitioner's Guide*, 2d ed., London, Kluwer Law International, 2000, p. 82.

④ See Alison Jones & Brenda Sufrin, *EU Competition Law: Text, Cases and Materials*, 4th ed., Oxford University Press, 2011, p. 143.

⑤ Ibid.

⑥ 日本独占禁止法关于垄断协议之定义,亦有"共同"之概念,具体包括共同行为主体(共同行為の主体)、共同行为内容(共同行為の内容)与共同行为效果(共同行為の効果),虽法理上将所有主体之行为作同一评价,但就单个主体之个人"意思"应如何界定始得构成合意,则学说及实务上存在争议。参见根岸哲編『注釈独占禁止法』(有斐閣,2009年)76頁。

⑦ Case T - 41/96, Bayer v. Commission [2000] ECR Ⅱ - 3383, para. 179.

者一方为寻求相对人同意之行为(如无要求、商谈、惩罚、威胁之行为),且(2)由相对人之实际行为以观,并未遵从条款执行,因此不构成"同意",故而,综合(1)、(2)两项认定不构成一致意愿。在2006年大众汽车(Volkswagen)案①中,欧洲法院指出,认定是否存在一致意愿可以通过系争条款与/或系争合意主体之行为,②但反对不加限制地适用传统的"持续商业关系"理论,提出,该理论只有当销售协议实质上授权生产商具有提出某项决定并使之成为双方商业关系之一部分的权利时,始得适用。③ 故以行为认定一致意愿之证明方法似得到法院之肯认,然并非单纯持续商业关系的行为,而是存在一致意愿之行为;而该一致意愿之行为应如何认定,具体而言,"寻求同意"与"同意"之行为应如何认定似不无探究余地。相关问题将于本章第三节第四项以及第三编实例探讨部分进一步讨论。

2. 协同行为

协同行为概念的提出旨在预防经营者通过非协议方式共谋从而规避第101条适用之可能。④ 关于协同行为概念之阐述,法院分别于1972年染料(Dyestuffs)案⑤提出"协调"(coordination)概念及1975年糖业联盟(Suiker Unie)案⑥提出"联络"(contact)概念来加以解释。在染料案中,法院指出,经营者间之协调即使尚未发展至已经达成协议之阶段,但有意地(knowingly)通过相互间之合作行为规避竞争之风险,则为竞争法所禁止之协同行为。在糖业联盟案中,法院进一步指出,协同行为之概念不以"制订出一个实际计划"为要件,且不排除经营者享有调整自身以适应竞争者已为或预期将为之行为的权利;⑦但法院亦指出,法律禁止经营者间任何直接或间接之联络,且行为之目的或效果或为影响市场上之实际或潜在竞争者之行为,或为向竞争者透露自己决定采

① Case C-74/04, Commission v. Volkswagen AG [2006] ECR Ⅰ-6585.

② Ibid., para. 39

③ See Csongor Istvan Nagy, *EU and US Competition Law: Divided in Unity?: The Rule on Restrictive Agreements and Vertical Intra-Brand Restraints*, Abingdon-on-Thames, Routledge, 2013, p. 37.

④ See Alison Jones & Brenda Sufrin, *EU Competition Law: Text, Cases and Materials*, 4th ed., Oxford University Press, 2011, p. 161.

⑤ Cases 48, 49 and 51-7/69, ICI v. Commission [1972] ECR 619.

⑥ Cases 40-8, 50, 54-6, 111, and 113-4/73, Re the European Sugar Cartel; CooperatieveVereniging "Suiker Unie" UA v. Commission [1975] ECR 1663.

⑦ Ibid., para. 173.

取或准备采取之行动。[①] 学者对法院之阐述的解释为:当存在有意规避竞争之实际合作行为时即存在合意,但该合意不必以口头表达之形式,而得通过合意主体间直接或间接之联络推断出。[②] 另有学者认为,法院提出之概念不要求存在实际计划,但似乎要求存在互利(reciprocal)之合作或联络,并且或以影响一个事实上的或潜在的竞争者之行为为目的,或向竞争者揭露其将要或可能在市场上采取之行动。[③] 然协同行为之证明及其与协议之关系为何等仍有诸多问题需要逐一厘清。故本书整理出如下几个问题以供参考。

(1)协同行为判断与效果判断之关系

在认定协同行为是否成立之时,法院强调认定系争经营者是否参与协同行为之问题与该协同行为是否限制竞争之问题应当进行区分。[④] 申言之,垄断协议之合意判断似应与效果判断相分离,两者应为两个层面问题。

(2)构成要件及证明方法

就构成要件而言,较具争议性之问题为是否须以实施了协调之内容为要件。首先,从协同行为之"行为"(practice)之字面含义以观,似乎隐含不仅须证明存在协调之行为,还须证明存在已采取行动实行所协调内容之事实。换言之,仅为谋划之行为而未以行为将其付诸实践则不成立法条所禁止之协同行为。[⑤] 针对该观点存在争议,1991 年普通法院曾在判决中提出,由协同行为所获取之信息被认为总是会影响合意主体之市场行为。[⑥] 直至 1999 年聚丙烯(Polypropylene)案[⑦]欧洲法院才肯认了上述观点,指出协同行为须同时满足:①经营者间存在协调之行为(concertation);②存在后续实施之行为;③两者间存在因果关系。[⑧] 但法院亦指出,在举证责任上,由委员会承担证明存在协调之

---

① Cases 40 - 8, 50, 54 - 6, 111, and 113 - 4/73, Re the European Sugar Cartel; CooperatieveVereniging "Suiker Unie" UA v. Commission [1975] ECR 1663, para. 174.

② See Richard Whish & David Bailey, *Competition Law*, 8th ed., Oxford University Press, 2015, p.118.

③ See Alison Jones & Brenda Sufrin, *EU Competition Law: Text, Cases and Materials*, 4th ed., Oxford University Press, 2011, p.161.

④ Ibid., p.163.

⑤ Ibid., p.161.

⑥ Case T-7/89, SA Hercules NV v. Commission [1991] ECR Ⅱ-1711, para. 260.

⑦ Case C-199/92 P, Huls AG v. Commission [1999] ECR Ⅰ-4287.

⑧ See Alison Jones & Brenda Sufrin, *EU Competition Law: Text, Cases and Materials*, 4th ed., Oxford University Press, 2011, p.161-162.

举证责任,而由经营者就不存在实施行为承担举证责任。[①]

综上所述,对于协同行为之证明,似主要包含3个要件,且该3个要件中实际上存在两个"行为",即先行之协调或联络行为与后续之实施行为。就先行之协调或联络行为,根据判例,可能存在如下几种行为态样[②]:①直接或间接联络——频繁或单一的交流(frequent or isolated exchanges);[③]②参与会议;③平行行为与信息交换(parallel behavior and information exchanges)。且该先行行为中接收信息一方或为获取信息之积极行为,或仅为接受信息之消极行为,皆构成先行行为。[④]

(3)协同行为内涵与协议内涵之关系

首先,就协同行为与协议之比较而言,委员会在其处分决定中指出,协同行为概念之核心并不在于其与协议概念间之区分,而在于受第101条第1项规范之共谋的行为态样与单纯的平行行为(缺乏"协调",非为协同行为)间之区分。[⑤] 学者亦提出,问题之关键在于是否存在共谋;[⑥]就法律角度而言,应重点区分共谋行为与非共谋行为,并支持委员会所采之共同分类(joint classification)的方法。例如,在竞争者间以间接交换信息方式为合作行为的案例中,并无将该"合作"进行协同行为、协议或行业协会决定之区分必要,此共同分类方法受到欧洲法院之肯认。[⑦] 法院认为,当垄断协议同时包含协议与协同行为之因素时,则委员会不需证明在实施垄断协议的过程中同时存在协议与协同行为。[⑧] 并且此共同分类方法不仅适用于横向垄断协议案件,亦适用于纵向

---

① See Alison Jones & Brenda Sufrin, *EU Competition Law: Text, Cases and Materials*, 4th ed., Oxford University Press, 2011, p. 162.

② Ibid., p. 164.

③ 欧洲法院肯认协同行为不仅可由一段较长时期内定期举行的会议推论得出,亦可由单一的信息交换认定。

④ See Alison Jones & Brenda Sufrin, *EU Competition Law: Text, Cases and Materials*, 4th ed., Oxford University Press, 2011, p. 166.

⑤ Polypropylene, OJ [1986] L 230/1, para. 87.

⑥ See Alison Jones & Brenda Sufrin, *EU Competition Law: Text, Cases and Materials*, 4th ed., Oxford University Press, 2011, p. 163.

⑦ Case C-238/05, Asnef-Equifax v. Commission [2006] ECR Ⅰ-11125, para. 32. See also Richard Whish & David Bailey, *Competition Law*, 8th ed., Oxford University Press, 2015, p. 106.

⑧ See Richard Whish & David Bailey, *Competition Law*, 8th ed., Oxford University Press, 2015, p. 106.

垄断协议案件。[①] 如是观之,在协同行为与协议甚至行业协会决定不存在本质上之区分前提下,与垄断协议相对之概念应为以平行行为为主要特征之独立行为。结合前文中关于协议及协同行为概念之阐述,皆有“共同利益”或“互利”因素之考量,则是否可认为独立行为不存在此因素?[②] 垄断协议与独立行为之区分问题仍有探讨之余地。

其次,就协同行为之内涵问题,虽其与协议内涵之区分实际并不影响垄断协议之认定,但通过与协议内涵之比较或可有助于厘清两者之内涵。有学者提出质疑:协同行为之概念是否仅作为一个较协议概念更为宽松之行为态样以用于推定一致意愿之成立,或是其存在不同之行为内涵?有学者认为,当经营者以某种形式参与协调之行为时则并无必要明确区分其为协议或协同行为,[③]尽管一般认为协议对“合意”(Consensus)有更高程度之要求;[④]有学者援引委员会观点,若竞争者间之契约不被认定为协议,但仍有可能被认定为协同行为;[⑤]另有学者具体提出协同行为之内涵,即协同行为不以共同目的为要件(协议则需要),而主要关注行为是否减少了其他经营者未来行为之不确定性。[⑥] 该观点一定程度上得到英国竞争上诉法庭(Competition Appeal Tribunal, CAT)之肯认:仅一方透露其未来之意图或其他与竞争相关之信息并不排除存在协同行为之可能,因信息接收一方在制定策略时不可能不将该信息作为考量因素。此认定是否为法院所肯认则涉及同时存在水平、垂直关系之证明问题(参见以下第四点说明)。

(4)同时存在水平、垂直关系之协同行为证明

协同行为态样中常存在间接信息交换之方式,此时可能同时存在上游与下

---

① See Richard Whish & David Bailey, *Competition Law*, 8th ed., Oxford University Press, 2015, p. 106.

② 不仅独立行为概念存此疑虑,与垄断协议亦存在法律上之重要区分的单方限制行为亦存在同样疑虑,此涉及进一步区分独立行为、垄断协议与单方限制行为的问题,将于后文进一步探讨。

③ See Lennart Ritter et al., *European Competition Law: A Practitioner's Guide*, 2d ed., Kluwer Law International, 2000, p. 90.

④ Ibid., p. 80. 学者亦指出,依集体豁免规则,技术转移协议与加盟协议因授权须以存在协议为先决条件,故不涵盖协同行为态样。

⑤ See Richard Whish & David Bailey, *Competition Law*, 8th ed., Oxford University Press, 2015, p. 106.

⑥ See Alison Jones & Brenda Sufrin, *EU Competition Law: Text, Cases and Materials*, 4th ed., Oxford University Press, 2011, p. 167.

游参与者。假设销售商 A 通过作为中间人的生产商 B 与竞争者销售商 C 间接交换价格信息，此时三者之关系应当如何认定？根据英国竞争上诉法庭的观点，如果 A 向 B 透露其定价意图，而可合理预见 B 将利用该信息来影响市场状况，而后存在 B 将该信息告知 C 之行为，则由此可认定 A、B、C 共同实施了协同行为。[①] 英国上诉法院则认为此认定过于宽泛，盖"合理预见"(reasonable foresight)不足以认定存在协同行为；且其提出一个"主观测试"(subjective test)方法：A 意图由 B 将价格信息告知于 C，而 C 知悉该信息是由 A 告知于 B，且 C 利用该信息设定其价格；且指出上述法庭认定之不足在于：①仅为"合理预见"不足以证明；②若 C 不知悉该信息为 A 所告知亦不足以证明。[②]

法院之分析实际上隐含两个方面：①B 利用信息影响市场状况不应为"预见"，而应为 B 实施了与 C 的联络行为且 C 实施了调价行为(此为 A 之意图)；②C 主观知悉 A 与 B 的联络行为并因此实施了调价行为。结合前述证明存在协同行为之 3 要件，法院之分析实际上符合该 3 个要件，上述②似可作为"因果关系"要件，再加之 A 与 B 的先行联络行为、C 的后续实施行为，故可认定 A、B、C 共同实施了协同行为；倘若缺少 C 的主观知悉要件，则①A 与 B 存在先行联络行为，B 存在后续实施行为且与先行行为有因果关系，故可认定 A、B 构成协同行为；②B 与 C 存在先行联络行为，C 存在后续实施行为且与先行行为有因果关系，故可认定 B、C 构成协同行为；③无法认定 A、B、C 构成协同行为或 A、C 构成协同行为。由此观之，对于同时存在水平、垂直关系之情形，似不可单纯通过上、下游间存在垄断协议合意(如若干下游分别与共同的上游)而推定所有参与者或水平竞争者间构成垄断协议合意。

(5)证明方法可能存在之困难与不足

以行为认定构成协同行为之证明方法，因在先行行为的认定中，法院肯认合意主体一方为消极行为亦构成联络，进而纵使经营者并未实际同意(agree to)交换信息，亦可能因实施之限制竞争行为而构成第 101 条第 1 项所规范之协同行为。[③] 但此证明方法存在与单方行为相混淆之可能，如当发出信息一方是

---

① See Alison Jones & Brenda Sufrin, *EU Competition Law: Text, Cases and Materials*, 4th ed., Oxford University Press, 2011, p. 168.

② Ibid.

③ Cases 48, 49 and 51 - 7/69, ICI v. Commission [1972] ECR 619, para. 119.

以事前公告之形式，[1]故存在与非垄断协议区分难之问题。

前述协同行为内涵有提及“互利之联络”要件，就其中“互利”之内涵，协同行为之先行行为中仅为接受之消极行为即可满足此互利之要求，[2]又协议之内涵亦存在接受/同意行为之认定，故是否可将互利这一因素作为衡量标准之一纳入垄断协议判断之整体考虑因素中？此问题亦留待第三节进一步探讨。

（四）合意内容

第101条禁止一切具有反竞争性质之垄断协议，此取决于联合之实质而非形式，证明经营者间存在协调或合作之证据标准即为该协调或合作有可能影响其行为以至于限制或扭曲竞争，[3]故市场上任何应当呈现竞争状态之客体皆应为垄断协议之合意内容。第101条第1项禁止“具阻碍、限制或扭曲竞争之目的或效果”之垄断协议，其中，目的与效果之区分在于当垄断协议具有限制竞争之目的时则无须证明该行为产生限制竞争效果，只有当垄断协议之目的不明确时才有必要考虑是否具有限制竞争效果。[4] 换言之，具有限制竞争目的之合意行为本身即对竞争产生足够程度之损害，故基于判例，此类行为被归纳入一个目的框架（object box）（见表1），对于符合目的框架内的合意内容，若同时满足垄断协议合意的其他要件，则可直接对其进行违法性判断，又，其与“意图/目的”（intention）在字面含义上似容易产生混淆，故以下主要讨论目的（object）之内涵及范围。

就目的之内涵而言，其实乃从与之相关的经济背景上予以界定，系指协议的客观的（objective）意思与目的，不必证明合意主体在达成垄断协议合意时具有主观上限制竞争之意图，但并不妨碍主观意图仍可作为一个相关考量因素，但一个协议不会因其同时存在合法目的（purpose）或主观上无限制竞争之意图而被认定为不具有限制竞争目的，而当该行为具有客观正当理由时则可能不受

---

① See Alison Jones & Brenda Sufrin, *EU Competition Law: Text, Cases and Materials*, 4th ed., Oxford University Press, 2011, p. 166.

② Ibid., p. 167.

③ See Lennart Ritter et al., *European Competition Law: A Practitioner's Guide*, 2d ed., Kluwer Law International, 2000, p. 80 – 81.

④ 目的须明确但无须实现。See Lennart Ritter et al., *European Competition Law: A Practitioner's Guide*, 2d ed., Kluwer Law International, 2000, p. 93.

第101条第1项的规范。[①] 因此在评价“目的”时，须关注者为条款之措辞及其意图实现之目标，而非经营者之主观意图。[②] 例如，在爱尔兰牛肉(BIDS)案[③]中，经营者以减少(非限制)过剩之产能从而促进牛肉产业合理化为意图实施减产行为，该抗辩理由被欧洲法院驳回。由此可见，合意内容与合意主体主观意图无关，且是否实际上造成竞争减损在所不论。

表1 目的框架

横向垄断协议	纵向垄断协议
固定价格	固定转售价格或限制最低转售价格
交换信息以减少未来行为之不确定性	出口限制
划分市场	选择性经销协议[依据法国皮尔法伯(Pierre Fabre)案]
限制产出(包括消除过剩产能)	匈牙利安联(Allianz Hungaria)案一类需仔细审查(under scrutiny)的协议
限制销量	—
联合排他性交易	—
支付竞争者费用以推迟其产品的发布	—

注：目的框架中，最后一项“匈牙利安联案”一类协议，系指在该案中，汽车保险公司与汽车维修厂商就汽车维修的每小时费用签订的纵向协议，促使维修厂商为保险公司销售更多的保险产品，欧洲法院认此类协议具限制竞争之目的，但有学者质疑是否可认其为目的型限制行为，因法院之分析同时涉及“目的”与“效果”。See Richard Whish & David Bailey, *Competition Law*, 8th ed., Oxford University Press, 2015, p.131－132.

另外，上述目的框架近年来呈逐渐扩大趋势，已不仅包含明显限制竞争行为，例如固定价格、划分市场或控制出口，还涵盖委员会所认定的“新”类型之限制竞争目的，如法国皮尔法伯(Pierre Fabre)案[④]将选择性经销协议认定为限制

---

① See Richard Whish & David Bailey, *Competition Law*, 8th ed., Oxford University Press, 2015, p.124.

② See Alison Jones & Brenda Sufrin, *EU Competition Law: Text, Cases and Materials*, 5th ed., Oxford University Press, 2014, p.215.

③ Case C－209/07, Competition Authority v. Beef Industry Development Society Ltd. and Barry Brothers (Carrigmore) Meals Ltd. [2008] ECR Ⅰ－8637.

④ Case C－439/09, Pierre Fabre v. Commission [2011] ECR Ⅰ－9419.

竞争目的范畴。[①] 在T移动公司(T-Mobile)案[②]中,法院提出,证明具有限制竞争目的不需证明行为对最终消费者购买之价格有直接影响,并指出第101条旨在保护市场结构与竞争。[③] 然而,至2014年法国行际网(Cartes Bancaires)案。[④] 此扩大趋势又稍有遏制,开始恢复至传统方法。[⑤] 此案中,委员会与普通法院皆认定系争银行卡系统内成员所建立之收费结构因阻碍新的银行进入该系统而被认定为同时具有限制竞争目的与效果,但此项认定被欧洲法院所否决。欧洲法院指出,对于目的限制的概念解释应当受到严格限制。申言之,目的框架的内容不应被过度扩大。[⑥]

笔者认为,对目的限制框架内容之限制,一方面,符合向以效果为基础(effects-based)之分析方法转变之趋势;[⑦]另一方面,欧盟竞争法下之垄断协议合意内涵不论从协议或协同行为之认定来看,还是对于与独立行为之区分之强调大过对于垄断协议内部差异性之关注,以及其适用之以行为认定之客观化证明方法,[⑧]都可见其在垄断协议合意内涵上采较为宽松之界定,则有可能扩大第101条第1项所规范之行为范畴,此时如果过度扩大目的框架之内容,则似有可

---

① 对于"选择性经销协议",传统观点认为应区分"纯粹质量性"经销系统("Purely Qualitative" System)与"数量性"经销系统("Quantitative" System),前者认其不违反第101条第1项,后者认其在个案中仍可适用第101条第3项予以豁免,且均未以"目的型限制行为"论。但在2011年法国皮尔法伯案中,欧洲法院指出,限制被授权经销商在网络上销售非处方化妆品不具有"保护品牌形象"或需要向消费者提供私人建议的正当理由,且认其具限制竞争目的,因此无须证明该行为产生限制竞争效果。该案提出了即使选择性经销协议系基于质量上之考虑而为限制行为,亦可认构成目的型限制行为,该观点与传统观点不符,故有学者认该案判决仅为个例,不具有普遍参考价值。See Richard Whish & David Bailey, *Competition Law*, 8th ed., Oxford University Press, 2015, p.131, 680–683.

② Case C–8/08, T-Mobile Netherlands BV v. Raad van bestuur van de Nederlandse Mededingingsautoriteit [2009] ECR Ⅰ–4529.

③ Ibid., paras. 36–39.

④ Case C–67/13 P, Groupement des CartesBancaires v. Commission EU:C:2014:2204.

⑤ See Richard Whish & David Bailey, *Competition Law*, 8th ed., Oxford University Press, 2015, p.126.

⑥ Ibid.

⑦ Ibid., p.123.

⑧ 经营者联合之目的表现于阻挠、限制、扭曲竞争运行之故意,此故意实际上不难从经营者协议之条款或经营者团体之决议中推求而得,唯经营者联合既为非法行为,当事人也不欲人知,寻求有形证据已甚困难,况乎推知内心之目的,故渐有客观化之趋势。参见何之迈:《公平交易法专论》,中国政法大学出版社2004年版,第82页。

能导致威慑过度(假阳性错误)。

二、纵向垄断协议合意

(一)纵向垄断协议与横向垄断协议

由欧盟竞争法条款以观,不存在横向垄断协议与纵向垄断协议应当相区分之意涵,第101条适用于经营者间之所有可能损害相关市场上竞争之垄断协议态样。① 对于实施垄断协议之某个经营者并非主动(active)以限制竞争为目的而实施垄断协议之情形,纵使其合意方式仅为协助卡特尔行为的实施,如储存卡特尔组织相关的秘密文件与组织召开会议,法院仍认定该经营者构成合意主体。②

对于第101条同时适用于同一产销阶段之横向垄断协议与不同产销阶段之纵向垄断协议,曾有观点质疑该条款不应适用于纵向垄断协议,但此观点于1966年康斯坦与格伦迪格(Consten and Grundig)案③被欧洲法院所明确否决。其后在2013年匈牙利安联(Allianz Hungaria)案④中,欧洲法院指出,纵向协议对竞争之损害通常较横向协议小,然当它们存在重大的潜在限制可能时则可能具有限制竞争之目的(object)。⑤

不仅垄断协议不区分水平或垂直,前述协同行为亦无水平或垂直之区分。对于合意主体一方因另一方对其控诉产品相关之竞争问题而相应调整其行为之情形,同时存在水平竞争者间之控诉与垂直交易主体间之控诉,由哪一方发起或由哪一方先行采取行动则在所不论。⑥ 例如,在垂直交易关系中,一个销售商向一个生产商控诉存在平行进口问题,而后该生产商为阻止平行进口行为而采取相应措施,该行为则有可能被认定为垂直协同行为。⑦

---

① See Alison Jones & Brenda Sufrin, *EU Competition Law: Text, Cases and Materials*, 4th ed., Oxford University Press, 2011, p. 143–144.

② Case T–99/04, AC-Treuhand AG v. Commission [2008] ECR Ⅱ–1501.

③ Cases 56 and 58/64, Consten and Grundig v. Commission [1966] ECR 299.

④ Case C–32/11 EU:C:2013:160.

⑤ Ibid., para. 43. See also Richard Whish & David Bailey, *Competition Law*, 8th ed., Oxford University Press, 2015, p. 122; Lennart Ritter et al., *European Competition Law: A Practitioner's Guide*, 2d ed., Kluwer Law International, 2000, p. 96.

⑥ See Lennart Ritter et al., *European Competition Law: A Practitioner's Guide*, 2d ed., Kluwer Law International, 2000, p. 91.

⑦ Ibid.

（二）纵向垄断协议与单方限制

学说上一般认为“协议”一词即包含由合意一方将协议条款与条件强加于他方（another party）之情形。如果该“他方”接受该条款，则纵使接受一方为不情愿（unwilling）接受亦不妨碍垄断协议之成立，即使处罚之对象可能为该行为之主要受益人（principle beneficiaries），此在实务上不乏例证。[①] 但“协议”之内涵究可涵盖多宽之范畴，尤其是对于在初看之情形下外观上似为由一方所为之单纯之单方政策或单方行为，在多大程度上得被认定为垄断协议。申言之，何者为真正的单方行为（无相对人之参与即可实现目标），而何者为仅是外观看似单方行为而实际上相对人已为明示或默示之同意，是为辨析之关键与困难所在。且有相当之诉讼涉及此争议，而对于具有限制竞争或阻碍平行进口之单方行为可能不适用第 101 条，且由非垄断经营者所为之单方行为甚至不在竞争法之规制范畴内。[②] 然有学者指出，系争行为只要得认定为至少两方当事人之间之一致意愿的表示，则即使外观看似单方行为，仍构成垄断协议。[③]

三、结语

欧盟法下之垄断协议态样包括经营者间之协议、协同行为与行业协会之决定，故讨论垄断协议合意内涵应分别对三者加以分析，其中尤以协议与协同行为之定义较为复杂，故本书对两者之区别与联系进行了梳理。首先，就协议之内涵，法院提出协议之核心概念为“一致意愿”，有共同目的之表示，而声称无实施该共同目的之意图不影响协议之成立，但该“共同目的之表示”非具有“共同限制竞争目的”，而是在市场上共同实施一项政策、寻求实现一个目标或适用一项行为准则而达成一致意愿。此概念之本质虽为主观因素，但法院在认定时亦肯认以行为认定一致意愿之证明方法，即一方为寻求相对人同意之行为，而相对人至少为默示同意之表示，且指出经营者不得以因受威胁而屈从始达成合意为抗辩理由。其次，就协同行为之内涵，其构成要件为先行之协调或联络行为与后续之实施行为及两者间之因果关系，其中，先行行为中接收信息一方或为获取信息之积极行为，或仅为接受信息之消极行为，皆构成先行行为；而就其与

---

① See Alison Jones & Brenda Sufrin, *EU Competition Law: Text, Cases and Materials*, 4th ed., Oxford University Press, 2011, p. 147.

② Ibid.

③ Ibid., p. 148.

协议之区别，一般认为，协议对“合意”（consensus）有更高程度之要求，更有学者提出，协同行为不以共同目的为要件（协议则需要），而主要关注行为是否减少了其他经营者未来行为之不确定性，但法院亦指出对于同时存在水平、垂直关系之情形应严格论证，否则存在将协同行为定义过分扩大之可能。申言之，似不可单纯通过上、下游间存在垄断协议合意（如若干下游分别与共同的上游）而推定所有参与者或水平竞争者间构成垄断协议合意。同时亦须明确，两者之区分主要为学理探讨，而就垄断协议之认定仍应重点区分共谋行为与非共谋行为。然而在实际案例中，仍存在对于协议内涵中接受/同意行为认定难之问题，以及与非垄断协议区分难之问题，例如可能产生与单方行为相混淆之问题。（欧盟法之协议与协同行为合意认定之归纳整理见表2）

表2　欧盟法之协议与协同行为合意认定

项目	协议	协同行为
合意定义	一致意愿： 共同目的/合意（非“共同限制竞争目的”）	协调或联络： 共同目的 非共同目的
构成要件	一方寻求同意 相对人至少为默示同意	先行协调/联络行为 实际实施行为 因果关系
证明方法	法理上，限制适用“持续商业关系”理论，更多适用“默示同意”理论； 实务上，得以纵向协议一方未实际实施证明合意不成立［拜耳（Bayer）案］，反之则未必（参见《垂直指南》[1]）	以行为认定 （在举证责任上，由委员会承担证明存在协调之举证责任，而由经营者就不存在实施行为承担举证责任）
难点	（1）如何认定存在同意（不以具有实施共同目的之意图为要件） （2）如何认定构成寻求同意，且该寻求同意之意图为相对人所知悉（如当要约方采隐蔽方式时[2]）	如何认定因果关系（尤其当存在“通过第三方告知”情形时）

[1]委员会提出两种证明方式:(1)通过明示协议/明示同意(explicit acquiescence)证明,即先行签订之协议授权一方得在未来采取单方政策且该政策对相对人有拘束力;(2)当不存在表示一致意愿之明示协议时,必须证明一方提出之单方政策得到相对人之默示同意(tacit acquiescence),具体而言,包括一方明示或默示要求相对人合作实施其单方政策,同时相对人遵从该要求并实际实施该政策。委员会指出,如果生产商单方声明减少供应以阻止平行交易,而销售商继续为平行交易或以其他方式参与平行交易,则不成立"默示同意";"默示同意"还可能由一方强加其单方政策于相对人的强迫性程度(level of coercion)并结合实际实施的销售商数量从而推得存在"默示同意"。See para. 25, OJ [2010] C 130/1.

[2]如拜耳案中,生产商采减少供应量方式但对销售商无要求、商谈、惩罚、威胁之行为,如何认定生产商为寻求同意之意图且该意图为销售商所知悉。

不同于美国法下强调对于动机之证明,欧盟法院虽亦提及"互利"或利益考量之概念,但并未以此作为重要考量因素,这或与欧盟法之证明倾向于以行为认定之客观化证明方法有关。由美国法与欧盟法关于垄断协议合意界定之比较以观,两者在"协议"之合意内涵上实际具有一致性,无论"一致意见"还是"一致意愿"皆以存在共同目的/合意为核心内涵,但争点不在于是否"具有共同的限制竞争目的",而在于是否"一方寻求同意且相对人表示同意";两者之不同恐主要在于判定方法及证明方法之差异,以及欧盟法对于"协同行为"之定义与"协议"有所区分,但亦非本质上之差异,且涉及同时存在水平、垂直关系之情形时,皆持较为审慎之态度。故本书思考,在借鉴欧盟法以行为认定之方法基础上,是否可适当借鉴美国法之判定方法以解决一些证明困难或可能过分扩大合意解释之问题,是否可将互利及相互依赖性等因素作为衡量标准之一纳入垄断协议判断之整体考量因素中。

另外,须区分欧盟法下规定以"具有限制竞争目的或效果"为违法性判断标准之"目的"与主观意图不同,一个协议不会因其同时存在合法目的或主观上无限制竞争之意图而被认定为不具有限制竞争目的。

第三节　影响合意判断之相关概念

一、市场力量

研究纵向垄断协议态样中的市场力因素之意义在于,当市场力因素在纵向垄断协议中是为审查合法性之重要因素甚至为区分其与单方限制行为之难点所在时,如何更有效地分析非一方垄断状态下由两个以上经营者共同所为之行为态样,除了对于竞争之影响的分析外,对垄断协议之合意内涵的界定似乎尤为关键,而内涵之研究又与市场力因素存在关联性,故首先厘清市场力因素在具体纵向垄断协议态样中的作用,有助于厘清合意之内涵;另外,可能与合意内涵相关之强迫性、有利性、依赖性因素,在市场力因素作用之影响下,对合意判断有何影响,亦有待厘清。以下对美国、欧盟之相关内容分别进行探讨。

(一)美国

曾有学者提出,将市场力作为反托拉斯法下认定任何交易行为违法之前提条件,包括水平价格固定。① 实务上,市场力因素亦曾被司法部作为实施非价格限制的一项要件,并曾于 1985 年发布一项《纵向限制指南》[Vertical Restraints Guidelines, 50 Fed. Reg. 6263 - 03 (1985)],该指南适用于所有纵向非价格限制,包括搭售安排、排他性交易以及纵向地域限制与客户限制,提出只有当市场结构体现出系争限制行为具有危害可能时才可适用合理原则展开进一步分析。② 但该指南于 1993 年被行政院撤销。③ 由此可见,市场力因素在整个反托拉斯法评价体系中占有重要地位,就市场力对于市场竞争之影响的认识与学说上对于市场结构之关注密切相关。例如,哈佛学派之结构主义④(Harvard School Structrualism)即将垄断视为结构(structural)问题而非行为(behavioral)问题,包括认为在市场较为集中(concentrated)之产业中,竞争无法正常开展,以及认为垄断(monopoly)是通过设置进入障碍(entry barriers)、行使知识产权(intellectual property rights)与实施纵向控制(vertical control)限制竞争的结果,并将市场结构与共谋之可能性(likelihood of collusion)、利润率(profit margins)与创新速度(innovation rates)相联系。⑤ 因此,市场结构与市场效果(performance)之间有密切联系应无疑义,此关系在以下之探讨中或有涉及但并

---

① See Frank H. Easterbrook, *The Limits of Antitrust*, Tex. L. Rev. 63, 1984, p. 17 - 18, 21.

② See Herbert Hovenkamp, *Antitrust*, 2d ed., St. Paul, West Publishing Co., 1993, p. 190.

③ See Glen O. Robinson, *Explaining Vertical Agreements: The Colgate Puzzle and Antitrust Method*, Va. L. Rev. 80, 1994, p. 614 - 615.

④ 结构主义者认为,市场是脆弱的且各有不同,因而需要国家之干预,从经济学理论上,实行新古典主义的边际主义分析(marginalist analysis)工具,但不同于传统之新古典主义者依赖于假定同质产品(uniform products)与存在价格竞争之经济模型,而是将产品差异化(product differentiation)作为衡量市场活力(market vitality)的重要标准。See Herbert Hovenkamp, *The Opening of American Law: Neoclassical Legal Thought*, 1870 - 1970, Oxford University Press, 2015, p. 212 - 213.

⑤ See Herbert Hovenkamp, *The Opening of American Law: Neoclassical Legal Thought*, 1870 - 1970, Oxford University Press, 2015, p. 212 - 214.

非探究之重点,围绕本书之议题,以下将探究市场力因素对于垄断协议合意成立否之判断有何影响。

1. 市场力的功能

市场力可视为衡量限制竞争危害可能性的一个重要标准,并且有学者指出,在搭售安排案件中,市场力是衡量对买方选择所造成之有效拘束程度的标准之一,在垂直固定价格案件中,市场力是衡量供货商强迫其经销商实施纵向限制之强迫力(coercive power)的标准。[①]

而市场力因素在垄断协议判定中所发挥之作用,与当然违法规则适用范围的缩小以及合理原则适用范围的扩大相关,[②]盖市场力因素与限制竞争效果的评价相关,而随着合理原则适用范围的扩大,对于限制竞争效果之分析亦更为重要,在此背景下,市场力曾一度被认为是主张适用合理原则的前提条件,但法院仍倾向于支持能直接证明限制竞争效果的证据,如产出的减少。[③] 但不可否认,在纵向限制行为之违法性判断中,市场力仍是重要之判断标准,一般而言,只有当实施限制的当事人一方具有市场力时纵向限制行为才被认为具有反竞争性,该情形之唯一例外情形为该纵向限制行为被用于促进横向垄断协议。但在该例外情形中,作为垂直交易一方的经营者是否必须具有市场力始得成立横向垄断协议,则又须区分不同情形。一种情形,由上游厂商实施纵向限制并促成下游厂商之横向垄断协议,则产生限制竞争效果之要件为该上游厂商具有支配地位或至少具有相当高之市场份额;而另一种情形,有学者提出,当一个供货商系受销售商卡特尔之利用时,该供货商之市场力则并非产生限制竞争效果之要件,盖即使供货商缺乏强迫力亦可成为一个销售商卡特尔的监督者和协调者,且由于缺乏市场力,反而更有可能受到销售商卡特尔施加之压力。[④]

上述两种情形均涉及同时存在水平与垂直关系,且水平面向上为横向垄断

---

① See Glen O. Robinson, *Explaining Vertical Agreements: The Colgate Puzzle and Antitrust Method*, Va. L. Rev. 80, 1994, p. 613.

② See Andrew I. Gavil, *Copperweld* 2000: *The Vanishing Gap Between Sections* 1 *and* 2 *of the Sherman Act*, Antitrust L. J. 68, 2000, p. 93.

③ Ibid., p. 98.

④ See Glen O. Robinson, *Explaining Vertical Agreements: The Colgate Puzzle and Antitrust Method*, Va. L. Rev. 80, 1994, p. 613 – 614.

协议,但垂直面向上是否必然存在合意尚且可留待后文进一步探讨。[①] 以“轮轴与轮辐式”共谋(“hub-and-spoke” conspiracies)之案型为例(由数个销售商与他们共同的上游生产商组成,或由数个生产商与他们共同的下游销售商组成),垂直交易一方(该共同的上游或下游厂商,作为“轮轴”)应具有一定之市场力(虽无须达垄断),且垂直面向上存在合意。如苹果电子书案,[②]在该案中法院对于此类案件之市场力作用评价为:“一个共谋者利用其市场力量去引导其他共谋者的行为,即使该共谋者不具有完全的控制力,他依然是垄断协议的组织者。”[③]综上以观,市场力无论在单纯之纵向限制行为之效果判断中,还是在同时存在横向垄断协议之效果判断中(排除单纯为横向垄断协议之情形),皆有重要之作用。而回顾学界对于纵向垄断协议之一般态度,似倾向于采“低度规范”原则,认为纵向卡特尔无甚妨碍竞争,与纵向限制行为常被认为具有经济效率有关,又在纵向情形下,市场力为市场效果判断之重要考量,故不免产生“只有当市场力足够大时才有限制竞争疑虑,才有竞争法介入之必要”的疑问(虽非针对所有纵向限制情形),从而忽略对于行为本身是否成立合意的追究。实际上,市场力对于效果的影响并不能脱离对行为本身的观察。换言之,在经营者自身市场力并不显著的情形下,亦可能因为成立合意行为而产生竞争损害。例如,在有销售商控诉情形的转售价格限制中,(1)生产商为防止“搭便车”(为改善服务)实施转售价格限制,与(2)生产商因受控诉的销售商强迫(为销售商利

---

① 根据后文之进一步研究,需说明的是,对于涉及同时存在水平与垂直关系之情形,即使水平面向上为横向垄断协议,垂直面向上却不必然存在合意。具体而言,对于同时存在水平、垂直关系之情形,均可将案件划分为如下三种性质:(1)当案件被认定为“纯粹固定价格协议”(naked price fixing)时,本质上为水平面向之联合,而与垂直面向是否存在合意无关,且垂直交易相对人不论是否具有市场力皆不影响横向垄断协议之成立(上述例外情形中学者提出之第二种情形即为如此),如审判律师(Trial Lawyers)案;(2)当案件被认定为“纯粹排他性契约”(naked exclusionary contracts)时,虽水平面向成立横向垄断协议,但垂直交易一方必须为垄断经营者(或复数经营者之垄断)或有相当大之市场力,始得产生纯粹排除竞争者之效果,此时垂直面向上之限制行为性质为单方限制行为,如登士柏牙科设备商(Dentsply)案;(3)除(1)(2)之外,以“轮轴与轮辐式”共谋(“hub-and-spoke” conspiracies)之案型为例,垂直交易一方应具有一定之市场力(虽不须达垄断),且垂直面向上存在合意,如苹果电子书案。See FTC v. Superior Court Trial Lawyers Association, 493 U. S. 411 (1990),参见第三编第一章“抵制”部分;United States v. Dentsply, Int'l, Inc., 399 F. 3d 181 (3d Cir. 2005),参见第三编第三章“排他性交易”部分;United States v. Apple, Inc., et al., 12-cv-02826-DLC (Jul. 10, 2013),参见第三编第四章“混合型联合”部分。

② United States v. Apple, Inc., et al., 12-cv-02826-DLC (Jul. 10, 2013).

③ Ibid., p. 139.

益)实施转售价格限制相比较,一般认为,(2)情形下生产商与控诉者之间成立合意,而(1)情形下生产商与控诉者不成立合意,且(2)较(1)的限制竞争疑虑更大。因此在纵向限制情形下,亦须关注行为本身是否存在合意,而市场力因素可能影响合意的成立,以下将于具体行为态样中进行探讨。

2. 市场力的证明

对于市场力的证明,就证据之角度而言,市场份额可作为证明市场力的情况证据(间接证据)(circumstantial evidence)。① 在司法实践中,法院曾在案件中建议为证明市场力,市场份额须高于30%,但未有明确之要求;执法部门也曾在其执行指南中设置一定比例的市场份额作为“安全港”(safe harbors),如曾建议以市场份额20%作为竞争者之间实施垄断协议的安全港,建议以20%作为授权安排(licensing arrangements)的安全港。② 但须注意的是,市场份额证据并无法取代直接证据,而且只有在不存在直接证据之情形下始得适用之;其作为间接证据之本质或可解释法院为何在涉及《谢尔曼法》第1条、第2条以及《克莱顿法》第7条之诸多反托拉斯案件中,虽皆要求相当高之市场份额以认定行为之合法性,但倘若被告具有较低之市场份额而仍有直接证据表明其具有限制产出或提高价格之能力,存在事实上之损害竞争效果,则此时须以该直接证据而非市场份额为判定标准。③ 并且有学者将法院对于适用《谢尔曼法》第1条规范垄断协议与第2条规范试图垄断的市场份额要求进行比较,发现两者之最低市场份额要求很接近(皆为45%～50%),学者认为径依市场份额,并无法将单方行为(unilateral action)从垄断协议(concerted action)中区分开来。④

3. 品牌内纵向限制行为——转售价格限制与纵向非价格限制中的市场力因素

自丽锦(Leegin)案后,纵向限制行为不区分价格限制与非价格限制皆适用合理原则为合法性审查方法。在合理原则的框架内,一般情形下,只有当实施限制的当事人一方具有市场力时纵向限制行为才被认为具有反竞争性,该情形

---

① See Phillip E. Areeda & Herbert Hovenkamp, *Antitrust Law: An Analysis of Antitrust Principles and Their Application* [hereinafter ANTITRUST LAW], Vol. 2A, Boston, Little Brown & Co. Law & Business, 1995, p. 156.

② See Andrew I. Gavil, *Copperweld* 2000: *The Vanishing Gap between Sections* 1 *and* 2 *of the Sherman Act*, Antitrust L. J. 68, 2000, p. 94.

③ Ibid., p. 109.

④ Ibid., p. 103.

之唯一例外情形为该纵向限制行为被用于促进横向垄断协议,此时虽亦存在市场力但该纵向限制并非由单一经营者所为而是由多个经营者所所为。[①] 通过实施纵向限制行为而促成横向垄断协议之情形若仅限于同一品牌内,其产生限制竞争效果之要件为实施纵向限制的上游厂商(假设实施横向垄断协议的经营者为下游厂商)具有支配地位或至少具有相当高之市场份额,否则消费者会因为该品牌价格的上涨而选择购买其他品牌的替代产品。[②]

就纵向非价格限制的行为态样而言,自西尔瓦尼亚(Sylvania)案以来,美国大多数地区法院认为,实施纵向非价格限制行为的一方倘若不具有市场力则该限制行为为合法;而且在适用合理原则的情形下,纵使交易一方具有市场力,也需进一步认定系争行为是否具有促进竞争或者限制竞争的目的。[③] 而市场力之所以成为是否具有可罚性的关键因素,究其根本原因在于其存在损害品牌间竞争的可能。具有相当市场力(significant market power)的经营者通过实施纵向非价格限制抑制品牌内竞争从而有可能对品牌间之竞争造成威胁。[④] 故摒弃当然违法规则的适用并无疑义但仍有以合理原则予以检视之必要。

就纵向价格限制的行为态样而言,以最低转售价格限制(Minimum RPM)为例,丽锦(Leegin)案确立了纵向价格限制行为无论最高价格还是最低价格限制皆与纵向非价格限制一体适用合理原则的判断方法,但其存在哪些限制竞争之可能以及对其适用合理原则(放弃适用更为严厉之当然违法规则)是否意味着对其反竞争性的放松警惕尚存争议。笔者认为,一体适用合理原则并非否定品牌内纵向限制之反竞争性,而是更有利于充分分析其对竞争之影响,该影响不仅包括垄断协议所可能产生之减少产出、提高价格,还包括可能产生之排除竞争者之排他性效果。当实施最低转售价格限制的一方具有市场力时,该行为可能产生排他性效果(exclusionary effect),即倘若实施限制行为一方为具有市场力的生产商时,则他可能通过实施最低转售价格限制来要求其产品销售商不去销售该生产商的竞争者或市场潜在进入者的产品,从而排除市场上的其他生产商,维持其市场力;同理,倘若实施限制行为一方为具有市场力的销售商,则

---

① See Herbert Hovenkamp, *Antitrust*, 2d ed., St. Paul, West Publishing Co., 1993, p. 178.

② Ibid., p. 180.

③ Ibid., p. 188.

④ See Andrew I. Gavil et al., *Antitrust Law in Perspective: Cases, Concepts and Problems in Competition Policy*, 2d ed., St. Paul, Thomson/West, 2008, p. 394.

他可能通过此安排来排除市场上的其他销售商。[①] 讨论最低转售价格限制可能存在的排他性效果之意义不仅在于理解市场力对于限制竞争效果判断的影响，还在于理解在垂直交易关系中，市场力因素之所以可使一种“垄断协议”产生排他性效果，与上下游在实施该转售价格限制时双方的“互利”行为密切相关，即转售价格限制成功实施的前提是必须能够使下游厂商实施该行为所获利益高于其转而选择购买上游厂商竞争者产品所可能获得的利益。申言之，上游厂商需要付出一定代价以换取下游厂商的“同意”，故此类排他性安排亦可被称为“补偿性排他性交易”（Compensated Exclusive Dealing），[②]此时虽存在须凭借市场力以排除竞争者之纵向垄断协议，但不妨碍该纵向限制行为之性质仍为合意行为。

由于品牌内纵向限制行为态样仍存在一定的限制竞争疑虑，且限制行为的实施虽以市场力为基础唯实际上合意的达成与交易双方的互利行为相关，故首先应肯认以规范垄断协议的《谢尔曼法》第1条对其予以检视的现实意义，同时从先行认定协议合意成立与否这一角度思考，可从交易双方达成合意之“互利”因素出发，讨论品牌内纵向限制行为之合意内涵。而市场力因素则仍作为限制竞争效果的违法性判断标准，但经营者所具有之市场力会通过对合意行为中“互利”因素之影响间接影响合意之判断。例如，上游厂商凭借市场力给予下游厂商一定补偿以换取其“同意”共同排除上游厂商之竞争者，此时显然成立合意，但成立与否乃以上游之“寻求同意”与下游之“同意”为判断，但提出排除竞争者之建议者实须具备一定之市场力，否则恐无法获得相对人之同意。因此，市场力因素对于合意之判断可能产生间接影响。

4. 独家交易安排中的市场力因素

法理上，就如何评价独家交易安排而言，市场力因素的作用实际上经历了由以被封锁的市场比例为评价基准的传统“封锁理论”（Foreclosure Theory）向以观察是否存在转换障碍为代表的新兴理论发展的过程。以往的司法实践发展将经营者通过独家交易安排使该市场上的其他参与者或潜在进入者无法获得足够的供应来源或销售通路的传统理论依据量化为被封锁的市场比例

---

① See Andrew I. Gavil et al., *Antitrust Law in Perspective: Cases, Concepts and Problems in Competition Policy*, 2d ed., St. Paul, Thomson/West, 2008, p. 394.

② Ibid., p. 396.

(percentage of foreclosure),①如果该比例小于15%则通常会被法院驳回诉讼请求。② 之后逐渐发展出不同理论,如波斯纳法官提出,可以以独家交易契约存续期间是否较短或是否容易解除契约作为判断标准,认为契约存续期间较短的或者容易解除的独家交易安排不具可非难性。③ 另外,霍文坎普教授则提出,不仅需要观察契约的存续期间,还需要观察交易相对人是否存在明显的转换障碍(impediments to switching)。④

由上述可见,市场力虽不直接构成纵向垄断协议合意的成立要件,但无论设置进入障碍还是变相提高转换成本都存在需要一定的市场力作为支撑的隐含条件,也因此成为一部分案件[如微软(Microsoft)案、登士柏牙科设备商案]适用垄断协议或滥用支配地位行为规范之争议的重要考量因素之一(此部分将于第三编结合案例进行详细探讨)。另外,如前文所述,市场力与强迫力存在一定之关联性,本书认为从"自愿与非自愿"这一可能影响合意成立与否之因素着手或可有助于对于此类对市场力有较高要求之排他性纵向协议之合意内涵的理解(于后文第三项"自愿与非自愿"进行探讨)。

5. 搭售安排中的市场力因素

美国法下,搭售安排同时受《谢尔曼法》第1条(对于垄断经营者的搭售行为可能适用《谢尔曼法》第2条)与《克莱顿法》第3条的规制,⑤而法院对于两者的适用即对于搭售安排的违法性评价标准有所不同。法院依据《克莱顿法》第3条规定认为,在搭售安排涉及可分离产品被强迫共同销售,且卖方或在搭售产品市场具有相当之市场力(substantial market power),或该搭售安排对"非少量"(not insubstantial amount)商业造成影响之情形下,应适用合理原则予以

---

① 就纯粹量化角度而言,被封锁的市场比例是通过计算由生产商所授权的销售商销售其产品的市场份额来获得该数值。See Andrew I. Gavil et al., *Antitrust Law in Perspective: Cases, Concepts and Problems in Competition Policy*, 2d ed., St. Paul, Thomson/West, 2008, p. 832.

② See Herbert Hovenkamp, *Antitrust*, 2d ed., St. Paul, West Publishing Co., 1993, p. 170.

③ See Richard A. Posner, *Antitrust Law: An Economic Perspective*, University of Chicago Press, 1976, p. 201-202.

④ See Phillip E. Areeda & Herbert Hovenkamp, *Antitrust Law*, Vol. xi, 2d ed., Aspen Publishers, 2005, p. 1821d3, at 185; Andrew I. Gavil et al., *Antitrust Law in Perspective: Cases, Concepts and Problems in Competition Policy*, 2d ed., St. Paul, Thomson/West, 2008, p. 840.

⑤ 两法的规制行为态样及合意内容有不同,《谢尔曼法》规制的行为态样仅限于契约的类型化行为,而《克莱顿法》规制租赁、销售与契约行为;另外,《克莱顿法》规制的合意内容仅限于商品,而《谢尔曼法》则涵盖商品与服务。

检视;而依据《谢尔曼法》第1条,法院认为,当原告能够证明被告在搭售产品市场上具有市场力,并且在被搭售产品市场上对"非少量"商业造成影响之情形下,应适用当然违法规则予以检视。[①]

由此观之,法院对于《克莱顿法》的适用并不以市场力为合理原则适用的必要条件,但是有学者质疑,倘若卖方不具有市场力,该被强迫搭售之产品组合不可能产生高于竞争水平价格之垄断性价格。[②] 申言之,对于在搭售产品市场不具有市场力的经营者实施的搭售安排不具有对其进行违法性判断的现实意义,亦即实务上对于不具备一定市场力水平之经营者所为之搭售,不具有合理原则的可实施性。故司法实践发展至两法的合法性审查方法趋于一致化,大部分地区法院在适用《克莱顿法》时亦要求行为主体在搭售产品市场必须具有市场力,同时法院在适用《谢尔曼法》第1条时亦对当然违法规则的适用提出了质疑。例如,具代表性的1984年杰斐逊教区医院(Jefferson Parish)案,[③]最高法院最终以5位法官同意保留当然违法规则的适用而4位法官支持废止该规则适用的几乎旗鼓相当的比例保留了当然违法规则在搭售安排案件中的适用,但此后对于搭售安排适用规则的争议仍然存在。[④] 法院对于搭售安排案件依据《谢尔曼法》适用当然违法规则的妥适性、行为主体之市场力作为门槛要求应如何解释

---

① See Herbert Hovenkamp, *Antitrust*, 2d ed., St. Paul, West Publishing Co., 1993, p. 150, citing Times-Picayune Pub. Co. v. U.S., 345 U.S. 594 (1953).

② Ibid., p. 150.

③ Jefferson Parish Hospital Districct, No. 2 v. Hyde, 466 U.S. 2, 104 S. Ct. 1551 (1984). 案件基本事实为:麻醉医师个人埃德温·海德(Edwin G. Hyde)向法院起诉杰斐逊教区医院(Jefferson Parish)与鲁及合伙人协会(Roux & Associates)之间的排他性契约违法,诉由为医院董事会拒绝聘用具专业资格的医师海德,因医院与上述协会签订了契约承诺由该协会向该医院患者提供所有麻醉医师服务,且同意向协会提供医师公寓包括必要的空间、设备及其他辅助服务,并且医院还同意向协会购买所有必要的药品及相关产品。地区法院驳回了诉讼请求,认为系争契约之限制竞争效果轻微且小于由改善患者护理所产生之利益;上诉法院否决了地区法院判决,认为案件涉及搭售安排,因医院(实施麻醉)房间(搭售产品)的用户被迫购买医院指定的麻醉服务(被搭售产品),构成当然违法的搭售安排,违反了《谢尔曼法》第1条;最高法院最终5位法官同意保留对搭售安排适用当然违法规则,而4位法院支持适用新的合理原则分析框架,即结构式合理原则(sturctured rule of reason),但认定该案不满足适用当然违法规则之条件,故撤销了上诉法院判决,认定不构成非法搭售;同时认定系争契约单独构成《谢尔曼法》第1条规范之独家交易安排,适用合理原则,并认定不存在限制竞争效果;另外,因案件仅涉及服务,故不适用《克莱顿法》第3条。See Andrew I. Gavil et al., *Antitrust Law in Perspective: Cases, Concepts and Problems in Competition Policy*, 2d ed., St. Paul, Thomson/West, 2008, p. 794-807, 828-829.

④ See Herbert Hovenkamp, *Antitrust*, 2d ed., St. Paul, West Publishing Co., 1993, p. 151-152.

及其与当然违法规则适用之关系问题自1936年IBM案[①]至1984年杰斐逊教区医院案得到了进一步明确。IBM案中法院将搭售安排界定为:(1)存在两类产品,其中一种为买方想要购买的,另一种则非如此;(2)一定程度的"强迫"(forcing),即买方只有通过购买被搭售产品才可购买搭售产品;(3)法定推定为该强迫行为之效果可能是垄断性的(monopolistic)。[②] 杰斐逊教区医院案中法院认为,非法搭售安排的基本特征为卖方利用其对搭售产品的控制以强迫买方购买被搭售产品,而买方原本根本不打算购买该被搭售产品或者原本打算购买其他替代性产品。易言之,当存在该"强迫"时,认为被搭售产品市场的竞争受到限制且违反了《谢尔曼法》。该案中法院对于"强迫"的解释不仅限于买方意愿的抽象描述,并举出反例,即缺少价格或质量的竞争并不必然产生强迫,倘若消费者自身缺少价格意识或无法对质量作出评估则不构成强迫。[③] 因此,对于搭售安排的合法性审查方法逐渐向摒弃"当然违法"的标签而需具体分析经济效果的趋势发展。[④]

由此观之,似可从以下两点思考:搭售安排中,(1)当然违法规则的适用以市场力因素(搭售产品市场上之市场力)为必要条件,而市场力之滥用行为体现为"强迫"。申言之,"强迫"之存在与否实则为违法性判断标准之一,而与合意成立与否实为两个层面问题。(2)买方自愿购买或被强迫购买之间,似不存在其他意思表示之方式作为"中间地带",即不存在"含强迫之默示同意"之可能,而此是否与搭售强迫之情形下不存在交易双方"互利"之可能,或与对相对人之不利益较所获利益更为显著相关,进而是否可认为倘若搭售之强迫成立则应以单方限制行为论,此类问题留待后文继续探讨。[⑤]

---

① Int'l Business Mach. Corp. v. United States, 298 U.S. 131 (1936).

② See Andrew I. Gavil et al., *Antitrust Law in Perspective: Cases, Concepts and Problems in Competition Policy*, 2d ed., St. Paul, Thomson/West, 2008, p.792.

③ Ibid., p.801.

④ Ibid., p.804.

⑤ 从后文(第三编第三章)实例探讨之论述来看,微软(Microsoft)案在美国虽被法院认定为不符合可分离产品要件而不构成搭售,但仍肯认微软在浏览器市场上的市场份额会影响其在操作系统市场上的市场力,且适用《谢尔曼法》第2条;同时,该案在欧盟被法院认定为违反欧盟竞争法第102条,且违法判断之要件包括强迫(coercion),即缺少用户选择;范登伯格食品(Van Den Bergh)案在欧盟被法院认定为得同时适用第101条与第102条,且适用同一种效果分析方法。是以,强迫性是为搭售安排违法性判断标准之一,且被告通常具有较大之市场力,对其违法性之判断通常适用滥用支配地位规范,或有时可能同时适用联合规范。参见后文。

6. 联合抵制行为中的市场力因素

联合抵制行为在美国法下亦被称为“联合拒绝交易”(concerted refusal to deal),受《谢尔曼法》第1条规制,但适用之合法性审查方法经历了较为复杂之演变,大体而言,由早前的适用当然违法规则发展为如今较多地适用合理原则。伴随适用规则发生变化的还有对于行为主体市场力认定的要求及具体内涵的发展变化。自1914年东部木材零售商协会(Eastern States)案①对联合抵制类案件适用当然违法规则起至1959年Klor's电器零售商(Klor's)案②最高法院确立了所有联合抵制案件皆适用当然违法规则的原则,③联合抵制案件中当然违法规则的适用也因此达到某种程度的“高峰”,④而到1985年西北批发商(Northwest Wholesale)案⑤最高法院对于适用当然违法规则提出了3个门槛要求,但该要求是否需同时满足抑或只需满足一部分即可并未阐明。具体要求包括:(1)排他行为。切断能够使受联合抵制经营者参与竞争的途径包括获取供货渠道、设备或市场。(2)市场力。联合抵制经营者经常性地(frequently)在相关市场占有支配地位(dominant position)。(3)无促进竞争之正当性。不存在系争联合抵制行为提高整体效率的合理理由。因具有上述门槛要求,该案之当然违法规则亦被称为“有限制的当然违法规则”(qualified per se rule)。⑥ 此后,在1986年牙医协会(Dentists)案⑦中,最高法院对联合抵制行为认定适用了合

---

① Eastern States Retail Lumber Dealers' Ass'n v. United States, 234 U. S. 600 (1914).

② Klor's v. Broadway-Hale Stores, Inc., 359 U. S. 207 (1959).

③ See Andrew I. Gavil et al., *Antitrust Law in Perspective: Cases, Concepts and Problems in Competition Policy*, 2d ed., St. Paul, Thomson/West, 2008, p. 769.

④ 以往抵制案件中法院对于行为之联合效果(collusive effect)与排他效果(exclusionary effect)并未明确区分,往往是认为同时存在两种可能,对于存在联合效果之行为被认为应受更为严厉之规范,而对于存在排他效果之行为则被认为可能存在一定程度之正当性。See Andrew I. Gavil et al., *Antitrust Law in Perspective: Cases, Concepts and Problems in Competition Policy*, 2d ed., St. Paul, Thomson/West, 2008, p. 771.

⑤ Northwest Wholesale Stationers, Inc. v. Pacific Stationery & Printing Co., 472 U. S. 284 (1985). 该案件的基本事实为:西北批发商为由将近100个出售办公用品的零售商所组成的合作团体(行业协会),该团体作为批发商向零售商出售产品,并以相同价格向成员零售商与非成员零售商出售,但年末会以折扣方式向成员零售商分发利润;太平洋文具印刷公司(Pacific)为同时经营批发与零售业务之批发商,于1958年成为协会成员,但公会于1974年修订规则禁止成员同时为批发与零售业务,其后于1978年公会通过投票且未给予任何解释即将太平洋文具印刷公司排除出公会。

⑥ See Andrew I. Gavil et al., *Antitrust Law in Perspective: Cases, Concepts and Problems in Competition Policy*, 2d ed., St. Paul, Thomson/West, 2008, p. 776.

⑦ FTC v. Indiana Federation of Dentists, 476 U. S. 447 (1986).

理原则,理由是当然违法规则的适用仅限于联合抵制经营者具有市场力之情形,但当时大多数法院仍采直接适用当然违法规则而不太考量市场力因素的做法。① 其后,对于越来越复杂多变的联合抵制案件适用当然违法规则变得越来越有争议,大多数联合抵制案件已开始适用合理原则分析。② 其中少数适用当然违法规则的案件为"纯粹固定价格"(Naked Price Fixing)类型,如 1990 年审判律师(Trial Lawyers)案。③ 盖合理原则下原告承担证明限制竞争效果的举证责任既可提供实际损害竞争之证据亦可通过证明被告之市场力,故实际上弱化了法院对于市场力证明的要求。④

另外,市场力作为考量因素之一,亦发展出具体化的内容。在 2003 年 Visa 案⑤中,最高法院指出,具有市场力体现为"控制价格之力量或排除竞争之力量",用于证明市场力之证据可为具体行为之证据或被告在相关市场具有较高市场份额。值得注意的是,市场力因素之运用较西北批发商案时之不同在于:(1)在明确适用合理原则之前提下评价被告行为之反竞争性时引入市场力因素;(2)市场力因素之具体内容将对于排他能力之考量包含在内,非单纯考量市场份额之"量"的因素,而是亦包含"质"之评价。

再者,联合抵制案件中对被告经营者之间为联合或独立行为(独立决定)之判断亦有争议。有学者对 Klor's 电器零售商案的判决提出质疑,认为上游生产商可能出于减少下游零售商"搭便车"行为的考虑而拒绝与原告之交易,且其他生产商之决定并不影响单个生产商个人之决定,故存在独立行为之可能性⑥(本案亦于第三编详细探讨)。则笔者由此思考,意思联络之存在与否似与经营者利益最大化之考量及与其他经营者间之利益关系相关,此亦将于后文继续探讨。

综上所述,合理原则有扩大适用之趋势,且市场力因素已明确为限制竞争

---

① See Herbert Hovenkamp, *Antitrust*, 2d ed. , St. Paul, West Publishing Co. , 1993, p. 198.

② Ibid. , p. 197.

③ FTC v. Superior Court Trial Lawyers Association, 493 U. S. 411 (1990). See also Herbert Hovenkamp, *Antitrust*, 2d ed. , St. Paul, West Publishing Co. , 1993, p. 198 - 199.

④ See Andrew I. Gavil, *Copperweld* 2000: *The Vanishing Gap Between Sections* 1 *and* 2 *of the Sherman Act*, Antitrust L. J. 68, 2000, p. 98, citing Wilk v. American Med. Ass'n, 895 F. 2d 352, 360 (7th Cir. 1990).

⑤ U. S. v. Visa U. S. A. , Inc. , 344 F. 3d 229 (2d Cir. 2003).

⑥ See Herbert Hovenkamp, *Antitrust*, 2d ed. , St. Paul, West Publishing Co. , 1993, p. 200.

效果评价层面之内容，而对于合意判断之影响，本质上仍须通过利益之考量因素为判断。鉴于联合抵制行为态样中同时存在水平面向与垂直面向上市场主体间之关系，对于联合抵制行为认定标准变化的观察及其与其他垄断协议态样之关系的探究或许有助于厘清横向垄断协议与纵向垄断协议之内在联系。

（二）欧盟

市场力因素在欧盟竞争法体系下存在不同层面的运用，这与欧盟竞争法之评价体系有关。与美国《谢尔曼法》第 1 条规范垄断协议、合法性审查方法上适用当然违法规则和合理原则不同，《欧盟竞争法》是由第 101 条第 1 项及第 3 项共同规范，且评价之标准分为具有限制竞争之目的（object）（以下简称目的型限制行为）和具有限制竞争之效果（effect）（以下简称效果型限制行为），具有两者其一则认为系争行为构成竞争法所规范之限制竞争行为。欧盟竞争法下之目的型限制竞争与美国法下之当然违法规则在设计上有一定相似性，当垄断协议被认定为具有限制竞争之目的时不需要证明该行为具有限制竞争之效果，只有当是否具有限制竞争之目的不明确时才有必要考虑行为之限制竞争效果。[①] 然而两者之不同在于，欧盟竞争法下之垄断协议即使被认定为具有限制竞争之目的仍有可能以第 101 条第 3 项提出抗辩且有可能被认定为具有正当性。[②]

欧盟竞争法下，第 101 条所规范之垄断协议要求对竞争及成员国间之贸易均产生可感觉（appreciability）之限制效果，以及对于目的型限制竞争行为只需对成员国间贸易产生该限制效果而无须证明对竞争产生的具体效果。[③] 易言之，所谓可感觉效果应符合微量原则（De Minimis Doctrine）。为适用第 3 项之判断标准，欧盟委员会针对一些具体协议类型制定出相应的集体豁免（Block Exemption）规则作为行为违法性的具体判断标准之一，亦被称为“安全港”（safe

---

① See Richard Whish & David Bailey, *Competition Law*, 8th ed., Oxford University Press, 2015, p. 123.

② 在葛兰素史克（GlaxoSmithKline）案（2009 年）以及法国皮尔法伯（Pierre Fabre）案（2011 年）等案件中，欧洲法院（Court of Justice）虽并未在最终判决中适用第 101 条第 3 项，但已明确肯认该条项可适用于目的型限制竞争行为。See Richard Whish & David Bailey, *Competition Law*, 8th ed., Oxford University Press, 2015, p. 127.

③ 对于目的型限制竞争行为之单一可感觉效果标准是在 Expedia, Inc. v. Autorité de la Concurrence 案（Case C－226/11 EU:C:2012:795, para 16）的法院判决中所做的修正。See Richard Whish & David Bailey, *Competition Law*, 8th ed., Oxford University Press, 2015, p. 148.

haven)。对不符合集体豁免规则或第 3 项适用条件的具体行为,则需返回第 101 条第 1 项进行违法性判断。[①] 当需要对行为之限制竞争效果做出具体判断时,市场力是重要的考量因素,如就纵向垄断协议而言,除目的型纵向垄断协议外,只有当行为主体具有一定程度之市场力时才可能产生限制竞争疑虑。[②] 而对于市场力之判断,无论微量原则还是集体豁免规则皆以一定之市场份额作为基本之衡量标准,以作为可感觉效果之“量”上的考量因素。故以下先从市场力与市场份额之关系以及市场份额之适用展开,进而讨论影响效果判断之其他“质”上的考量因素。此外,盖限制效果与垄断协议之合意共同构成第 101 条第 1 项所规范垄断协议之要件,且对于部分行为,如转售价格限制行为(转售价格固定与最低转售价格限制)被法院认定为目的型限制行为,虽仍有可能因满足第 3 项而受到豁免,但不需证明其限制竞争效果,则市场力之作用为何及其对合意判断有何影响或许仍有探讨之价值。故最后部分仍就纵向垄断协议中市场力因素对于具体行为态样限制竞争效果判断之影响且是否影响合意之判断做分别探讨,而行为态样之选取对照前文美国法下之行为态样,包括纵向价格限制、纵向非价格限制、独家交易安排、搭售安排,唯就联合抵制行为部分在欧盟法下将“联合排他性交易”(Collective Exclusive Dealing)列为“横向垄断协议”之目的型限制行为类型以及其他一些以潜在排他性手段(potentially exclusionary practices)所为之联合抵制行为(可能为效果型限制行为)。另外,欧盟法下亦涵盖若干美国法未做类型化探讨之纵向垄断协议,故将此两类作个别讨论。

1. 市场力与市场份额之关系

市场力是分析系争合意行为是否具有可感觉效果的核心内容,而市场份额则被用作表示经营者之市场力的替代物(proxy),或可言设置市场份额上限(market share cap)(最大值)是可用于证明不存在市场力的替代方式。换言之,设置市场份额限制数值是判定系争合意行为是否满足第 101 条第 3 项的过滤

---

① 为明确第 1 项与第 3 项之适用,欧盟委员会还制定了《纵向限制指南》(Guidelines on Vertical Restraints)、《横向合作协议指南》(Guidelines on the applicability of Article 101 [TFEU] to horizontal co-operation agreements)、《技术转让协议指南》(Guidelines on the application of Article 101 TFEU to technology transfer agreements)。

② See Richard Whish & David Bailey, *Competition Law*, 8th ed., Oxford University Press, 2015, p. 662.

机制(filter)。[①] 以判断纵向垄断协议是否满足第3项适用门槛的330/2010号集体豁免规则为例,该规则之设计构建于如下假设之上:当经营者之市场份额未超过所设置之市场份额门槛时,则认为实施合意行为之经营者不具有市场力,且该合意行为能够提高经济效率且此提高效率之效果之利益将有可能大于限制竞争之不利益,且能够让消费者分享该利益。[②] 申言之,就部分垄断协议而言,是否满足市场份额要求成为是否符合第3项适用条件的主要衡量标准。但须注意的是,市场份额本身仅为"量"之考量因素,认定合意行为不具有可感觉效果不必然表示行为主体不具有市场力,根本原因在于该行为本身不具备"质"(qualitative)上之反竞争性。[③] 且对于第101条之适用,目前欧盟委员会执法之新趋势是由规定的(prescriptive)、形式化的(formalistic)方法向以效果为基础(effects-based)之分析方法转变。[④] 故市场份额之适用亦不可过于僵化。

2. 市场份额之适用

(1)可感觉效果之市场份额门槛——《低度重要性协议通告》(Notice on Agreements of Minor Importance)

为明确微量原则之适用,欧盟委员会于2001年发布了《低度重要性协议通告》,[⑤]并于2014年做了最新修正。该通告将市场份额作为认定合意行为是否具有可感觉效果的门槛。关于市场份额门槛,该通告规定了竞争者间之垄断协议类型下行为主体之市场份额总和不得高于10%,而非竞争者间之垄断协议类型则行为主体各方不得高于15%,且对于具有封锁效果(foreclosure effect)之纵向垄断协议类型,实施排他行为之生产商或销售商之市场份额不得高于5%,始称合法。[⑥]

---

① See Richard Whish & David Bailey, *Competition Law*, 8th ed., Oxford University Press, 2015, p.699.

② See Alison Jones & Brenda Sufrin, *EU Competition Law*: *Text*, *Cases and Materials*, 5th ed., Oxford University Press, 2014, p.818.

③ See Richard Whish & David Bailey, *Competition Law*, 8th ed., Oxford University Press, 2015, p.151.

④ Ibid., p.676.

⑤ 该通告仅系委员会用以作为有无第85条第1项(新法第101条第1项)适用之判断标准,其对欧洲法院及各成员国之法院或竞争主管机关并无拘束力。

⑥ See Richard Whish & David Bailey, *Competition Law*, 8th ed., Oxford University Press, 2015, p.149-150.

(2)纵向垄断协议之集体豁免规则——《第330/2010号条例》

纵向垄断协议可适用之集体豁免规则几经演变,最新的规则为2010年发布的《第330/2010号条例》以取代1999年发布的《第2790/1999号条例》。旧规则仅规定实施纵向垄断协议之行为主体中的生产商一方(卖方)的市场份额不得超过规定的上限,而买方的市场份额则不予考虑。由于划分相关市场的困难性,对于在所有案件中对买方的市场份额施加上限的要求是存在争议的,①但新规则仍然规定了对于买方市场份额上限的要求:相关市场上的上游与下游的市场份额皆不得高于30%。欧盟委员会主要基于以下两点考虑:(1)近年来出现大型销售商市场力增加的现象。(2)纵向限制并非仅限于由生产商强加给买方,亦存在"买方主导"(buyer-led)的可能。例如,《纵向限制指南》(Guidelines on Vertical Restraints,以下简称《垂直指南》)②中关于"上架费"(Up-front Access Payments)问题与"种类管理协议"(Category Management Agreements)的规定即体现了对于买方力量问题的思考。③

(3)微量原则与豁免规则之合并效果(combined effect)

依据微量原则与330/2010号豁免规则,对于纵向垄断协议主体双方之市场份额均高于15%但未超过30%之情形,若非为核心限制(hard-core restrictions)之情形,将可适用安全港原则得到豁免。唯须注意的是,对于市场份额超过30%而不得适用集体豁免规则的经营者,其受第3项个别豁免之检视及回归第1项之违法性判断的一般性要求还包括经营者之市场份额未达第102条所规定之支配地位;然而当经营者之市场份额高于40%时即有可能被认定为具有支配地位,故当经营者之市场份额介于40%~50%时,存在限制行为被认定为滥用支配地位行为,即单方限制行为之可能性。④(市场份额与纵向垄断协议之关系见表3)

---

① 当时的争论主要在于如何对待不断增加的买方力量以及正在发展中的在线销售问题。See Commission Press Release IP/09/1197, 28 July 2009, available at http://europa.eu/rapid/press-release_IP-09-1197_en.htm.

② OJ [2010] C 130/1.

③ See Richard Whish & David Bailey, *Competition Law*, 8th ed., Oxford University Press, 2015, p.700-701.

④ Ibid., p.667-668.

表3　市场份额与纵向垄断协议之关系

行为主体之市场份额	适用之原则或规则	行为之定性
15%	买卖双方市场份额均低于15%且为非目的型限制行为时，可适用微量原则	不成立第101条之垄断协议
30%	买卖双方市场份额均低于30%且为非核心限制行为时，可适用集体豁免规则	不违反第101条之垄断协议规范
40%	买卖一方市场份额高于40%时，可能适用第3项个别豁免原则及第1项违法性判断标准，或者可能具有支配地位而适用第102条	可能违反第101条垄断协议规范或者第102条滥用支配地位规范
50%	买卖一方市场份额高于50%时，被推定为具有支配地位，该经营者负有证明自己不具有支配地位的举证责任	可能违反第102条滥用支配地位规范

从表3来看，当行为主体之市场份额介于40%～50%时，行为有可能因被认定为具有支配地位而适用第102条，但如果未能认定为具有支配地位则经营者所具有之相当市场力对于行为之定性有何影响。申言之，是否影响行为是为垄断协议或单方限制行为之判断，以及合意成立与否之判断及合意之内涵应如何界定。另外，对于市场份额介于30%～40%之经营者，虽应受第101条之检视，但同样存在合意主体一方较另一方而言具有相当市场力之情形，则此合意之内涵又与前述情形有何差异，似不无疑义。

3. 第101条第1项下效果判断之市场力及其他相关因素

根据欧盟委员会制定之《垂直指南》，当买卖双方市场份额均高于30%时，将有必要进一步审查行为是否违反第101条第1项。《垂直指南》为此提出8个具体因素作为判断标准。相较于市场份额"量"之考量因素，下列因素是从"质"上对行为进行考量：(1)系争协议(agreement)之性质；(2)行为主体之市场地位(market position)；(3)竞争者之市场地位；(4)系争产品购买者之地位；(5)进入市场之障碍；(6)市场成熟程度；(7)交易受垄断协议影响之程度；(8)产品之性质；(9)其他因素。[①] 以上因素在具体行为态样的分析中有不同程度的体现，但《垂直指南》并未涵盖关于第1项如何适用于直接与间接出口限制

---

① See Richard Whish & David Bailey, *Competition Law*, 8th ed., Oxford University Press, 2015, p. 669－670.

这一内容,然单一市场整合(single market integration)又为欧盟竞争法之重要特征,故就如何在第1项之下审查出口限制行为之解决方法则主要来自欧盟各级法院与欧盟委员会所提供之方法。

4. 转售价格限制中的市场力因素

转售价格限制被法院认定为目的型限制行为的一种,但仍存在满足第3项适用条件进而被认定为合法之可能性。① 但集体豁免规则与《垂直指南》均指出最高转售价格限制与建议价格行为为法律所允许之行为态样,②故以下所指目的型转售价格限制仅限于转售价格固定(fixed resale prices)与最低转售价格限制(minimum resale prices)。近年来,转售价格限制之有效率性越来越多地受到认可,如《垂直指南》中指出,该行为态样可能以第3项提出抗辩之最典型的例子,即是当一个生产商对于其刚推向市场的新产品实施转售价格限制的行为可以促使销售商努力增加该新产品的销售,从而提高市场上对于该新产品的需求亦对消费者有利。③

在限制效果判断上,关键在于探讨转售价格限制被认定为核心限制行为的区分标准。首先,关于转售价格限制行为对竞争之影响,欧盟委员会认为其虽为品牌内之限制,但可能影响品牌间之竞争或者促进横向垄断协议,④这一点与美国法中关于品牌内限制之关注点一致;其次,关于法律适用,转售价格限制行为(转售价格固定与最低转售价格限制)被法院认定为目的型限制行为故而属核心限制行为范畴,就核心限制行为而言,倘若其对于成员国间之贸易未产生可感觉效果,则即使为核心限制行为亦可不受第101条第1项之规制,⑤这一点

---

① 此处目的型转售价格限制以及后文所述之核心限制的转售价格限制行为不包括最高转售价格限制与建议价格行为。

② See paras. 25, 87, OJ [2010] L 102/1; paras. 226–29, OJ [2010] C 130/1.

③ See para 225, OJ [2010] C 130/1.

④ See Richard Whish & David Bailey, *Competition Law*, 8th ed., Oxford University Press, 2015, p. 702.

⑤ 欧盟委员会制定的最新豁免规则与《垂直指南》在规制转售价格限制行为的态度上有所不同,最新豁免规则延续了1999年豁免规则的规制原则将其认定为核心限制行为,然而2010年的《垂直指南》明确鼓励适用第3款以检视经营者之转售价格限制行为,且指出该限制行为之可豁免性虽为例外但并非不切实际。See Csongor Istvan Nagy, *EU and US Competition Law: Divided in Unity?: The Rule on Restrictive Agreements and Vertical Intra-Brand Restraints*, Abingdon-on-Thames, Routledge, 2013, p. 159; Richard Whish & David Bailey, *Competition Law*, 8th ed., Oxford University Press, 2015, p. 703.

与美国自丽锦(Leegin)案开始对于垂直最低转售价格限制的放宽处理有异曲同工之效。即使美、欧竞争法之制度设计有很大不同,其中以美国法之当然违法规则并无豁免条款之适用尤为显著,然在转售价格限制相关规范之实际适用效果上在丽锦案之后似皆趋近于“合理原则”之分析思路。

在合意构成要件判断上,依据《垂直指南》,[①]垂直转售价格作为目的型限制行为存在直接与间接目的(direct or indirect object),其中间接目的包括限制销售商的最大折扣范围、将转售价格与竞争者的转售价格相连接等,更明确地指出威胁、警告、处罚方式、延迟或暂停供应或者与价格水平相关的终止契约行为皆为转售价格限制之间接限制方式,并指出“采取识别降价销售商的措施[②]”亦被认为能够促进直接或间接维持价格的实现。而这一行为模式与美国法下以孟山都(Monsanto)案为代表之“生产商—控诉者”协议模式相似之处在于:(1)行为主体为实施价格维持的生产商与遵从指定售价的销售商(虽孟山都案之行为主体还包括控诉者)。(2)内容为维持转售价格。(3)方式为生产商采取停止供货等措施,其结果可能是被告知停止供货之销售商放弃降价而维持原来的价格(虽孟山都案对于合意方式之证明极为严苛,例如有践行类似于“唯一合理解释”之证明方法)。(4)未过多涉及市场力因素的讨论,但有涉及处仍值得注意:孟山都案涉及控诉者谈判力(bargaining power)的讨论[③](影响生产商与控诉者之间的合意判断),而欧盟法下的《垂直指南》指出,转售价格限制可能被有市场力之生产商用于阻碍力量更小的竞争者参与竞争;不局限于市场力探讨,两者实际均涉及“利益”之探讨:孟山都案法院认为存在生产商因终止契约的损失小于失去控诉者支持的损失之利弊权衡而作出终止契约决定的可能性;而欧盟法下的《垂直指南》则指出,转售价格限制本身能够带给销售商更多利润的特征可能诱使(entice)销售商更愿意向消费者推销特定品牌的产品。[④](5)对于有第三方参与之合意行为,先行联络行为与后续实施行为之间应有因果关系证明。在孟山都案中,法院认为,不能仅从其他经销商向生产商抗议降

---

① See para 48 , OJ [2010] C 130/1.

② 具体方式如实施某种价格监督制度,或对零售商课以报告其他销售商偏离标准价格水平情况的义务。See para 48 , OJ [2010] C 130/1.

③ 参见第二章法院判决部分。

④ See para 224 , OJ [2010] C 130/1.

价,而生产商嗣后终止交易之行为即推得存在合意,①而欧盟在涉及同时存在水平、垂直关系之合意认定时亦有相同之因果关系证明要求。(关于孟山都案之具体内容将于第二章法院判决部分详述。)

盖欧盟法下转售价格限制(转售价格固定与最低转售价格限制)为目的型限制行为,无集体豁免规则之适用,故而无30%市场份额上限之适用,然市场力因素仍体现在有市场力之生产商可能阻碍新进竞争者,或推出"新产品"之生产商可能通过转售价格限制从而产生效率之情形下,但似皆为效果判断之考量而与垄断协议合意之成立无关。就美、欧之比较而言,在合意构成要件判断上,有学者认为,美国孟山都案法院认定生产商在控诉者控诉降价销售商之后终止与该销售商的契约不构成拒绝与该销售商交易之垄断协议合意(非价格之合意),故而与欧盟竞争法之纵向垄断协议合意内涵存在差异②(较欧盟法之合意内涵范围更窄)。但该学者亦指出,这与法院当时限缩当然违法规则适用的考量相关,③即案件当时,当然违法规则之适用仅及于价格层面之纵向限制,故法院之关注点亦在价格层面之合意认定,但这一考量在丽锦案之后得到根本解决。申言之,法院无须再从合意层面上对价格与非价格进行区分。故本书认为,丽锦案之前,两者之差异本质上在于合法性审查方法上之差异(盖美国当然违法规则无豁免条款之适用),而在合意构成要件判断上,根据前述行为主体、内容、方式以及"利益"问题之讨论,美国方面的认定实际上反而较高露洁(Colgate)案有放宽认定的趋势。④ 由此观之,美国在转售价格限制的合意构成要件判断上自孟山都案之后较高露洁案有所放宽,但对于涉及同时存在水平、垂直关系之合意认定问题上仍持谨慎之态度,在此方面与欧盟之处理方式趋于一致,而在效果判断上自丽锦案之后亦与欧盟趋于一致。

---

① 自孟山都案后,有些法院意识到生产商对经销商施压的行动很可能是出自单方决定,如法院在伊萨克森(Isaksen)案中,认为即使生产商对经销商的降价行为有所困扰,亦不应即认定终止交易不合法,除非该困扰实际上导致经销商提高价格。参见王俊智:《竞争法上关于限制转售价格之研究》,辅仁大学财经法律学系2010年硕士学位论文,第27页。

② Csongor Istvan Nagy, *EU and US Competition Law: Divided in Unity?: The Rule on Restrictive Agreements and Vertical Intra-Brand Restraints*, Routledge, 2013, p. 157 – 158.

③ Ibid., p. 158.

④ 孟山都案上诉法院即已认定生产商终止契约的行为方式构成与维持价格的销售商之间的合意,而最高法院认为"证据不足"。

5. 纵向非价格限制中的市场力因素

规范纵向非价格限制的目的与规范纵向价格限制在关注品牌内限制竞争行为对于品牌间竞争的影响上是一致的，即只有当品牌间竞争受到限制时，品牌内竞争的限制才存在竞争法上之疑虑。[①] 与欧盟法下纵向价格限制相同之处为，纵向非价格限制亦存在"核心限制"之情形。申言之，即使经营者不具有市场力亦可能被认定为违法，而该情形的存在实际上与法院将"出口限制"列为目的型限制类型相关，均源于欧盟竞争法实现"单一市场整合"的目的。故一般而言，纵向非价格限制在欧盟竞争法下较纵向价格限制所受之规制更为宽松，但对于在目的上限制成员国间贸易之纵向非价格限制行为，即核心限制行为，其规制甚至较纵向价格限制更为严苛，其合法性审查方法被认为是"拟当然违法规则"(quasi per se)。[②] 可被认定为核心限制之情形包括：限制特定区域内的消极销售、独家经销(exclusive distribution)与选择性经销(selective distribution)相结合、限制零售商向最终消费者积极销售以及限制指定销售商之间的销售。[③] 要言之，需要区分跨区域的积极销售与消极销售行为，对于采取绝对地域保护措施(absolute territorial protection)的核心限制行为则排除豁免规则之适用，且通常情况下几乎不可能满足第3项之适用条件。[④] 依据2004年发布的《第81条第3项(现行法第101条第3项)适用指南》[⑤][Guidelines on the Application of Article 81(3) of the Treaty]，根据以往判例，绝对地域保护措施无法满足第101条第3项之主要原因在于其至少无法满足"必要性"(indispensability)这一条件[⑥]，并且由委员会1999年发布的2790/1999号集体豁免规则内容以观，对于限制积极销售的限制行为只有当该受限制区域系为供货商为自己所保留的销售区域，或者系为由供货商指定给某一个销售商销售的销售区域时，此即所谓须满足"保留"(reservation)条件才可适用该豁免规则，而在此前所发布之旧版

---

① See para 153，OJ [2010] C 130/1.

② Csongor Istvan Nagy, *EU and US Competition Law: Divided in Unity?: The Rule on Restrictive Agreements and Vertical Intra-Brand Restraints*, Routledge, 2013, p. 164.

③ Richard Whish & David Bailey, *Competition Law*, 8th ed., Oxford University Press, 2015, p. 678.

④ Csongor Istvan Nagy, *EU and US Competition Law: Divided in Unity?: The Rule on Restrictive Agreements and Vertical Intra-Brand Restraints*, Routledge, 2013, p. 166.

⑤ See para 46, 79, OJ [2004] C 101/08.

⑥ Csongor Istvan Nagy, *EU and US Competition Law: Divided in Unity?: The Rule on Restrictive Agreements and Vertical Intra-Brand Restraints*, Routledge, 2013, p. 178.

本集体豁免规则中，对于限制积极销售的行为是无条件给予豁免的，并且 2010 年新发布之集体豁免规则承继了 1999 年版本所规定的此项原则。① 因此，就适用豁免规则之宽严角度而言，对于纵向非价格限制行为之规制总体上较 1999 年以前更为严格。

而就纵向非价格限制中的市场力因素而言，依据委员会发布之《低度重要性协议通告》，一般性纵向协议如果经营者之市场份额低于 15%，则认为对竞争之影响不具有可感觉效果，但将绝对地域保护行为归属于核心限制行为类型，即排除了其对竞争之影响不具有可感觉效果的假设可能性。换言之，委员会的立场表明，即使经营者之市场份额很低亦不能排除其有限制竞争之可能。② 而除绝对地域保护行为态样之外的纵向非价格限制行为，欧盟与美国实际上存在趋同（convergence）之趋势，体现在市场力因素方面，即为两个体系下，皆以经营者存在较高程度之市场力为前提。③

但是对于绝对地域保护之规制亦存在例外情形，且与市场力因素相关。委员会发布之《垂直指南》中规定了适用范围极为有限的例外情形：如果绝对地域保护条款是经营者进入一个新市场的必要措施时，该条款可能于两年内具有合法性。例如，当一个某国内市场的生产商进入另一国市场时，在一个独家经销商的协助下推广其产品，并且该经销商需要为在该新市场上推广与建立该品牌投入成本。当销售商有必要为发展新市场投入大量成本时，对跨区域积极销售或客户方面的限制措施对于销售商收回其投资成本具有必要性，此时此类限制措施在初始的两年内通常不在第 101 条第 1 项之规制范畴，即便此类核心限制行为一般受第 1 项之规制。④

上述例外合法情形虽是适用于不具市场力之新进业者，但值得注意的是，该合法情形并非就是否满足第 3 项适用条件予以说明，而是直接提出“不在第

---

① Csongor Istvan Nagy, *EU and US Competition Law: Divided in Unity?: The Rule on Restrictive Agreements and Vertical Intra-Brand Restraints*, Routledge, 2013, p. 175.

② Ibid., p. 172.

③ Ibid., p. 187.

④ See para 61, OJ［2010］C 130/1. 垂直指南对此的具体解释为：作为销售一个新品牌或在一个新市场上销售一个已有品牌的第一个销售商，而在此之前市场上对于该品牌之产品不存在需求或对于从系争生产商处购买该产品不存在需求，则销售商为了真正能够进入该相关市场，可能必须投入大量成本，而此类支出往往可能成为沉没成本，在此情形下，倘若未提供一定时期内限制跨区域（积极）消极销售，或限制其他销售商获取其客户群的措施，销售商可能不会与生产商签订销售协议。

101 条第 1 项规制范畴”[fall outside the scope of Article 101(1)]。因此,对于不符合集体豁免规则或第 3 项适用条件的具体行为,才需返回第 101 条第 1 项进行违法性判断,而上述合法情形既未以第 3 项为法律依据,亦未将此情形按“效果型限制行为”论处,故本书认为,上述所谓“不在第 101 条第 1 项规制范畴”应理解为符合性层面之判断,而不为违法性层面之判断。然此情形究属因不具可感觉效果而导致垄断协议不成立,或属因合意不成立而导致垄断协议不成立?如果合意不成立,则无须再进行效果判断。如果从合意之角度观察,就新进业者及其经销商而言,实施纵向非价格限制对双方皆为有利,此于《垂直指南》中已有论证。但是在此情形中,似仅有生产商要求“独家经销商的协助”,而该经销商之决定实际上无关乎生产商之“要求”,而应是基于推广新产品是否可“收回其投资成本”的利益考量。申言之,此情形下,生产商对于经销商具有依赖性,而经销商对于生产商并不具有依赖性,此时是否仍成立纵向垄断协议之合意,确有疑义。① 因此,市场力因素虽不直接为合意之构成要件,但与合意成立否之判断不无关系。

另外,欧盟将绝对地域保护作为目的型限制行为,客观上使在对纵向非价格限制之限制竞争效果进行评价时,对行为方式(例如,采限制积极销售方式或限制消极销售方式)之考量甚至优先于对市场力因素之考量。有学者提出,若经营者仅得实施相对地域保护措施,并不足以防止“搭便车”(free-riding)问题。② 亦有学者评价,这一做法更多的是基于单一市场以及经济自由(economic freedom)的考量,而非单纯对竞争本身的考量,将可能导致具有中性或对消费者福利与资源分配效率具有净正面效果的协议受到第 101 条第 1 项的规制。③

---

① 有关“相互依赖”之理论,将于本节第四项展开讨论。

② Csongor Istvan Nagy, *EU and US Competition Law: Divided in Unity?: The Rule on Restrictive Agreements and Vertical Intra-Brand Restraints*, Routledge, 2013, p. 188.

③ See Alison Jones & Brenda Sufrin, *EU Competition Law: Text, Cases and Materials*, 4th ed., Oxford University Press, 2011, p. 226.

6. 单一品牌协议中的市场力因素——以"独家购买协议"①(Exclusive Purchasing)与不竞争条款②(Non-Compete Clauses)为例

虽第101条同时适用于同一产销阶段之经营者间之垄断协议与不同产销阶段之经营者间之垄断协议,且无论行为涉及品牌内还是品牌间竞争。③ 但品牌间之限制竞争行为确实通常较品牌内限制存在更多的限制竞争疑虑,当一个上游厂商具有较高市场份额且实施独家购买与不竞争条款时即可能存在限制竞争疑虑,盖上游厂商之竞争者可能无法找到销售商销售自己的产品。④ 唯单一品牌协议均是在一定经济背景下对限制竞争效果进行评价。换言之,该行为态样皆为效果型限制行为而无目的型限制行为,故对其合法性审查得适用集体豁免规则且需考虑市场力因素,对于市场份额超过30%门槛的经营者需进一步考虑系争行为所处的事实、法律及经济背景。⑤ 其中,市场力因素即上游生产商的市场地位在效果判断中尤为重要,当生产商是不可避免(unavoidable)的交易对象时,如该生产商所生产品牌为"必备品"(must stock item),则可能存在限制竞争疑虑。此时涉及"依赖性"问题(将于本节第四项展开讨论)。此外,与美国法之独家交易安排相比,有几点相似之处:(1)关注行为是否导致进入障碍;(2)以契约存续期间为违法性判断标准之一,依据《垂直指南》,对于非垄断经营者为期1年以下的契约认为不可能违反第101条第1项,对于1~5年的契约认为可能违反,对于5年以上的契约则认为通常会违反,但亦存在可适用第3项之豁免情形,即存在"客户定向投资"的行为(client-specific investment)时,5

---

① 独家购买协议系指买方必须从一个特定供货商处获取全部或大部分相关产品的交易安排,并且以往"独家购买"与"独家交易"(exclusive dealing)两个法律用语通常可相互替换使用,只是在2009年委员会公布的《第102条优先执法指南》中,委员会所适用之"独家交易"涵盖了独家购买与条件性折扣(conditional rebates),因为该两种行为被认为可能具有相同效果,故在欧盟法背景下讨论单一品牌协议时,本书将使用"独家购买"这一用语。See Alison Jones & Brenda Sufrin, *EU Competition Law: Text, Cases and Materials*, 4th ed., Oxford, Oxford University Press, 2011, p.419-420.

② 不竞争条款系指买方必须从一个供应来源处承担购买高达80%产品的义务。See Verticals Regulation, previously Reg. 2790/99 OJ [1999] L336/21, Art. 1(b), now Reg. 330/2010 OJ [2010] L102/1, Art. 1(b).

③ See Lennart Ritter et al., *European Competition Law: A Practitioner's Guide*, 2d ed., Kluwer Law International, 2000, p.97.

④ See D. G. Goyder, *EC Competition Law*, 4th ed., Oxford University Press, 2003, p.214.

⑤ See Richard Whish & David Bailey, *Competition Law*, 8th ed., Oxford University Press, 2015, p.677.

年以上的不竞争条款约定可能适用第3项;[①]结合(1),对于独家经销契约(exclusive distribution agreement)中缺乏封锁效果(foreclosure effect)的不竞争条款,存续期间得超过5年,[②]由此观之,存续期间似仅为辅助考量因素而非要件;(3)转换难易程度之考量,例如,在设备租赁契约中,若出租人对债务偿还强加(impose)限制性条款,或对提前偿还强加惩罚措施,或以任何其他方式使承租人难以终止该契约的,则通常不足以适用豁免条款。[③]

此外,与经营者市场力之评价相关,欧盟法下之独家交易安排案件亦存在可能同时适用垄断协议与滥用支配地位行为条款之情形[④](参见第三编第三章第三节)。

7. 搭售安排中的市场力因素

欧盟法对于搭售安排的规范包括《欧盟竞争法》第101条与第102条,其中适用第101条规范搭售安排时主要考量其被搭售产品之"单一品牌"效果(single branding effect),符合集体豁免规则规定之市场份额门槛的可适用该规则,而对于须适用第1项判断行为效果的情形,除与一般情形所考量因素类似外,《垂直指南》指出供货商的市场地位为最重要之考量因素。[⑤]

而适用第102条规范搭售安排则较为复杂。首先,对于搭售之滥用行为的合法性审查方法经历了由"当然滥用"(per se abuse)[⑥]到"以效果为基础"的演变过程,即对于竞争者进入市场的障碍进行具体分析而非简单推定。[⑦] 实务上,前者以1994年Hilti案[⑧]与1996年Tetra Pak Ⅱ案[⑨]为代表,而后者以2007年微

---

① 例如,曾有案例因为建设新能源站,其为期15年的独家购买协议受到豁免。See Richard Whish & David Bailey, *Competition Law*, 8th ed., Oxford University Press, 2015, p. 713.

② See Richard Whish & David Bailey, *Competition Law*, 8th ed., Oxford University Press, 2015, p. 713.

③ See Joanna Goyder, *EU Distribution Law*, 4th ed., Hart Publishing, 2005, p. 122.

④ See D. G. Goyder, *EC Competition Law*, 4th ed., Oxford University Press, 2003, p. 373.

⑤ See para 219, OJ [2010] C 130/1.

⑥ 当然滥用之适用方法为一旦认定经营者具有支配地位、产品为可分离、无客观正当理由(objective justificaiton),则几乎无须进行市场分析即可认定构成滥用行为。See Alison Jones & Brenda Sufrin, *EU Competition Law: Text, Cases and Materials*, 4th ed., Oxford University Press, 2011, p. 459.

⑦ See Alison Jones & Brenda Sufrin, *EU Competition Law: Text, Cases and Materials*, 4th ed., Oxford University Press, 2011, p. 464.

⑧ Case C-53/92 P, Hilti AG v. EC Commission [1994] ECR Ⅰ-667.

⑨ Case C-333/94 P, Tetra Pak International SA v. Commission [1996] ECR Ⅰ-5951.

软(Microsoft)搭售案[①]为代表,前后两者之重要区别之一是前者为契约搭售(contractual tying),即买方购买搭售产品须同时购买被搭售产品而非供货商竞争者之可替代产品;后者为技术搭售(technical tying),即搭售产品与被搭售产品已经达到物理融合故只能被同时出售,该形式实际为"纯粹捆绑"(pure bundling)的一种形式,有时亦被称为"技术捆绑"(technical bundling)。[②]

其次,微软搭售案委员会提出的关于搭售安排违反第102条所需满足的四个要件得到普通法院的肯认,并在2009年委员会公布的《第102条优先执法指南》(Guidance on Article 102 Enforcement Priorities)[③]中得到进一步体现。[④] 4个要件如下:(1)搭售产品与被搭售产品为两个可分离产品;(2)经营者在搭售产品市场上为垄断经营者;(3)经营者未给消费者以选择不含被搭售产品之产品的机会;(4)系争搭售安排封锁了竞争。[⑤] 其中几个概念需要厘清:(1)市场力认定。近年来委员会对于滥用行为的处分决定大多涉及两个市场,认为支配地位、滥用行为与滥用行为之效果可能发生在不同市场上,[⑥]肯认存在"市场力的杠杆作用"(leverage of market power),即将一个市场上的支配力投射到另一个市场上,且微软搭售案中还涉及网络效应的特殊作用—使经营者在流媒体播放器(被搭售产品)市场上的市场力得以维持从而将导致该市场的进入障碍。[⑦](2)封锁竞争(anti-competitive foreclosure)。因存在前述杠杆作用,委员会认为即使尚未实际发生被搭售产品市场上的封锁效果,也会由于网络效应的存在使越来越多的内容提供商与软件开发者选择使用该被搭售产品开发兼容产品从

---

① Case T-201/04, Microsoft v. Commission [2007] ECR Ⅱ-3601.

② 技术搭售还有另一种形式,即搭售产品被设计为只有与被搭售产品(非其他可替代产品)同时使用才可正常使用;微软搭售案为正文所述形式。See Alison Jones & Brenda Sufrin, *EU Competition Law: Text, Cases and Materials*, 4th ed., Oxford University Press, 2011, p. 454.

③ Guidance on the Commission's Enforcement Priorities in Applying Article [102 TFEU] to Abusive Exclusionary Conduct by Dominant Undertakings, OJ [2009] C 45/7.

④ 该执法指南在微软搭售案的基础上明确提出"是否存在客观正当理由"亦是判断搭售安排是否违反第102条的考量因素之一,但该项之举证责任由垄断经营者承担。See Richard Whish & David Bailey, *Competition Law*, 8th ed., Oxford University Press, 2015, p. 736.

⑤ See Alison Jones & Brenda Sufrin, *EU Competition Law: Text, Cases and Materials*, 4th ed., Oxford University Press, 2011, p. 476.

⑥ See Richard Whish & David Bailey, *Competition Law*, 8th ed., Oxford University Press, 2015, p. 216.

⑦ Case COMP/C-3/37.792, *Microsoft* [2005] 4 CMLR 965, para. 980.

而阻碍相邻市场上的竞争者参与竞争。① 因此实际上存在产生封锁效果的时点问题,即当买方个人选择购买该搭售组合并完成给付义务时可能尚未对被搭售产品市场造成阻碍,而是当选择购买的厂商或用户达到一定数量以后从而产生封锁效果。换言之,委员会对下游厂商或用户选择之后的行为效果做出了具有封锁效果的推定。(3)强迫(coercion)。委员会将微软搭售案中存在的"缺少用户选择"②解释为"强迫",因此在委员会的处分决定之后,Microsoft 确实提供了无搭售版本的操作系统以供选择,然而计算机制造商并未选择该版本,选择该版本对其存在不利益,③而此"缺少选择"与前述买方于产生封锁效果之前所做之选择行为并不矛盾。申言之,强迫,即缺少选择,作为违法性判断标准之一,与交易双方达成合意时之行为应为不同层面之问题,即此处强迫似不应为合意之构成要件而为是否构成滥用市场力之判断标准。(4)有利性。买方选择购买该搭售组合的动机涉及搭售安排对于买方的有利性,此有利性源于网络效应。申言之,软件开发者等系争被搭售产品之兼容产品开发者明确知悉该被搭售产品出现在几乎所有计算机产品中④(基于搭售产品在相关市场上的支配地位),因而选择使用该产品,而用户的数量增加又导致更多的用户选择,故用户选择购买之时存在对其之有利性。由此可见,借助网络效应的积极作用,此类搭售安排中垂直交易主体双方成立合意时仍是基于互利,此对于下游厂商之有利性并不影响在违法性判断时以"强迫性"作为违法性判断的标准之一。申言之,有利性判断应以合意成立时点为判断,而不宜以产生限制竞争效果时点(此处为产生封锁效果时点)为判断。(有关合意成立时点的判断可参见第 4 部分欧盟法部分)

与美国法比较,相似之处为总体上有向进行具体效果判断的趋势发展,⑤但

---

① See Alison Jones & Brenda Sufrin, *EU Competition Law: Text, Cases and Materials*, 4th ed., Oxford University Press, 2011, p. 464.

② 此处"用户"(Customers)应与"最终消费者"区分,"用户需求"涉及购买产品的用户、电脑制造商与操作系统用户。See Alison Jones & Brenda Sufrin, *EU Competition Law: Text, Cases and Materials*, 4th ed., Oxford University Press, 2011, p. 469.

③ See Alison Jones & Brenda Sufrin, *EU Competition Law: Text, Cases and Materials*, 4th ed., Oxford University Press, 2011, p. 475.

④ Case T-201/04, Microsoft, at para. 1151.

⑤ 美国法院在 1984 年杰斐逊教区医院(Jefferson Parish)案中即对其以往的绝对当然违法规则(Absolute Per se Illegality Rule)做出了修正。See Alison Jones & Brenda Sufrin, *EU Competition Law: Text, Cases and Materials*, 4th ed., Oxford University Press, 2011, p. 456.

亦存在较为明显之差异。(1)市场力杠杆作用的认定不同。在学说上存在争议,其中美国芝加哥学派提出“单一垄断利润理论”(Single Monopoly Profit Theory)认为不存在同时攫取两种(相邻市场上的)垄断利润的可能,而后芝加哥学派已经认可搭售安排可能被作为实现杠杆作用的工具。① (2)效果判断上之消费者利益考量不同。美国法院在类似案件中似乎更注重搭售安排对最终消费者福利的影响,认为有利于最终消费者的搭售安排得适用合理原则,②故适用合理原则之标准似较欧盟法院效果认定标准更为宽松。申言之,欧盟法院对于除最终消费者以外的相邻市场上的竞争厂商进入市场的障碍因素,或言市场结构因素更为慎重考量。(3)强迫的认定标准虽有相似处,即具有相当之市场力为成立“强迫”之前提。申言之,“强迫”之存在与否实则为滥用市场力行为之违法性判断标准之一,而并不直接为合意成立之要件,似亦不存在“含强迫之默示同意”的意思表示方式。但亦存在差异,即欧盟法下似将强迫等同于缺少选择,且应为基于封锁效果推定所做出之“缺少选择”认定,而美国法则认为市场上缺少价格或质量的竞争并不必然产生强迫,对于消费者因自身局限所做出之部分选择不认定为构成强迫,故欧盟法对于强迫之认定似较美国法更为宽松。综上所述,欧盟法对于以第 101 条规范之搭售安排与其他垄断协议规范标准无甚差异,唯对于以第 102 条规范之搭售安排在市场力杠杆作用认定上、封锁效果判断上、强迫之认定上皆较美国法之认定标准更为宽松。在实务上,欧盟委员会亦是更倾向于以第 102 条对搭售安排进行审查。③

8. 联合抵制行为中的市场力因素

联合抵制行为在欧盟法中存在几种行为态样,其中被法院认定为属目的型限制行为的是“联合排他性交易”,且被定性为横向垄断协议之限制范畴,与美国法之“联合拒绝交易”有所不同。两者的相同处主要在于:在合意方式上区分纯粹的固定价格(Naked Price Fixing)与一般排他性方式,其中一般排他性方式包括联合排他性交易与其他潜在排他性方式,而所谓潜在排他性方式则又包括以转售价格限制为方式之“联合转售价格限制”(Collective RPM)。④ 申言之,

---

① See Alison Jones & Brenda Sufrin, *EU Competition Law: Text, Cases and Materials*, 4th ed., Oxford University Press, 2011, p. 456 – 457.

② Ibid., p. 465.

③ See Joanna Goyder, *EU Distribution Law*, 4th ed., Hart Publishing, 2005, p. 123.

④ See Richard Whish & David Bailey, *Competition Law*, 8th ed., Oxford University Press, 2015, p. 586 – 587.

行为方式包含价格固定行为但不必然为纯粹固定价格类型。但执法机构对于纯粹固定价格行为的认定存在一定不确定性,如2002年关于威士多方交换费[Visa International-Multilateral Interchange Fee (MIF)]案的处分决定[①]与2007年关于万事达卡多方交换费(MasterCard MIF)案的处分决定[②]即不相同:前者委员会认为Visa对于系统内部银行间多方交换费用的限制行为并非固定价格的目的型限制行为,但后者委员会却将与Visa案类似的限制行为方式认定为目的型限制行为,但又并未提供一个确定性结论——仍在其处分决定中阐述系争限制行为存在限制竞争的可感觉效果。[③] 本书认为,此或许与欧盟法对于纵向价格限制对效率的提升作用越来越多的认可有关。

另外,两者的不同之处亦较为明显:(1)对于以联合转售价格限制或其他价格限制为间接排他性方式之联合抵制行为有部分被委员会认定为构成卡特尔(价格卡特尔),[④]如1984年的荷兰与比利时书商联合转售价格限制案[⑤],部分处分决定得到欧洲法院的肯认。[⑥] 本书认为,欧洲法院对于可能被认定为纯粹之固定价格行为的案件仍持较为谨慎之态度,但如前所述,对于区分纯粹固定价格行为之标准尚存争议。此问题已不单纯为合法性审查方法层面之问题,在合意判断层面不同排他性方式之合意内涵有何差异亦存在探讨空间。(2)与美国法下除纯粹固定价格案件适用当然违法规则外,多数案件适用合理原则不同,欧盟法下的合法性审查方法为对存在横向垄断协议且以一般排他性交易方式所为之联合抵制行为仍以目的型限制行为论处,故较少涉及市场力因素之考量,但近年已出现对此类案件进行效果判断的执法案例与法院判决(如后文所

---

① Commission Decision of 24 July 2002, Visa International - Multilateral Interchange Fee, OJ [2002] L 318/17.

② Commission Decision of 19 December 2007, MasterCard, [2007] COMP/34.579.

③ See Alison Jones & Brenda Sufrin, *EU Competition Law: Text, Cases and Materials*, 4th ed., Oxford University Press, 2011, p.211.

④ 需要注意的是欧盟法对于目的型限制的抵制行为是将其归类于横向垄断协议之目的型限制范畴,目参考学者文献之讨论,亦是将其放置于"反竞争水平限制"(Anti-Competitive Horizontal Restraints)一章,或是在"卡特尔与寡占"(Cartels and Oligopoly)一章中有相关讨论。See Richard Whish & David Bailey, *Competition Law*, 8th ed., Oxford University Press, 2015, p.586; Alison Jones & Brenda Sufrin, *EU Competition Law: Text, Cases and Materials*, 4th ed., Oxford University Press, 2011, p.805.

⑤ Case 43 and 63/82 VBVB & VBBB v. Commission [1984] ECR 19.

⑥ See Richard Whish & David Bailey, *Competition Law*, 8th ed., Oxford University Press, 2015, p.587.

述之 Visa 案）。

欧盟法下，在合意判断层面，无论以价格卡特尔还是以一般排他性方式为联合抵制行为，其合意之主体、方式及内容实际上并无实质区别。首先，就合意主体而言，通常存在上游一组供货商与下游一组销售商，或者为单个供货商与一组销售商，分别构成联合抵制行为之发话人与受话人，且通常存在合意排除的第三方主体，该主体可能为上游厂商的竞争者也可能为下游厂商的竞争者，其为受联合抵制人。[①] 其次，就合意方式而言，价格方式与非价格方式似并无实质不同，即使是以价格卡特尔方式所为之联合抵制行为，其潜在效果亦是排除第三方参与竞争[可参见后文所述之荷兰沥青（Dutch bitumen）案]，此与美国法对于最低转售价格限制存在"补偿性排他性交易"性质的认定在法理上相通；而对于纵向价格限制以及独家交易安排中提及之"互利""依赖""强迫"问题在联合抵制行为中亦存在：（1）互利性。有学者称联合排他性交易行为为互惠的（reciprocal）行为，[②]且在价格卡特尔行为方式中常出现折扣卡特尔之行为方式，即根据下游从卡特尔成员所购买之产品数量给予折扣，则该方案会降低下游购买竞争者产品的意愿从而限制下游厂商与上游竞争者之间的交易机会。[③]而其他排他性方式亦存在互利的因素，如转售价格限制、独家购买协议。但互利不一定表示受话人的决定为出于自身利益最大化所为之独立决定，且往往此决定具有"依赖性"。（2）依赖性。联合抵制行为中的排他性方式常有固定价格与独家交易安排同时存在的情形，如在被认定为联合排他性交易的限制行为案件中，上游厂商与下游厂商常常共同组成一个团体，上游厂商会拒绝购买竞争者产品的下游厂商进入团体，而在团体内部常常实施固定价格的策略，对于该固定价格行为，学者认为其直接或间接地限制了团体内厂商独立决定价格的

---

① Richard Whish & David Bailey, *Competition Law*, 8th ed., Oxford University Press, 2015, p. 586 – 588. 但有时受抵制人可能只是隐含存在的市场主体，如 Visa Europe v. Commission（2011）案中由于受抵制之 Visa 的竞争者 Discover 并未在欧盟市场上发行，故并未将系争行为作为目的型联合排他性交易论处，而是认定其具有限制竞争的可感觉效果，且得到欧盟普通法院的肯认。See Richard Whish & David Bailey, *Competition Law*, 8th ed., Oxford University Press, 2015, p. 588.

② Ibid., p. 586.

③ 但是需要注意的是，此折扣方式应为"数量折扣"（quantity rebates）而非"忠诚折扣"（loyalty rebates），前者为基于标准化目标即仅与客观购买数量相关，而后者则被认为是垄断经营者提高交易相对人忠诚度（loyalty inducing）的滥用行为。See Alison Jones & Brenda Sufrin, *EU Competition Law: Text, Cases and Materials*, 4th ed., Oxford University Press, 2011, p. 429.

自由。[①] 而对于独家交易安排,与前文判断排他性交易限制效果的考量因素相关,如上游厂商是不可避免的交易对象,[②]似隐含"依赖性"因素。而在垂直依赖关系中,下游厂商的对抗力量不仅影响上游厂商市场力评估,亦会影响独家交易的效果判断,而对于上游厂商联合强加(impose)转售价格之排他性方式[③]则似乎又涉及"强迫性"问题。(3)强迫性。强迫因素是否必然存在于联合抵制行为中有进一步探讨空间,强迫因素最极端之体现恐要以滥用支配地位行为来讨论,[④]而联合抵制行为在联合抵制经营者不具有支配地位之情形下不必然存在强迫因素。以荷兰沥青(Dutch bitumen)案[⑤]为例,8个供应沥青的供货商与6个大型建筑厂商因固定价格、构成卡特尔受到委员会处分,供货商以价格折扣形式向该8个建筑商供应沥青,且拒绝向小型建筑商供应,委员会认定该价格系统排除了相关市场上的第三方主体,该处分得到欧盟普通法院的肯认。其中需要注意的是,委员会认定下游建筑商并不关心(not concerned)上游供货商所为之行为系固定价格,而建筑商只关心能否尽可能多地取得交易机会。[⑥]由此观之,有以下几点思考:(1)垂直面向上合意双方并无固定价格之共同目的;(2)上下游之间存在互利性(价格折扣方式);(3)上下游之间存在依赖性(下游尽可能多地取得交易机会依赖于上游拒绝与其他经营者交易);(4)上下游之间不存在强迫性(买方均为大型厂商)。笔者由此进一步思考:上游厂商间之合意内容与下游厂商间之合意内容不一致时。换言之,如果上游厂商间之合意为固定价格而下游厂商则存在排除竞争者之合意,此时垂直面向上是否构成纵向垄断协议以及合意为何?水平面向之垄断协议合意的成立是否影响垂直面向之垄断协议合意的成立或反之是否同样成立?如果若垂直面向上,联合抵制行为的一方为单个厂商,另一方虽为多个厂商但不存在水平面向之协议合

---

① See Richard Whish & David Bailey, *Competition Law*, 8th ed., Oxford University Press, 2015, p.587.

② Ibid., p.677.

③ See Alison Jones & Brenda Sufrin, *EU Competition Law: Text, Cases and Materials*, 4th ed., Oxford University Press, 2011, p.805.

④ 关于滥用情形,可参见 Alison Jones & Brenda Sufrin, *EU Competition Law: Text, Cases and Materials*, 4th ed., Oxford University Press, 2011, p.526–527。

⑤ Cases T–361/06 etc., Ballast Nedam v. Commission EU:T:2012:491, Case C–612/12 P, Ballast Nedam v. Commission EU:C:2014:193, Case 586/12, KWS v. Commission EU:C:2013:863.

⑥ See Richard Whish & David Bailey, *Competition Law*, 8th ed., Oxford University Press, 2015, p.587–588.

意,则此时是否会影响联合抵制行为之成立?

首先,就合意内容可能存在不一致问题,由前述实务案例以及学者论述可知,联合抵制行为之直接或间接效果实质为排除竞争者参与竞争,故无论内容为价格还是非价格限制皆可构成发话人与受话人间之合意内容;而是否构成纵向垄断协议,以及水平面向之协议合意与垂直面向间之相互影响将留待后文进一步探讨。其次,若一方为单个厂商,此情形在滥用支配地位行为问题中有探讨,此时发话人为单个厂商①(但未达垄断之单个厂商作为发话人时,涉及构成纵向垄断协议之情形,将于第三编第一章结合实例探讨)。盖前述所讨论之发话人为多个厂商情形是为目的型限制的联合抵制行为,故较少涉及市场力因素的考量,但学者将实施横向垄断协议之厂商团体拟制为一个垄断者,②故与单个厂商滥用支配地位之联合抵制行为似有一定程度之可相互借鉴之处,且此目的型限制的联合抵制行为类型中亦可能存在单个厂商的滥用支配地位行为。③ 在单个厂商滥用支配地位的联合抵制案例中,委员会对于上游厂商通过威胁方式向一个下游厂商施加压力阻止其与竞争者进行交易的行为认为非属正常商业行为,④且委员会在部分案件中发现虽上游单个厂商构成滥用支配地位之联合抵制行为,但同时存在该厂商与下游销售商中的单个厂商之间以合意方式垂直连接(linked vertically by agreements)之情形,唯此垂直关系中并非“威胁”方式而是存在清晰的利益关系——持有该销售商之部分股权。⑤ 故本书认为,上游厂商为单个厂商(发话人)而下游厂商不存在水平面向之合意并不影响联合抵制行为之成立。而市场力因素之作用似在于划分目的型联合独家交易安排与

---

① 对于发话人为多个销售商而受话人为单个生产商的情形,学者以销售商之间为垄断协议论,且称该单个生产商为实施固定价格的“中间人”(Intermediary)。See Alison Jones & Brenda Sufrin, *EU Competition Law: Text, Cases and Materials*, 4th ed., Oxford University Press, 2011, p. 805.

② See Richard Whish & David Bailey, *Competition Law*, 8th ed., Oxford University Press, 2015, p. 586.

③ Case 40/73, etc. Suiker Unie v. Commission [1975] ECR 1663. See also Alison Jones & Brenda Sufrin, *EU Competition Law: Text, Cases and Materials*, 4th ed., Oxford University Press, 2011, p. 429.

④ See Alison Jones & Brenda Sufrin, *EU Competition Law: Text, Cases and Materials*, 4th ed., Oxford University Press, 2011, p. 526.

⑤ *Irish Sugar*, OJ [1997] L 25/1, upheld by the General Court: Case T-228/97, Irish Sugar plc v. Commission [1999] ECR Ⅱ-2969. See also Alison Jones & Brenda Sufrin, *EU Competition Law: Text, Cases and Materials*, 4th ed., Oxford University Press, 2011, p. 840.

单方滥用市场力行为,且市场力较大时单个厂商的联合抵制行为才较有限制竞争疑虑;申言之,当单个厂商力量不足时可能选择以横向垄断协议方式(可拟制为一个垄断者),但并不影响垂直面向上仍可能成立合意以及不影响联合抵制行为之成立(限制效果为何则另行判断)。

综上所述,目的型联合排他性交易安排中可能存在单个厂商的滥用支配地位行为,而单个厂商滥用支配地位所为之联合抵制行为中亦可能存在上下游间之合意行为,但此时垂直合意行为主体间存在互利性而与单方限制行为主体所为之威胁方式不同。

9. 其他纵向垄断协议中的市场力因素

(1)直接与间接出口限制(Export Bans)

直接与间接出口限制为纵向垄断协议态样之目的型限制行为,故无30%市场份额门槛之适用,其与纵向非价格限制中的目的型限制行为规范存在法理上相通之处。直接出口限制系指一个生产商与一个销售商之间达成合意,合意内容为该生产商将于一个特定区域内出售产品给该指定销售商,且禁止其他区域的销售商在该指定销售商所在区域内销售该生产商之产品,合意方式包括但不限于销售商“被迫”(under duress)或“不愿意”(unwilling)接受限制条款的方式。[①] 而间接出口限制则体现了执法机构对于出口限制认定持宽松定义的观点——委员会在认定系争出口限制行为是否违反第101条第1项时对于“垄断协议”的定义采扩大其范畴的做法,即将从外观上看可能构成单方限制行为的行为认定为垄断协议而适用第101条,且对于生产商与销售商合意划分成员国国内市场的协调一致行为(concerted practice)亦可能适用垄断协议规范。[②] 间接出口限制的表现形式较为隐蔽,例如,如果一个生产商提出购买其产品的消费者只有在其购买产品的区域内可享受相关产品担保服务,则该条款显然会降低消费者跨区域购买的积极性,故应被认定为间接出口限制。[③] 间接出口限制中,上下游之间的合意方式包括但不限于要求特定区域内的销售商若出口产品至其他销售商所在区域则应当向其支付服务费作为补偿,且该服务费与所提供之服务价值不符,或者生产商以给予经费补贴为条件要求交易相对人仅能在特

---

① See Richard Whish & David Bailey, *Competition Law*, 8th ed., Oxford University Press, 2015, p.670 – 671.

② Ibid., p.672.

③ Ibid.

定区域内销售其产品。[1] 此间接方式与纵向非价格限制中《垂直指南》所列举之核心限制行为的间接方式存在一定共性,例如,采取对用于出口的产品提高价格或限制出口产品数量的比例等限制买方自由的方式。[2] 合意内容只要为禁止或限制平行交易即为出口限制行为,不受因产品特性而未对最终消费者造成损害的影响。如葛兰素史克(GlaxoSmithKline)案[3]因系争产品为医药产品而被普通法院认定为经营者之间接出口限制行为非属目的型限制行为,该裁定被欧洲法院撤销而仍认定其为目的型限制行为,并指出目的型限制行为的成立不以该垄断协议对最终消费者造成不利益为要件。[4]

(2)“上架费”问题(Up-front Access Payments)

依据《垂直指南》,所谓“上架费”系指由供货商向买方给付的用于偿付买方所提供服务的费用,常见实例为超市向供货商提供货架的摆放货位则供货商应向超市支付“货位津贴”作为回报,以及为确保产品得长期使用其货位而支付的“留位费”(pay-to-stay fees)。[5] 对此行为态样的规制主要与“买方主导”(buyer-led)型限制越来越多地引起重视相关,其中一个体现即为2010年新集体豁免规则增加了买方市场份额上限的门槛规定,即要求买卖双方之市场份额皆不得高于30%才得适用该豁免规则。[6] 该行为态样虽有促进水平竞争者之间达成横向垄断协议的潜在危害但仍属效果型限制行为。[7]

二、明示与默示

(一)美国

由前述协议之定义可知,协议之成立须存在“一致意见”,但是在实务上,因经营者间通常无表示协议合意之明示协议或明示条款,故而存在举证之困难,在此情形下如何判断是否存在垄断协议之合意,学说上发展出若干理论,以下

---

① See Richard Whish & David Bailey, *Competition Law*, 8th ed., Oxford University Press, 2015, p. 673.

② Ibid., p. 705.

③ Case T-168/01 GlaxoSmithKline Services v. Commission [2006] ECR Ⅱ-2969.

④ Ibid., paras. 62-64. See also Richard Whish & David Bailey, *Competition Law*, 8th ed., Oxford University Press, 2015, p. 131.

⑤ See paras. 203-08, OJ [2010] C 130/1.

⑥ See Richard Whish & David Bailey, *Competition Law*, 8th ed., Oxford University Press, 2015, p. 701.

⑦ Ibid., p. 685.

详述之。

有学者提出“默示接受”理论(implied acceptance theory),又可称“扩展的”协议理论(“extended” theory of agreement),即对供货商条款的默示接受,一方面,该理论认为被声明之交易条件(announced conditions)的市场效果等同于明示协议。申言之,当存在一个关于未来交易条件的声明或同等行为,且可以相信存在对于不服从的制裁时,可能存在纵向协议,其市场效果(market effects)被证明或被推定为相当于明示协议。① 当生产商作出明确条件声明时,可能存在协议,但有时即使缺乏条件声明,亦可通过金字塔式推断(pyramiding inferences)的方法,即基于证明终止契约行为系用以强制执行价格控制、搭售或独家交易。② 易言之,交易一方为实施价格维持、搭售或独家交易而为之终止契约行为可视同作出交易条件之声明,皆可证明存在纵向协议。

另一方面,除上述“终止契约”情形,学者还阐述了“销售商控诉”(dealer complaints)情形。生产商有时会在收到其他销售商(第三方)控诉(竞争销售商有降价等不服从行为)之后终止与不服从政策的销售商的契约关系或对其施加惩罚,此时该被终止契约之销售商很可能会控告该生产商与其他销售商实施转售价格限制政策,学者认为,除(销售商)控诉行为与(生产商)回应行为(responsive action)之外,只有当存在“接受”、交换(exchange),或互利(quid pro quo),或可能存在一方对另一方的强迫时,始得证明存在协议。③ 由学者之论述以观,合意之概念包含强迫服从之情形,但并不以强迫为要件,而合意之内涵包括接受、交换、互利以及可能存在之强迫,而合意主体一方之交易条件声明、终止契约行为、制裁行为可能作为合意之证明,但非构成要件。

另有学者提出,双方透过契约或“协议”(agreements)所达成的转售价格维持约定,与因受拒绝交易威胁所达成的该项约定,或默示同意(acquiescence),并无区别,后者属于默示或暗示协议(tacit or implied agreements)的一种。④ 具体而言,学者认为试图区分默示协议与受拒绝交易威胁诱使(induced by threats of refusal to deal)所达成之默示同意,并无实益;且不赞同区分有拘束力之契约

---

① See Herbert Hovenkamp, *Leegin, the Rule of Reason, and Vertical Agreement*, U Iowa Legal Studies Research Paper No. 10 – 40, 2010, p. 7.

② Ibid.

③ Ibid., p. 11.

④ See Donald F. Turner, *The Definition of Agreement Under the Sherman Act: Conscious Parallelism and Refusals to Deal*, Harv. L. Rev. 75, 1962, p. 686 – 687.

承诺与所有不太正式的协议(less formal agreements),不赞同将后者排除出反托拉斯法规范的范畴,认为两者之主要不同在于一个契约因其具有长时期的法律拘束力从而致使其在发生违约时更具强制性,而强迫性(coercion)或契约期间(duration)可能被认为与系争行为之合法性认定有关,而非合意之构成要件。[①]但学者亦指出,此系证据层面的问题,盖契约(正式)虽更有可能表现出具有强迫性,但并不表示受拒绝交易威胁所致的默示同意不存在极大之限制性与高度之强迫性;在某些情形下,拒绝交易反而可能反映出卖方具有更为强大的强迫力量,盖卖方可能强大至不需正式契约所提供之保证。[②]

因此,默示协议系属垄断协议之一种,应无疑义,而上述论述有将含强迫性因素之默示同意纳入默示协议之范畴者,故又引发以下第3项关于"自愿与非自愿"之探讨。

(二)欧盟

限制竞争可以通过明示的契约义务,亦可通过默示的意思联络实现,而后者未包含明示限制条款,但通常存在长期的技术或商业关系。[③] 垂直关系中,如长期供货契约中即使未包含任何明示的排他性义务,但契约中所包含的要求购买者履行的条款内容仍可能阻止该购买者转而购买其他供货商的产品,因而该合意行为会限制供货商之间的竞争。水平关系中,竞争者之间可能达成一项合资的约定,并约定在合资经营者活动范围内不为竞争行为,因而该合意行为限制了参与合资的经营者之间以及他们与第三方之间的竞争["团体效应"(group effect)或溢出效应(spill-over effect)]。[④] 再者,竞争者之间亦可能就发展与生产一项新产品以及协调商业决策而达成合作约定,即通常所谓之"策略联盟",其特征表现为缺少明确条款、模糊的目标阐述与互惠地、频繁地交换必要的技术及/或商业数据,当该形式之合意是通过彼此合作以规避竞争风险的方式来影响"独立性"(requirement of independence)且使之在竞争者间形成制度化架构时,则该合意行为可能构成《欧盟竞争法》第101条(旧法第81条)所规范之

---

① See Donald F. Turner, *The Definition of Agreement Under the Sherman Act: Conscious Parallelism and Refusals to Deal*, Harv. L. Rev. 75, 1962, p. 692.

② Ibid.

③ See Lennart Ritter et al., *European Competition Law: A Practitioner's Guide*, 2d ed., Kluwer Law International, 2000, p. 99.

④ Ibid.

默示限制竞争行为。① 其中,关于独立性要求是由欧洲法院在横向垄断协议的案件背景下提出的,乃以是否满足独立性要求来测试是否存在垄断协议之合意,不满足独立性要求系指限制经营者独立决定的自由与自主行动(autonomous action),且有意地通过彼此合作以规避竞争风险,则存在垄断协议之合意,并且法院将"竞争"界定为任何经营者必须得就其要约或出售产品之对象的选择等所采取之策略为独立决定。虽不排除经营者享有调整自身以适应竞争者已为或预期将为之行为的权利,但须严格限制经营者间任何直接或间接之联络,且行为之目的或效果或为影响市场上之实际或潜在竞争者之行为,或为向竞争者透露自己决定采取或准备采取之行动。② 由此似可见,以限制竞争为目的或效果之默示合意方式应与独立或自主决定相区分。

另外,就非书面之契约(unwritten agreements),当合意主体一方与另一方进行充分的沟通并告知其对于实施某种特定形式之行为的期待,且该另一方或根据自身经验,或根据他人之经验,或根据受到之威胁,意识到(recognize)未能履行契约所需承担之后果,则认为构成竞争法规制范畴之合意行为。③ 如是观之,欧盟法下之垄断协议合意内涵包括默示之意思联络方式,此意思联络方式限制了经营者独立决定之自由,故垄断协议应与经营者基于独立决定所为之独立行为相区分;而默示之意思联络方式并不排除合意主体一方对另一方采取威胁之方式,④但此威胁之方式是否皆得认定为垄断协议之合意则仍有探究余地。

---

① See Lennart Ritter et al., *European Competition Law: A Practitioner's Guide*, 2d ed., Kluwer Law International, 2000, p. 99 - 100.

② Cases 40 - 8, 50, 54 - 6, 111, and 113 - 4/73, Re the European Sugar Cartel; CooperatieveVereniging 'Suiker Unie' UA v. Commission [1975] ECR 1663, at paras. 173 - 74. See also Lennart Ritter et al., *European Competition Law: A Practitioner's Guide*, 2d ed., Kluwer Law International, 2000, p. 97.

③ Lennart Ritter et al., *European Competition Law: A Practitioner's Guide*, 2d ed., Kluwer Law International, 2000, p. 85.

④ 实际上,日本独占禁止法对于"意思联络"(意思の連絡)的解释亦肯认"默许"(暗黙のうちに認容する)方式,认为虽仅为一方认识到他方提高价格行为并容许(認容)该行为并不足以证明存在意思联络,但亦无须证明存在明示意思表示之"相互拘束",而倘相互间达成"默许"即得认定意思联络成立。参见伊藤眞「「他の事業者と共同して」認定にかかる主張立証構造」白石忠志ほか編『経済社会と法の役割:石川正先生古稀記念論文集』(商事法務,2013 年)1045 - 1048 頁。有关合意概念之解释,日本学界有采"意思联络"说者("意思の連絡"説),亦认为单纯之知悉与容许不足以证明存在意思联络,而经营者之间至少须达成"默许"。参见白石忠志『独占禁止法』(有斐閣,2016 年)201 - 203 頁。

三、自愿与非自愿

(一)美国

就强迫之因素是否会影响合意之成立,有学者提出,若销售商被强迫执行指定之最低价格不构成协议,则对于销售商被强迫履行契约之承诺同样不构成协议。因此,不同于单纯之横向垄断协议背景下"有意识的平行行为"情形,因受拒绝交易威胁而遵从执行从而使生产商得成功实施转售价格维持之行为,将不在协议概念之涵盖范畴,①如此则限缩了合意之内涵。易言之,学者认为强迫因素不会影响合意之成立。

一方面,就前述"销售商控诉"情形(有销售商向生产商控诉竞争销售商的降价行为),学者进一步指出,生产商因自身销售政策而实施之终止契约的回应行为,与生产商因受控诉者(销售商)强迫而实施之终止行为有显著区别;在后者情形下,即生产商遵从控诉者之要求情形,更有可能具反竞争性。② 下级法院虽已实行该原则,即认生产商之受强迫行为构成生产商与销售商之间的垄断协议,但并未明确如何证明。③ 学者指出,控诉者之控诉与生产商实施终止行为之间的关联性可能存在多种解释,包括生产商实施单方决定之情形,即控诉者之控诉引起了生产商的关注,生产商单方决定维持价格,或虽不必统一价格政策但降价销售商行为过于偏离生产商之期待,故而终止交易,而此两种解释非属合意。学者针对如何辨别是否存在生产商受强迫之默示同意情形,提出控诉者之"谈判力"(bargaining power)概念,认为只要控诉者的力量足以说服不情愿(reluctant)的生产商,使其相信通过终止与原告(竞争销售商)的契约关系,将比失去控诉者以及其他可能存在之认同控诉者意见的沉默销售商(silent dealers)的支持遭受更少的损失(lose less),④如此可认定存在足以影响生产商决定之力量。如是观之,此关于辨别是否存在生产商受强迫之默示同意,本质上与"有利性"之考量不无关联。

另一方面,就前述"终止契约"情形,除前文第二项中讨论之"默示接受"理

---

① See Donald F. Turner, *The Definition of Agreement Under the Sherman Act: Conscious Parallelism and Refusals to Deal*, Harv. L. Rev. 75, 1962, p. 688.

② See Herbert Hovenkamp, *Leegin, the Rule of Reason, and Vertical Agreement*, U Iowa Legal Studies Research Paper No. 10 – 40, 2010, p. 13.

③ Ibid.

④ Ibid.

论外,还存在另一“强迫服从”理论(coerced compliance theory),即销售商按照指定之转售价格出售产品仅仅是因为生产商的终止契约威胁从而屈服(surrender)于生产商之威胁,从而“同意”生产商提出之价格。学者指出,该强迫服从理论具有合理性,但亦存在一些不足:对于上述情形之效果是否得等同于明示契约之效果存有疑虑。质言之,上述情形下之“协议”概念亦符合生产商通过单方力量(unilateral power)以执行其个人意愿之情形。[①] 由此观之,学者对于强迫服从理论虽并非全然反对,但亦持保留意见,本书赞同学者之观点,若将“强迫”因素一律归入垄断协议合意范畴,则恐将致某些本应属单方限制行为之情形错误归入合意行为范畴,从而过分扩大合意之内涵。要言之,默示同意包含强迫服从之情形,但有强迫服从之情形则未必皆可认其为“默示同意”,亦可能为“单方行为”。

此外,上述讨论虽主要针对纵向垄断协议之背景展开,但并未涉及其与横向垄断协议合意是否应有区分,关于合意内涵之不同学说见解将于第三章详述,但有学者针对横向垄断协议之情形,以经营者实施排他性行为为例,提出“自愿型卡特尔”(Voluntary Cartels)与“非自愿型卡特尔”(Involuntary Cartels)的行为模式。自愿型卡特尔,系指同一产销阶段之竞争者达成明示或默示横向协议;但亦可能存在其中一个竞争者不愿参与该“自愿型卡特尔”,即更倾向于竞争而非合作,则此情形下,希望实施卡特尔的厂商可能会通过联合并提高该不愿实施卡特尔厂商的成本以排除该厂商,致使该厂商被迫减少产出并提高价格,此时实施卡特尔的两个厂商亦可放心提高价格,最终形成三个厂商皆减少产出、提高价格之结果。申言之,原本不愿实施卡特尔的厂商因其他厂商联合实施的排他性行为而被迫参与该卡特尔,此即所谓“非自愿型卡特尔”(Involuntary Cartels),其所产生之联合性限制竞争效果(collusive anticompetitve effects)为直接效果,而产生之排他性效果(exclusionary effects)为间接效果。[②] 但亦有学者进一步指出,倘若实施排他性行为的厂商为垄断者,则上述竞争者被排除出市场或被阻止进入市场,实则为垄断者实施排除竞争者之行为结果,

---

① See Herbert Hovenkamp, *Leegin, the Rule of Reason, and Vertical Agreement*, U Iowa Legal Studies Research Paper No. 10 - 40, 2010, p. 7.

② See Andrew I. Gavil et al., *Antitrust Law in Perspective: Cases, Concepts and Problems in Competition Policy*, 2d ed., St. Paul, Thomson/West, 2008, p. 45 - 49.

故不宜称之为“非自愿型卡特尔”。① 要言之，对于含有强迫因素，或非自愿因素之限制行为，可能存在垄断协议与单方限制行为两种情形。

（二）欧盟

首先，“不愿履行”或“不愿接受”（unwilling acceptance）应与“非自愿合意主体”（unwilling participant）进行区分，即当合意主体一段时期内被动地或不情愿地履行契约，或者试图转而为自身利益而履行契约时，不当然被视为该契约之非自愿参与者。申言之，只要其体现出继续参与之准备状态则仍应视其为自愿之参与者。② 倘若合意主体之行为持续表现出共谋与协调之特征则得视同垄断协议，而此时纵使契约被终止亦不能排除第 101 条（旧法第 81 条）之适用。③

其次，在经济上具有依赖性之垂直供给关系中，达成合意一方存在不愿接受之情形并不影响垄断协议之成立，且该垄断协议可能为更具经济力的一方强加另一方而实施之行为，且可能存在行为上或利益上之分歧的情形（涉及“共同利益与互利”之探讨，于第四项展开）。申言之，精神上之保留（mental reservation）与合意成立无关，即使经营者做出决定之时并无限制竞争之意图，仍可能被认定为参与团体并共同做出限制竞争的决定。④ 然而在实务上，委员会对于此类垄断协议之处分可能采取对被强加实施一方（如销售商）免除罚款的宽大处理，即对于在垄断协议（包括横向垄断协议与纵向垄断协议）中仅因疏忽而为或被迫（under duress）参与之经营者予以宽松处分，⑤除非该经营者为积极达成或实施限制竞争之合意。⑥ 唯此仍仅为法律责任认定范畴之问题，在垄断协议合意认定问题上委员会则采扩大垄断协议合意范畴之做法，即存在大量外观上看似单方行为之纵向限制类案件被委员会认定为垄断协议，且有部分为

---

① See Jonathan B. Baker, *Exclusion as a Core Competition Concern*, Antitrust L. J. 78, 2013, p. 557.

② See Lennart Ritter et al., *European Competition Law: A Practitioner's Guide*, 2d ed., London, Kluwer Law International, 2000, p. 83.

③ Ibid., p. 84.

④ Ibid.

⑤ 横向垄断协议之案例：Cement, OJ [1994] L 343/1, para. 64.9.b. 纵向垄断协议之案例：Sandoz, ECJ Jan. 11, 1990, [1990] ECR Ⅰ-45, paras. 10-13. See also Lennart Ritter et al., *European Competition Law: A Practitioner's Guide*, 2d ed., London, Kluwer Law International, 2000, p. 84。

⑥ BMW Belgium, OJ [1978] L 46/33, 42, etc. See also Lennart Ritter et al., *European Competition Law: A Practitioner's Guide*, 2d ed., London, Kluwer Law International, 2000, p. 84.

欧盟法院所支持，但自拜耳(Bayer)案[①]后法院开始较多地撤销委员会关于存在合意之认定(该案于第三编详细探讨)。[②] 但须注意的是，以拜耳案为代表而被法院否决存在合意之案件，其主要争点在于相对人同意或默示同意(acquiescence)之证明，而并非否定"非自愿"因素得构成垄断协议合意之论断。经营者被其他经营者强迫(forced)而达成合意并不影响合意之成立，[③]而合意达成时之非自愿因素可能产生之影响在于委员会或减轻罚款或免除罚款或不予展开调查。[④]

四、共同利益与互利

(一)美国

美国法下，学说上早有关于"共同利益"之探讨，且常将横向垄断协议之"共同利益"与纵向垄断协议之"共同利益"相比较，故而有学者认为，在横向垄断协议中，每一个参与者皆认为参与该共谋符合自身利益，故而不存在"被迫"(forced)实施该计划的情形；[⑤]而在纵向垄断协议中，则不一定存在"一致意见"或"共同目的"以实施一项生产商与销售商均认为符合共同利益(common good)的共同计划。[⑥]

在纵向垄断协议中，尤以"生产商强加型"(manufacturer-imposed)纵向垄断协议，存有争议。有学者认为生产商是基于自身利益强加纵向限制，但鉴于纵向限制行为通常是被强加于不情愿(unwilling)的销售商，减少销售商选择的

---

① Case T－41/96, Bayer v. Commission [2000] ECR Ⅱ－3383.

② See Richard Whish & David Bailey, *Competition Law*, 8th ed., Oxford University Press, 2015, p.110－111.

③ 日本独占禁止法在关于附约束条件的垂直非价格限制行为该当性之认定上，就"约束"之解释，亦同时肯认通过意思自由达成之合意，以及制造商对销售商之意愿有抑制压迫而使其遵从(抑圧して遵守させる)之情形，亦包含在内。参见村上政博『独占禁止法』(弘文堂，2016年)309－310頁。

④ See Richard Whish & David Bailey, *Competition Law*, 8th ed., Oxford University Press, 2015, p.105.

⑤ 但亦有学者认为，横向垄断协议情形中亦存在参与一方受其他合意主体施加惩罚的威胁之情形。See Jonathan B. Baker, *Exclusion as a Core Competition Concern*, Antitrust L. J. 78, 2013, p.571.

⑥ See Jean W. Burns, *Rethinking the "Agreement" Element in Vertical Antitrust Restraints*, Ohio St. L. J. 51, 1990, p.13－14. 但由前述"非自愿型卡特尔"概念之阐述，显见学说上存在不同见解。

自由,故此类限制行为并不符合交易相对人之利益或社会利益。① 但这一观点已经发生转变,尤其是“互利”概念的提出,即使是由生产商强加的纵向限制亦存在互利之可能。此概念可见于前述“默示接受”理论中,即可通过生产商与销售商之间存在之接受、交换(exchange),或互利(quid pro quo),或可能存在之强迫,证明存在协议。

一方面,整体以观,以“共同利益”为垄断协议合意成立之要件者,对垂直交易关系中,生产商采强加方式之情形,因生产商之动机为谋求自身利益,故而此情形下是否存在垂直主体间的“共同利益”需为进一步论证。但“互利”则不以生产商全然为谋求自身利益者为限,且可与“强迫”并存于合意行为中。另一方面,互利因素与市场力因素亦存在关联性。有学者在探讨排他性行为与垄断协议之关系时,提出垂直主体一方可能通过补贴等隐性的“互利”条款(implicit quid pro quo)来实现联合交易相对人以排除竞争者的目的;而其与市场力之关系,具体而言,排他性行为与垄断协议之间可作为互补方式来获取市场力,或利用市场力实施其中一种行为以实现另一种行为目的,即参与联合之经营者需要通过排除竞争者来维持联合,或需要通过联合来排除竞争者。② 要言之,对于市场力不足者(未达垄断)所实施之垄断协议中,可能同时存在排除竞争者之目的与维持价格等涉及价格之目的,且两者具有相互促进对方得以实现之功能。

另有学者提出,“依赖性测试”方法(Dependent Test)来判断是否存在垄断协议之合意,该方法基于商业行为追求“利益最大化”的本质,并引入“依赖性”因素为判断,且不区分横向垄断协议或纵向垄断协议。以下详述之。

该方法于实务上之根源可追溯至1954年剧院诉派拉蒙(Theatre Enterprises)案,③该案原告声称电影制作商与发行商共谋,将电影首映限制在巴尔的摩市中心的剧院,而原告的郊区剧院仅享有后续放映资格且需经过不合理的审查许可(clearances),违反了反托拉斯法。要言之,该案涉及电影发行商一致性地拒绝向原告授权电影首映的放映权,是否存在电影制作商与所有发行商(同时包含水平与垂直面向)之间的共谋,因无直接沟通证据,则需要借助间接

---

① See Lawrence A. Sullivan, *Handbook of The Law of Antitrust*, St. Paul, West Publishing Co., 1977, p. 376 - 377.

② See Jonathan B. Baker, *Exclusion as a Core Competition Concern*, Antitrust L. J. 78, 2013, p. 557 - 558.

③ Theatre Enterprises v. Paramount Film Distributing Corp. et al., 346 U. S. 537 (1954). 该案于第三编第四章部分亦有相关探讨。

证据来推定电影发行商的平行行为是否出自联合。法院由此提出“独立决定”(independent decision making)与“单独利益”(separate interests)标准,前者系认定是否存在明示或默示协议,而后者之关键,在该案中,即为每一个被告选择拒绝授权之行为是否系依据自身利益而无论其他被告之行为如何。被告提供之证据显示,发行商被告所在之市中心剧院可以吸引更多的观众,因而可为电影首映创造更多利润。因此法院认为,上述证据足以证明,每一个被告选择授予市中心剧院以首映资格,皆是基于自身利益最大化之考量,而与其他被告之行为无关。[①] 学者由此进一步提出:当行为主体实现利益最大化之行为系依赖于他人之行为,则该行为为符合《谢尔曼法》第1条规范目的之协议。[②] 亦有学者适用该依赖性分析方法证明存在协议,并提出当行为“相互依赖”(interdependent)时存在协议。[③] 再者,就该依赖性测试之具体适用,学者举例以说明:[④]

假设有A和B两个人同时离开同一间房屋,则该二人之行为系协调之行为还是个人行为,需要借助进一步的事实说明。假设存在以下两种情形:(1)A是一名持枪罪犯,正以B为人质掩护其离开房屋,而周围正有警察包围。A与B的行为将被视为协调一致,盖A离开房屋之行为可使A之利益最大化,且取得该最大化利益之行为只是因为B作为其掩护者;同理,B在极其危险之情况下,离开房屋符合其最大化利益,且取得该最大化利益之行为只是因为(only because of)A的行为威胁其生命安全。该情形表明即使行为主体之行为不完全相同,以及其中一方系被迫行动,双方之行为亦可能为协调一致。(2)A与B皆非罪犯,二人因房屋起火而离开。A与B的行为为个人行为而非协调一致行为,离开起火房屋的行为可使任一方的利益最大化,而无论另一方之行为如何,即使A与B有就各自离开房屋之意图进行过沟通,亦是如此。申言之,即使其中一方倘若缺少与另一方的沟通则不会如此行动,亦构成个人行为。例如,假设起火时A正在睡觉,B叫醒A并告知起火事实,则此时二人离开房屋之行为

---

① Theatre Enterprises v. Paramount Film Distributing Corp. et al., 346 U.S. 537 (1954).

② See Mark D. Anderson, *Vertical Agreements Under Section 1 of the Sherman Act: Results in Search of Reasons*, U. Fla. L. Rev. 37, 1985, p.930.

③ See Donald F. Turner, *The Definition of Agreement Under the Sherman Act: Conscious Parallelism and Refusals to Deal*, Harv. L. Rev. 75, 1962, p.681.

④ See Mark D. Anderson, *Vertical Agreements Under Section 1 of the Sherman Act: Results in Search of Reasons*, U. Fla. L. Rev. 37, 1985, p.929 - 930.

仍为个人行为,因为离开房屋符合每一方个人之利益。易言之,虽A离开起火房屋之行为源于B叫醒A之行为,但A取得其最大化利益之行为非只是因为B之行为,故非为依赖。

学者指出,该测试方法并非仅基于沟通或因果关系或两者相结合,本书认为,似有将此对他方行为之依赖作为唯一因果关系之含义,即仅因依赖于他方之特定行为始得实现自身最大化利益,如果脱离该他方行为则无法实现。再者,学者对于纵向垄断协议中的"自愿"与"依赖"情形进行了解释与区分。具体而言,纵向垄断协议中的"自愿"(voluntarily),包含两种情形:一是出于交易相对人所提供的有利信息(如关于消费者需求的信息)且符合自身利益所做出的决定;二是出于自己对市场供需状况的判断所做出的决定,而与交易相对人无关。① 学者以上游对下游给予价格建议行为(suggested prices)为例,认为上述两种情形最终皆是因为"接受建议价格"符合销售商自身利益最大化,且此利益之取得可不依赖于生产商之建议,故并不符合依赖性测试方法。但由学者论述以观,虽有提及"强迫"情形,但似乎并未阐述一方实施强迫之情形下,另一方为"被迫服从"与为"默示同意"是否应有区分。质言之,此又涉及默示接受理论与强迫服从理论之区分问题,应值得注意。

综上所述,笔者赞同适用依赖性测试判定是否存在垄断协议之合意的观点,但此"依赖性"与"有利性"之间的关系似可进一步探究:横向垄断协议符合测试与合意主体之间存在共同利益相关,即选择联合非仅出自个人利益最大化之考量,任一方利益最大化之取得需要"依赖"他方行为始得实现;而纵向垄断协议符合测试则并非基于合意主体存在共同利益,且往往利益不具有一致性,但却可能存在互利的关系,即双方均能从对方的行为中获得利益,且若脱离对方的行为则丧失该利益,此为"相互依赖性"产生之背后的利益考量。

(二)欧盟

前述在垂直供给关系中可能存在之合意主体一方非自愿接受之情形,且可能存在利益上之分歧,此即涉及垄断协议中合意主体间利益关系之探讨。这一问题在法条中并未直接体现,但在委员会处分决定与法院判决中不乏相关探讨。根据先例及处分决定,当经营者在"好邻居规则"(Good Neighbour Rules)或"建立惯例与行为准则"或"为了大家的利益而遵守某些游戏规则"这些方面

---

① See Mark D. Anderson, *Vertical Agreements Under Section 1 of the Sherman Act: Results in Search of Reasons*, U. Fla. L. Rev. 37, 1985, p.932 -933.

达成合意则可认定存在垄断协议之合意。[①]

1.共同利益与互利

垄断协议认定中,共同利益与互利是否应有区分,在法理及实务上仍存争议。在被认定为存在纵向垄断协议的案件中,有评价为存在很强的互利关系(strong mutual interest),[②]也有评价为相对人违背自身最大利益(best interests)而同意实施生产商提出的条款,[③]但在被认定为不存在纵向垄断协议(亦不存在横向垄断协议)的案件中,有评价为因实际未执行生产商的限制条款而认为上下游不存在共同利益(common interest),并解释为双方各自需求完全对立,[④]则不难质疑是否倘若需求有部分重叠,亦即无共同利益但有互利时,则仍有认定为纵向垄断协议之可能?在德律风根(AEG-Telefunken)案[⑤]中,实施选择性经销模式的所有参与者被认定为实施了垄断协议与/或协同行为(concerted practice),被评价为既存在互利又存在共同利益(community of interest),[⑥]则是否无论纵向垄断协议还是横向垄断协议,共同利益与互利之概念并无甚差异?但联系前述无共同利益而有互利时可能存在纵向垄断协议之质疑,似又有区分两者之实益。

就具体纵向垄断协议案件中上下游之利益关系是否会对纵向垄断协议合意成立之判断产生影响,法院似乎尚未在判决书中明确阐述,但在相关判决中似存在分歧,如福特汽车(Ford)案[⑦]与拜耳(Bayer)案,两者皆为上游生产商单方提出限制跨区域销售的纵向非价格限制政策,虽提出之方式有所不同,前者为汽车生产商拒绝向销售汽车至英国的德国销售商供应汽车,后者为上游药品生产商减少向下游销售商供应的产品数量以限制出口至其他成员国(英国),但

---

① Cases 209 - 15 and 218/78, Van Landewyck v. Commission [1980] ECR 3125, paras. 85 - 86; *Cement*, OJ [1994] L 343/1, para. 45(6). See also Alison Jones & Brenda Sufrin, *EU Competition Law: Text, Cases and Materials*, 4th ed., Oxford University Press, 2011, p. 142 - 143.

② See Richard Whish & David Bailey, *Competition Law*, 8th ed., Oxford University Press, 2015, p. 111.

③ Ibid., p. 112.

④ Ibid., p. 113.

⑤ Case 107/82, AEG-Telefunken v. Commission [1983] ECR 3151.

⑥ See Richard Whish & David Bailey, *Competition Law*, 8th ed., Oxford University Press, 2015, p. 111.

⑦ Cases 228 - 229/82, Ford Werke AG and Ford of Europe Inc. v. Commission [1984] ECR 1129.

下游销售商均以某种形式给予响应,而法院就是否构成垄断协议合意作出了不同判决,即福特汽车案中法院认定福特与其德国境内的销售商构成垄断协议,而拜耳案中法院认定拜耳之出口限制行为为单方行为(是否违反第102条则另论),甚至仅为单方政策(或可言独立行为,因法院认定其并无寻求相对人同意之行为)而不构成与销售商之垄断协议。在下游厂商行为之有利性问题上,两案虽皆为被限制跨区域销售之销售商并未从生产商之拒绝供应或减少供应数量的行为中获利,而获利者均为实际受到保护之英国境内的销售商。① 但法院在拜耳案中认定 Bayer 与其销售商之间不存在"一致意愿"(Concurrence of Wills)②或"一致意见"(A Meeting of Minds),③并指出其与福特汽车案等相关先例之区分关键在于拜耳案中的销售商实际并未遵从生产商之限制政策而减少出口,虽销售商出口行为是通过间接方式例如通过一些规模很小的批发商下订单来获取额外数量的,④但不影响认定该行为未构成对生产商限制政策的"默示同意"(Acquiesce),⑤而"一致意愿"的成立须同时存在合意主体一方寻求相对人之同意与相对人至少为默示同意;⑥相比之下,在先例中,生产商对销售商的接纳是基于销售商"接受"其销售政策或模式。⑦

此涉及"同意"要件之证明是否与有利性因素相关问题,销售商未能从拒绝向跨区域销售之销售商供应行为中获利是否等同于纵向限制政策对下游厂商不利益从而无法构成下游的"同意"呢?本书认为不能等同。首先,关于有利性之判断单纯通过限制行为类型恐无法直接判断,例如在先例中有生产商以转售价格限制为限制政策,⑧然该政策是否必然对销售商有利存在争议,一种可能性

---

① Cases 228 -229/82, Ford Werke AG and Ford of Europe Inc. v. Commission [1984] ECR 1129.

② Case T-41/96, Bayer, at para. 69.

③ See Alison Jones & Brenda Sufrin, *EU Competition Law: Text, Cases and Materials*, 4th ed., Oxford University Press, 2011, p. 155.

④ Case T-41/96, Bayer, at paras. 153-57.

⑤ 法院同时还认定生产商并未寻求(seek to)销售商之同意,理由是单纯的减少供应量行为不构成要求(demand)、商谈(negotiate)、惩罚(penalise)、威胁(threaten)销售商采取限制出口行为。See Case T-41/96, Bayer, at para. 152.

⑥ See Alison Jones & Brenda Sufrin, *EU Competition Law: Text, Cases and Materials*, 4th ed., Oxford University Press, 2011, p. 151.

⑦ Case T-41/96, Bayer, at paras. 158-170.

⑧ Case 107/82, AEG-Telefunken v. Commission [1983] ECR 3151.

为销售商因不需面对与其他同品牌产品销售商在价格上的削价竞争，故而对销售商有利；另一种可能性为销售商可能希望通过降价来提高销量，销量的提升对销售商亦有利。[1] 其次，即使系争纵向限制政策对下游厂商不利益仍可能被法院认定为构成下游对限制政策的“同意”，此与法院对垄断协议合意判断的松紧程度不同有关，在拜耳案之前，法院对于外观看似单方行为之情形（至少在出口限制行为案件中），认为即使限制行为对销售商不利亦得认定为垄断协议；[2] 然在拜耳案之后，法院对于具有认定为垄断协议疑虑但初看之下（at first sight）并不符合相对人利益之情形，认为需要更加审慎判断。[3] 本书认为，此实际可归结于证明方法之调整问题。易言之，拜耳案之前法院采排除垄断协议可能之证明方法[4]，而拜耳案之后法院采排除单方行为可能之证明方法（此证明方法与在横向垄断协议证明中采“排除独立行为可能”之证明方法有异曲同工之效）。再者，存在合意成立之时点问题。申言之，有利性判断存在时点问题，即应取何时点为有利性之判断。依据拜耳案等相关判决书内容，可能存在图 2 的 3 个时点：

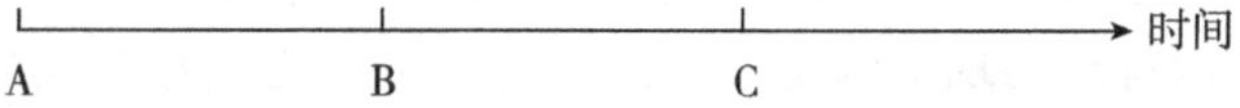

A. 签订经销契约时下游销售商即知悉上游之销售政策或销售模式（限制政策）。

B. 上游以某种方式“告知”下游其限制意图（如要求、商谈、惩罚、威胁）。

C. 下游以某种方式予以回应（如服从上游安排或不服从上游安排）。

A 与 B 可能为同一时点。

图 2　纵向垄断协议合意成立时点及有利性判断时点

在生产商实施纵向限制政策的案例中，以 A 时点为合意成立时点之情形为：当生产商对销售商的接纳是基于销售商接受其销售政策或模式时［有在先限制政策的声明（announcement）］，对于符合资格但不愿服从该政策之销售商

---

① See Alison Jones & Brenda Sufrin, *EU Competition Law: Text, Cases and Materials*, 4th ed., Oxford University Press, 2011, p. 149.

② Ibid.

③ Cases C-2 and 3/01 P, Bundesverband der Arzneimittel-Importeure EV and Commission v. Bayer AG [2004] ECR Ⅰ-23, para. 102.

④ 当时的主流观点认为，应当审慎以确保只有当确实不存在垄断协议时才得认定垄断协议不成立。See e. g., H. H. Lidgard, *Unilateral Refusal to Supply: An Agreement in Disguise?*, E. C. L. R. 18, 1997, p. 352.

被排除在契约关系之外，故得认定已签订契约之上下游之间，纵向垄断协议成立。[①] 此为拜耳案之前，多数法院判决之认定。

如果A时点合意不成立，且B时点发生在A时点之后，则以C时点为合意成立时点：首先应认定B时点之生产商行为构成“寻求同意”，而后认定C时点之销售商行为构成“至少为默示同意”，此二者构成“一致意愿”之成立要件。该认定方法于拜耳案为欧洲法院所肯认，且提出通过分析销售商“响应行为”的方法来认定是否构成默示同意，[②]该案以销售商不服从生产商安排之实际行为认定默示同意不成立，故不成立垄断协议合意。拜耳案之后亦存在销售商服从安排但仍认定合意不成立之情形，[③]故虽法院肯认以行为认定意愿之方法，但并无法直接由服从或不服从安排推得存在默示同意。质言之，单纯地继续参与（亦为“服从”之体现）生产商的销售模式或依经销契约条款接受产品供应将不足以认定垄断协议的成立。[④] 就如何证明下游厂商存在“默示同意”将于第三编实例探讨部分进一步讨论。

另外，拜耳案中实则还涉及依赖性问题，但此依赖性为提出限制政策一方对相对人之依赖。换言之，为上下游之“相互依赖”，即合意主体一方向相对人表示自己实现限制竞争意图的行为可视为向相对人提出希望共同（jointly）完成目标之邀请。[⑤] 申言之，在纵向垄断协议关系中，不仅销售商（卖方主导型）对生产商存在依赖性，而且生产商对销售商亦存在一定程度之依赖性。

2. 垄断协议之利益关系与单方限制行为之利益关系

垂直关系中存在之利益形式，或互利方式，对于垄断协议之合意判断有何影响亦有探讨价值。其中，上游向下游提供“折扣”的方式即为常见之互利方式。例如，搭售安排中之混合捆绑（Mixed Bundling）行为态样亦被称为多产品

---

① Case 107/82, AEG-Telefunken v. Commission [1983] ECR 3151; Cases 228 - 229/82, Ford Werke AG and Ford of Europe Inc v. Commission [1984] ECR 1129.

② Case T - 41/96, Bayer, at paras. 166.

③ Case T - 208/01, Volkseagen v. Commission [2003] ECR Ⅱ - 5141. 该案将于第三编实例探讨部分进一步讨论。

④ See Alison Jones & Brenda Sufrin, *EU Competition Law: Text, Cases and Materials*, 4th ed., Oxford University Press, 2011, p. 158. 此即所谓传统的“持续商业关系”理论，现法院已严格限制其适用条件。

⑤ Cases C - 2 and 3/01 P, Bundesverband der Arzneimittel-Importeure EV and Commission v. Bayer AG [2004] ECR Ⅰ - 23, para. 102.

折扣行为(multi-product rebate)或经济搭售(economic tying),其显著特征之一即为生产商向购买搭售产品组合的用户提供经济上的优惠。① 折扣行为的限制竞争疑虑主要体现于排除竞争者参与竞争之限制行为中,如独家交易安排。欧洲法院在1975年欧洲糖业联盟(European Sugar Cartel,又称 Suiker Unie)案②中第一次提出应将真正的数量折扣(quantity rebates)与忠诚折扣(loyalty rebates)相区分,并指出后者通过经济折扣方式以阻碍用户获取竞争者的产品。③ 该案虽为卡特尔案例,但实施有限制竞争疑虑之折扣行为的主体为卡特尔成员中具有支配地位之经营者,故法院认定该垄断经营者构成滥用支配地位行为,故实务上,对于忠诚折扣之限制竞争疑虑主要与垄断经营者是否构成滥用之单方限制行为相关,但不乏此行为存在于垄断协议中之可能,故而垄断协议中合意主体间之利益关系似有与单方限制行为中垂直主体间之利益关系进行区分之必要。

如是观之,不仅垄断协议中存在共同利益或互利之因素,而且单方限制行为中亦可能存在"互利"行为。例如,前述中涉及的,联合抵制行为态样可能同时存在单个厂商滥用支配地位所为之联合抵制行为以及上下游间之合意行为,实际上此单方限制之联合抵制行为态样中即可能存在"互利"行为,则此时垂直合意行为之互利性与单方限制行为下之所谓"互利"有何不同似有探究余地。2009年英特尔(Intel)案④中英特尔以提供折扣的方式要求交易相对人电脑制造商延迟、取消或限制使用竞争者的产品,该行为被认定为滥用支配地位行为。其中英特尔所提供之折扣是以电脑制造商80% ~100%的产品需求须从英特尔购买为条件,与从英特尔处所获取之"利益"相比较,英特尔竞争者(Advanced Micro Devices,AMD)即使向电脑制造商免费提供100万个中央处理器(central processing unit,CPU),该制造商为满足英特尔限制条件也仅是接受其16万份产品。⑤ 由此观之,相对人实施限制行为所获之"利益"似不足以抵销其因被迫

---

① See Alison Jones & Brenda Sufrin, *EU Competition Law: Text, Cases and Materials*, 4th ed., Oxford University Press, 2011, p.455.

② Cases 40 - 8, 50, 54 - 6, 111, and 113 - 4/73, Re the European Sugar Cartel; CooperatieveVereniging "Suiker Unie" UA v. Commission [1975] ECR 1663.

③ See Alison Jones & Brenda Sufrin, *EU Competition Law: Text, Cases and Materials*, 4th ed., Oxford University Press, 2011, p.429.

④ Case COMP/C -3/37.990 Intel [2010] 4 CMLR 314.

⑤ Ibid., paras. 956 -57.

无法接受其他上游厂商所提供利益而遭受之损失,实际构成利益之减损。申言之,单个厂商滥用支配地位所为之联合抵制行为中,垂直交易相对人(受话人)实施联合抵制行为之不利益大于所获利益,或可言,单方限制行为下可能存在之互利或利诱行为本质上具有相对人所受之不利益大于利益之特征。

五、结语

无论是美国法还是欧盟法,经营者之市场力因素仍是某些纵向垄断协议具有限制竞争疑虑的前提条件,[①]但并不表示对于市场力有较高门槛要求的限制行为(许多纵向垄断协议即如此)而言,只有当经营者市场力足够大时才有限制竞争疑虑,才有竞争法介入之必要。忽略对于纵向限制行为本身是否存在合意以及存在何种合意的关注,可能是导致对于纵向垄断协议采低度规范的重要原因之一。[②] 以转售价格限制为例,如果不追究生产商系为改善服务、减少“搭便车”而为限制,或系因受第三方之强迫而为限制,则恐无法对该限制行为是否具有经济效率做出正确判断。在前述“默示接受”理论中,学者即肯认可通过生产商与销售商之间存在之接受、交换,或互利,或可能存在之强迫,证明存在协议。

市场力因素对于合意判断之作用主要在于或能大致根据市场力大小之不同程度划分独立行为、垄断协议、滥用市场力行为,唯须认识到市场力因素对于合意之判断发挥作用之根本原因仍在于其对于行为有利性、依赖性、强迫性因素的影响,而本书认为有利性与依赖性应为判断合意成立否之实质要件。

纵向垄断协议中市场力因素与互利性、依赖性、强迫性之关系(见图3):一

---

① 美国之当然违法适用类型,以及欧盟之目的型限制类型或核心限制类型,对于市场力之证明要求不存在或仅为较低程度之要求。

② 有关市场力因素与合意及法律效果之关系,有台湾学者通过建构竞争模型之研究方法,提出:在合意与法律效果之间,厂商之市场竞争能力担负完全中介角色。申言之,厂商间之卡特尔行为若其合意涉及共谋等可非难性,对市场竞争能力将造成直接显著影响,其影响程度与参与厂商的总市场份额、参与家数、围标或行业协会限制市场功能项目之多寡有直接正向关系,进而,不法卡特尔若足以影响市场竞争能力,将担负必要之法律效果,其所担负之法律效果程度与市场竞争能力受影响间具有直接正向关系;且市场竞争能力对法律效果的影响效果大于合意对法律效果的影响。参见施锦村:《卡特尔行为合意与法律效果关联之验证:市场竞争能力的角色》,载《管理学报》2012年第29卷第2期。但是本书认为不仅合意对于市场力存在影响,市场力因素亦可能通过对行为有利性、依赖性、强迫性因素的影响,进而影响合意之成立。

方面，互利性与依赖性存在关联性，个别经营者实现利益最大化之行为是否系依赖于他经营者之行为，此与美国法下之联合抵制行为评价存在相似性（亦与横向垄断协议之行为主体间是否存在独立行为可能之评价标准相似）。申言之，对于不存在依赖性之互利行为可能仅为独立行为。另一方面，依赖性关系中可能存在强迫因素，然强迫性并不直接构成合意成立之要件，当存在强迫时，可能推定该强迫行为之效果具有垄断性（如违反滥用支配地位行为规范之搭售安排中的“强迫”）。申言之，对于同时存在依赖性与强迫性之行为需要借助有利性的判断，若存在依赖性且行为对相对人有利[①]则即使存在强迫因素（此时为含强迫服从之“默示同意”），似仍将其认定为垄断协议始为恰当。

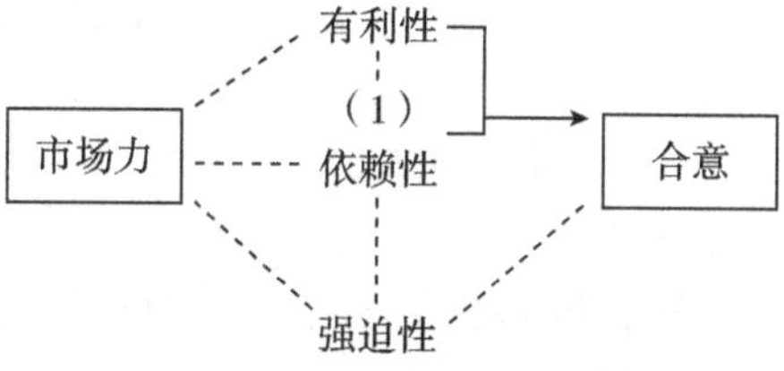

（1）表示有利性与依赖性同时存在时可推得存在合意，
且此有利性为互利，依赖性为相互依赖。

图3　市场力因素与互利性、依赖性、强迫性之关系及其对合意判断之影响

注：虚线表示存在关联性，但不存在必然性。

值得注意的是，当美、欧在效果判断的分析框架方面逐渐趋于一致时，对于垄断协议合意内涵的界定则存在一定差异，其中尤以美国存在不同学说之争议，此部分将于本编第三章详论之。

① 此时寻求同意一方因相对人从行为中获利而得到相对人之同意从而导致寻求同意一方亦得实现利益，此依赖性与有利性实际上具有相互依赖与互利之性质。

第二章　法院判决与合意内涵发展

第一节　美国法院判决下之合意内涵发展

在丽锦(Leegin)案之前,在对纵向垄断协议进行审查时,最低转售价格限制协议适用当然违法规则,而纵向非价格限制以及未确定具体价格或价格水平的转售价格限制协议皆适用合理原则。[①] 因此,即使针对价格与非价格限制是否构成垄断协议的问题,基本的“合意要件”相同,但在转售价格限制案件中,盖最低转售价格限制为当然违法,故而法院在认定系争协议是否涉及价格时,甚至较认定横向垄断协议之合意更为严格,因为倘若协议不存在具体价格或价格水平,则不得适用当然违法规则。因此,在纵向限制案件中,证据之核心在于协议之“内容”,而在水平限制案件中,证据之核心则为订立协议之“事实”。[②]

---

① 自1977年西尔瓦尼亚(Sylvania)案起,最高法院就非价格纵向限制行为审查标准采合理原则。See Continental T. V., Inc. v. GTE Sylvania, Inc., 433 U. S. 36 (1977). 自1988年Sharp案起,最高法院明确对于不包括价格或价格水平在内之纵向价格限制协议不适用当然违法规则。See Business Electronics Corp. v. Sharp Electronics Corp., 485 U. S. 717 (1988).

② 参见[美]赫伯特·霍温坎普:《联邦反托拉斯政策——竞争法律及其实践》(第3版),许光耀、江山、王晨译,法律出版社2009年版,第508页。

(一)高露洁法则及其影响

在高露洁(Colgate)案中,美国联邦最高法院第一次阐述了纵向限制协议的构成要件,①依据起诉书内容:(1)被告高露洁公司与零售商们订立了经销契约;(2)高露洁公司单方宣布,对售价低于其所声明之零售价的零售商,将拒绝与之订立契约;(3)随后,高露洁公司实施了其所声明之政策,即拒绝与降价者进行交易。案件当时之背景系法院倾向于将反托拉斯法上的合意要件等同于普通法上契约的构成要件,故在该案中最高法院将经销契约与该案中的"单方"拒绝交易行为相区分。法院指出,"业者或生产商享有事先声明其于何种情形下会采取拒绝交易行为的权利",《谢尔曼法》不会对此予以限制,②故最高法院认定被告高露洁公司的行为仅系上游生产商事前告知,拒绝与未遵从约定价格销售的销售商交易之单方行为(unilateral action),不构成《谢尔曼法》第1条所禁止之合意限制行为。此即为该案所确立之契约自由原则。

因该案判决过于形式主义之争议,随后美国联邦最高法院重新检视高露洁法则,并限缩该原则之适用范围,③如最高法院在施拉德(Schrader)案④中,认定生产商与销售商之间的协议可由交易习惯(course of dealing)推得。在比纳营养(Beech-Nut Packing)案⑤中,法院提出生产商通过其批发商积极监督其零售商以确保执行,符合协议之构成要件。在博士伦(Bausch & Lomb)案⑥中,法院则更进一步,认为即使批发商对生产商之方案仅为默示同意(acquiesced),生产商在其实施方案中雇用(employing)批发商亦构成与批发商之联合(combination)。在帕克-戴维斯(Parke, Davis & Co.)案⑦中即指出,倘生产商以任何方式对其零售商施以警告、威胁或恐吓,则已超出高露洁法则之适用范畴,而应适用当然违法规则。

但法院在认定系争协议是否涉及价格时,甚至较认定横向垄断协议之合意

---

① United States v. Colgate & Co., 250 U.S. 300, 39 S. Ct. 465 (1919).

② 参见[美]赫伯特·霍温坎普:《联邦反托拉斯政策——竞争法律及其实践》(第3版),许光耀、江山、王晨译,法律出版社2009年版,第508~509页。

③ See Glen O. Robinson, *Explaining Vertical Agreements: The Colgate Puzzle and Antitrust Method*, Va. L. Rev. 80, 1994, p.593.

④ United States v. A. Schrader's Son, 252 U.S. 85 (1920).

⑤ FTC v. Beech-Nut Packing Co., 28 257 U.S. 441 (1922).

⑥ United States v. Bausch & Lomb Optical Co., 321 U.S. 707 (1944).

⑦ United States v. Parke, Davis & Co., 362 U.S. 29 (1960).

更为严格，学者对于自高露洁案后法院在涉及转售价格限制的案件中，对协议（合意）认定较非价格限制案件采更为限缩的方法（a more restrictive approach）的解释是，因高露洁案涉及对当时当然违反反托拉斯法的行为提起刑事诉讼的问题。① 根据该案法则，一些法院甚至认定一个生产商对一个强大的销售商所提出之让竞争销售商提高价格的最后通牒（ultimatum）予以回应（responded）的行为，系单方行为。② 但在丽锦案之后，纵向价格限制亦适用合理原则，则如此之严苛方法已无必要性，盖限制竞争效果不再单从价格协议中推得；而相较之下，于迈尔斯（Dr. Miles）时代③（高露洁案之前），由于某种程度上受该案过分谴责纵向价格限制行为的判决影响，在当时，法院通常需要竭力论证在所谓纵向价格限制案件中不存在协议。④

（二）孟山都（Monsanto）案及其影响

案件背景为20世纪80年代，美国芝加哥学派盛行，⑤美国联邦最高法院当时受芝加哥学派影响，故有限缩转售价格协议要件之趋势。

1. 案件事实⑥

被告孟山都公司（以下简称被告）系从事制造、贩卖除草剂、农药等化学产品之经营者，于1968年与下游经销商签订了一年专属契约，约定经销商须符合下述条件，被告始同意更新契约：第一，须雇用经过专业训练之员工；第二，须在

---

① See Phillip E. Areeda & Herbert Hovenkamp, *Antitrust Law*, Vol. vi, 3rd ed., Aspen Publishers, 2010, p. 1438c, d, at 1445, 1446.

② See e. g., Garment District v. Belk Stores Servs., 799 F. 2d 905 (4th Cir. 1986), cert. denied, 486 U. S. 1005 (1988). See also Phillip E. Areeda & Herbert Hovenkamp, *Antitrust Law*, Vol. viii, 3rd ed., Aspen Publishers, 2010, p. 1625d.

③ Dr. Miles Medical Co. v. John D. Park & Sons Co., 220 U. S. 373 (1911). 该案内容系关于上、下游经营者间就商品转售价格之垂直约定，此时，水平价格垄断协议尚未适用当然违法规则，但联邦最高法院就该案首开以当然违法规则审查之先例。参见王俊智：《竞争法上关于限制转售价格之研究》，辅仁大学财经法律学系2010年硕士学位论文，第1页。

④ Herbert Hovenkamp, *Leegin, the Rule of Reason, and Vertical Agreement*, U Iowa Legal Studies Research Paper No. 10-40, 2010, p. 6.

⑤ 美国芝加哥学派认为竞争法以追求经济效率为唯一目标，效率系由两相关联因素组成，亦即分配及生产效率，通常两者合二为一，增加生产效率即系增加分配效率，但其不重消费者福利，将生产商获利一并纳入观察，适为其遭批评所在。参见刘俊仪：《公平交易法垂直交易限制之研究——以美国、欧盟垂直交易限制规范为中心》，台北大学法研所2002年博士学位论文，第5~7页。

⑥ Monsanto Co. v. Spray-Rite Serv. Corp., 465 U. S. 752 (1984). 该案判决历史：684 F. 2d 1226 (7th Cir. 1982), *cert. Granted*, 103 S. Ct. 1249 (1983).

指定地区开拓市场；第三，对零售商为贩卖之指示。原告喷瑞服务公司（Spray-Rite Service）（以下简称原告）系与被告签约之经销商，但其出售给零售商之产品价格，远低于被告所指定之价格，于是有其他经销商向被告控诉（complain）原告降价行为（控诉降价的经销商以下简称控诉者），被告随后提出与原告终止契约，原告不服遂向法院起诉，主张被告与控诉者共谋限制转售价格，并据以拒绝与原告更新契约，认为被告行为违反了《谢尔曼法》第1条的规定。然被告则抗辩其拒绝与原告更新契约，系因原告未雇用受过专业训练之员工，且未对零售商提出有效促销产品之计划。

2. 法院对合意之认定

该案涉及“生产商—控诉者”协议模式（manufacturer-complainer agreement），亦即协议涉及第三方当事人，且同时存在水平、垂直关系。以下从合意主体、合意内容、合意方式三方面进行阐述。

（1）在合意主体层面，包含两组关系，一组为生产商与遵从指定售价的销售商，另一组为生产商与控诉者。孟山都案认定生产商被告与一个或多个销售商之间存在共谋（①维持转售价格，和②终止与降价销售商的契约关系，后者系依据前者），且生产商被告与遵从指定售价的销售商之间存在合意（a meeting of minds）。其中，就被告与遵从指定售价的销售商间之关系，法院经审查：被告在与原告终止契约长达5个月之后，向降价销售商建议，如果不维持指定转售价格，他们将无法继续获得充足的供应，并且当一个销售商未维持价格时，该信息即被提交至被告区域办事处，随后该办事处向该降价销售商的母公司检举，有证据证明销售商母公司指示（instruct）其子公司（销售商）遵从被告要求，且销售商告知被告其将按照指定价格销售。①

（2）在合意内容层面，包含两个内容，即价格与非价格内容：生产商被告与销售商之间是否就维持价格达成合意，以及是否就拒绝与第三方的交易达成合意。依据调查的事实，法院认为有证据证明存在被告与一个或多个销售商维持价格之协议，但被告终止与原告契约之行为是否为该维持价格协议之一部分或依据该协议所为，仍有疑问。因考虑到遵从指定价格的销售商有必要知悉不遵从的竞争销售商将被终止契约（遵从约定之销售商有理由向生产商提出控诉并要求对不遵从约定之销售商施以惩罚），由此判断被告终止契约行为系其维持

---

① Monsanto, 465 U. S. at 766.

价格协议之一部分，具有合理性。[①] 最高法院最终认定：该案证据表明应提交至陪审团讨论，即原告是否系依据（pursuant to）被告与其销售商（未被终止契约的销售商，nonterminated distributors）之间的固定价格共谋（price-fixing conspiracy）而被终止契约。[②] 如是观之，该案垄断协议之定性实际上为上下游"固定价格"的共谋，盖案件当时价格与非价格纵向限制在审查方法（当然违法或合理原则）上存在区别，最高法院虽肯认该案非价格内容构成合意内容，但对该垂直主体间之非价格之合意内容似仅以从属关系论而未就是否构成"联合/一致为拒绝交易"单独进行探讨。

（3）在合意方式层面，首先，对于被告响应性的终止契约行为（responsive termination），存在两种可能：一种可能为被告之终止契约行为系因控诉者强迫（coerce）其实施限制政策；另一种可能为被告之终止契约行为系因控诉者所提供之信息致使（lead）被告为实施自己的限制政策而终止契约。[③] 陪审团就被告是否与销售商共谋从而（so that）一个或多个销售商得以限制原告获取被告产品的通路（排除竞争销售商）这一指控，给予肯定答复，上诉法院予以肯认，而最高法院未予肯认。[④]

其次，就合意证明方法（证据标准）问题，上诉法院与最高法院亦存在意见分歧。上诉法院认为"生产商于其他销售商控诉之后终止与降价销售商契约关系的行为足以推得存在协同行为（concerted action）"。[⑤] 但最高法院否决了上诉法院向陪审团所提供之上述关于"销售商—终止契约"（distributor-termination）诉讼的证据标准（standard of proof），理由为：还需要提供比"控诉行为"（complaints）更多的证据。正确的标准为，提供之证据必须足以排除生产商与未被终止契约的销售商之间具有独立行动之可能（tends to exclude the possibility）。申言之，必须存在直接或间接证据可合理证明生产商与他人"有意识地致力于（a conscious commitment）一项旨在实现非法目标（unlawful objective）的共同方案（common scheme）"[⑥]。

---

① Monsanto, 465 U.S., at 767.

② Ibid., at 765 – 68.

③ Herbert Hovenkamp, *Leegin, the Rule of Reason, and Vertical Agreement*, U Iowa Legal Studies Research Paper No. 10 – 40, 2010, p. 13.

④ Monsanto, 465 U. S. at 759.

⑤ Monsanto, 684 F. 2d at 1238.

⑥ Monsanto, 465 U. S. at 760 – 64.

3. 学者见解

(1)纵向垄断协议中之"强迫"因素

有学者将该案称为"生产商—控诉者共谋"模式(manufacturer-complainer conspiracy),指出生产商之终止契约行为在其他销售商控诉之后,该"之后"并不等同于"因为",盖大多数下级法院均要求证明终止契约行为与控诉行为之间存在因果关系(causal connection),提出终止行为须"回应"(in response to)控诉行为,但学者认为这些法院通常并未对该回应性终止行为进行区分,即终止契约行为系因控诉者强迫所致,或系因控诉者提供之信息致使其为实施自己的限制政策而终止契约。① 学者认为,孟山都案法院似乎拒绝将"强迫"(coercion)作为成立合意的前提,倘销售商服从协议以避免生产商拒绝交易不成立合意,则生产商服从协议以避免控诉者拒绝交易也将不成立合意,除非对竞争造成更大威胁,然而倘如孟山都案与高露洁案皆依据狭窄的协议概念,或者坚持以契约自由为判断标准,倘于合意判断层面已认买卖双方行为属契约自由,不成立合意,则更无法知晓是否"对竞争造成更大威胁"。② 学者指出,尽管最高法院允许陪审团在缺乏沟通承诺(communicated commitment)的证据的情况下推断协议成立,但法院仍强调直接沟通(directly communicated)的协议证据,且认为销售商为避免终止契约而不情愿的服从(unwilling compliance)不构成协议,以及对相当于默示协议(implied agreement)的建议或声明之交易条件(announced condition)的服从亦不构成协议;而是就该案中涉及之被告通过个人努力(individualized efforts)而非仅为简单终止行为,以使销售商服从之行为,认定构成协议。实际上,法院乃基于构成传统协议(traditional agreement)的直接证据进行认定,因此,孟山都案就合意之认定,非实行默示接受或强迫理论(implied acceptance or coercion theories),但并非完全否认该理论。③

(2)纵向垄断协议"一致意见"(a meeting of minds)之构成要件

该案虽认定被告与销售商之间存在"一致意见",但仅在注释9(Footnote 9)中提及该"一致意见"之构成要件,而该注释9之内容亦成为经常被援引之内

---

① See Herbert Hovenkamp, *Leegin, the Rule of Reason, and Vertical Agreement*, U Iowa Legal Studies Research Paper No. 10-40, 2010, p. 13.

② Ibid.

③ Ibid., p. 8.

容:[①]在“销售商降价—生产商终止契约”一类案件中,“一致意见”或“共同方案”之概念并非单纯证明销售商遵从建议价格执行(conformed to the suggested price)即可,还须证明销售商表示默许(acquiescence)或同意(agreement),并且该同意是生产商所寻求(was sought)的。

此外,美国联邦最高法院在注释10(Footnote 10)当中提及,存在情况证据(circumstantial evidence)可证明被告从销售商处寻求(sought)同意遵从指定价格,而中断供应的威胁(threat)产生于被告“运输季节”(shipping season)期间,该期间除草剂(案关产品)供应短缺,因此,陪审团有理由认定被告当其能够(able to)利用供应作为强迫(force)销售商服从的杠杆(lever)之时,寻求销售商之同意。[②]

有学者由此认为,生产商的单方政策倘仅以声称的威胁(stated threats)为支撑,即使该政策被相对人执行,亦不构成纵向协议,但倘该威胁系很可能产生实际(制裁)效果,则此时施加该威胁可认定存在协议。申言之,只有不具效果的威胁可认为法所允许。[③]

4. 笔者见解

美国联邦最高法院在注释9说明中的内容对于理解垄断协议合意之内涵具有重要意义,但并未明确说明如何认定之问题,即若单纯之遵从执行行为尚无法推得存在合意,是否可由其他行为及相关背景推得上述要件成立。申言之,无论生产商之限制政策是否涉及价格,生产商拒绝与销售商之交易及销售商遵从执行行为之外,控诉者之控诉行为是否与生产商拒绝交易行为存在因果关系,若存在因果关系,此因果关系是否包含强迫之因素,进而,控诉者与生产商之间是否成立垄断协议之合意,此时又是否须区分合意之内容为限制价格或拒绝与第三方交易(排除竞争者),皆不无疑问;如果法院认定,控诉行为证据不足以证明生产商与控诉者间成立合意,则更无机会深究是否存在强迫以及控诉者与生产商间之关系。要言之,从注释9内容来看,似包含两个层面问题:(1)拒绝交易行为是否可被视为“寻求同意”。根据注释9的判定标准,合意之

① See Louis Kaplow, *The Meaning of Vertical Agreement and the Structure of Competition Law*, Harvard John M. Olin Discussion Paper No. 860, 2016, p. 23.

② Monsanto, 465 U. S. at 765.

③ See Louis Kaplow, *The Meaning of Vertical Agreement and the Structure of Competition Law*, Harvard John M. Olin Discussion Paper No. 860, 2016, p. 26.

成立需要包含“生产商寻求同意”与“销售商表示默许或同意”两个要件，法院对此之认定为“被告通过个人努力而非仅为简单终止行为”始致销售商服从，虽肯认该“非简单终止行为”构成被告之“寻求同意”，但切断了控诉者控诉行为与被告终止行为之间的因果关系，因被告系“通过个人努力”，而非因为控诉行为所致，更非因为控诉者之“强迫”。(2)何者情形下可认定销售商实际实施的行为满足上述(1)所述之“默许或同意”要件。若依上述学者见解，生产商之终止契约行为与控诉者控诉行为之间须有因果关系之证明，且应区分是否存在强迫。本书赞同对因果关系区分是否存在强迫情形，盖强迫因素可能导致生产商终止行为之“动机”有别，即可能存在系为销售商之利益或为生产商自身利益之区分，又基于前文之探讨，似还可考虑互利、相互依赖此等因素之影响。再者，就销售商服从协议以避免生产商拒绝交易而言，法院非通过单纯之遵从执行行为推得存在合意，依学者之见解，实为未采“默示接受”理论而以狭窄之协议概念为判断，盖该案之生产商已有在先声明之限制政策，且已与销售商签订含有该限制政策之经销契约，故与单纯地继续参与生产商的销售模式应相区分，后者在欧盟法下系属传统“持续商业关系”理论之概念(美国法无此理论)，其适用业已受严格限制而更多适用“默示同意”理论。①

针对学者就注释10之见解，笔者进一步思考，该“很可能产生效果”之威胁是否与施予威胁一方的市场力或经济力或甚至谈判力②相关，进而，关于市场力因素对于合意认定之影响似不无探究价值。此外，该威胁倘构成生产商之“寻求同意”，则除威胁之表示方式外，是否存在其他之表示方式，亦有待进一步探究。③

综合而言，孟山都案虽有受高露洁案之影响，④但其对于合意认定之限缩观

---

① 参见前文表2，以及第104~108页相关内容。

② 霍文坎普教授就“谈判力”(bargaining power)之判断阐述如下(以孟山都案的“生产商—控诉者共谋”模式为例)：该因素具相关性(relevant)但较难确定(elusive)，但只要控诉者的力量足以说服不情愿(reluctant)的生产商，使其相信通过终止与原告(竞争销售商)的契约关系，将比失去控诉者以及其他可能存在之认同控诉者意见的沉默销售商(silent dealers)的支持遭受更少的损失(lose less)。See Herbert Hovenkamp, *Leegin, the Rule of Reason, and Vertical Agreement*, U Iowa Legal Studies Research Paper No. 10-40, 2010, p. 13.

③ 参见后文拜耳(Bayer)案之认定。

④ 美国联邦最高法院明确拒绝推翻高露洁案，称其仍“有巨大之重要性，生产商的独立行为须与固定价格协议相区分”。参见[美]赫伯特·霍温坎普：《联邦反托拉斯政策——竞争法律及其实践》(第3版)，许光耀、江山、王晨译，法律出版社2009年版，第509页。

点又难免受当时对纵向价格限制仍采当然违法规则之影响,美国联邦最高法院之处理态度,大致可归结为如下两点:(1)一致意见之成立须同时满足寻求同意与表示同意之要件;反映至行为上,认为由单纯之服从行为(无论被迫与否)尚不足以证明"生产商寻求同意"从而导致"销售商默许或同意";(2)在证明方法上践行类似于"唯一合理解释"之原则。

(三)丽锦(Leegin)案及其影响

1. 案件事实①

被告丽锦公司专门设计、制造、贩卖皮革配件产品,在全美有超过5000家销售点,大多为独立、小型的时尚精品店及专营性商店。原告PSKS(以下称原告)系得克萨斯州一家服饰店,经营之产品来自75个不同生产商,包括被告之产品。原告由起初仅为采购被告产品,发展至帮助推广该品牌,致使该品牌之获利曾占原告营业额40% ~50%。1997年,被告提出一个"价格与促销政策",基于该政策,被告拒绝接纳低于建议价格、打折出售的零售商作为其经销商。被告希望借由特别的商店,向客户提供良好的购物质量、优质的服务,而认为折扣会对品牌形象及商誉造成损害。其后,被告进一步提出核心商店计划的市场策略,即奖励经销商成为核心商店,而经销商则须保证转售价格不会低于建议价格。在此背景下,原告成为被告的一个核心商店,但被告后又发现原告并不吸引客户,遂于1998年决定终止原告作为核心商店的资格,但原告仍为被告之经销商。至2002年12月,被告发现原告降价20%促销其产品,原告称为与邻近同为被告经销商的商店竞争故而降价,被告在提出取消降价要求仍遭拒绝后,乃停止供货给原告,造成原告损失大量营业额,遂向法院起诉,主张被告违反了《谢尔曼法》第1条。

2. 法院判决

该案最显著之革新意义在于,最高法院推翻了迈尔斯(Dr. Miles)案以来的见解,对最低转售价格限制改采合理原则为合法性审查方法,自此,纵向垄断协议之审查全面适用合理原则。该案虽非为合意层面之改革,然并非全无影响,反而具有重要意义,此将于第三章学说见解部分详述。以下就法院见解部分扼要阐述。

法院主要由最低转售价格限制对竞争可能产生之效果角度加以论述,就限

---

① Leegin Creative Leather Products, Inc., v. PSkS, Inc., 551 U.S. 877 (2007).

制竞争效果而言,例如促进生产阶段或销售阶段水平共谋之可能,或销售商要求生产商对销售阶段之卡特尔进行监督;而就促进竞争之效果而言,例如防止搭便车行为、有助于新产品进入市场等。因此,最低转售价格限制并非全然有损于竞争,故于具体个案判断对竞争之影响时,尚须综合考量市场环境、产品特性等因素,始能得出正确论断,此与适用当然违法规则之限制行为,系依执法经验归类为通常皆具有限制竞争效果者有所不同,故对最低转售价格限制适用当然违法规则似有不妥。①

3. 学者见解

有学者提出,单纯之约定转售价格之纵向协议(purely vertical agreement setting resale prices)只有当不具有反托拉斯意义上之合理性时,始认其为非法行为,而当然违法规则则可能仍适用于一个被正确界定的纯粹的横向协议(naked horizontal agreement)当中。无论如何,单个(single)销售商与其供货商之间因一个竞争销售商的低价行为而终止契约关系的协议,将依据合理原则予以解决;然而,两个或两个以上销售商之间达成协议,诱使(induce)一个供货商与第三方降价销售商终止契约关系,则可能被认为当然构成不法行为(unlawful per se)。② 并且在丽锦案判决之后,一个巡回法院已如此裁判,即单就销售商之间的协议适用当然违法规则,但对生产商与销售商们之间的协议,则适用合理原则。③ 综合而言,在丽锦案之前,系争限制行为被归类为"价格"或"非价格"存在重大区别,而自丽锦案起,更为重要之区别在于为单纯之垂直或横向协议(purely vertical or horizontal agreements)。④

第二节 欧盟法院判决下之合意内涵发展

欧盟竞争法体例下,纵向垄断协议合意内涵之发展由实务上之发展以观,

---

① Leegin, 551 U.S. at 899-902.

② See Herbert Hovenkamp, *Leegin, the Rule of Reason, and Vertical Agreement*, U Iowa Legal Studies Research Paper No. 10-40, 2010, p. 11.

③ Toledo Mack Sales & Service, Inc. v. Mack Trucks, Inc., 530 F. 3d 204, 224-25 (3d Cir. 2008).

④ See Herbert Hovenkamp, *Leegin, the Rule of Reason, and Vertical Agreement*, U Iowa Legal Studies Research Paper No. 10-40, 2010, p. 11. 如前所述,学者认为,当然违法规则可能仍适用于一个被正确界定的纯粹的横向协议(naked horizontal agreement)中,否则应认定行为是否不具反托拉斯意义上之合理性。

可以拜耳(Bayer)案为重要区分界限。在拜耳案之前,大量垂直案件中,欧盟委员会认为外观看似单方行为之情形符合欧盟竞争法第101条第1项之协议或协同行为规定,且法院对于外观看似单方行为之情形(至少在出口限制行为案件中),亦认为即使限制行为对销售商不利亦得认定为垄断协议;然在拜耳案之后,法院对于具有认定为垄断协议疑虑但初看之下(at first sight)并不符合相对人利益之情形,认为需要更加审慎判断,并有大量案件,虽委员会认定存在纵向限制协议,但处分决定被上诉法院宣告无效,[①]使纵向垄断协议之合意行为与单方行为之区分标准被重新界定。关于拜耳案及其前后相关案例之比较,将于第三编实例探讨部分的"纵向垄断协议与单方限制"一节再为详述。

在拜耳案中,委员会认定存在协议之决定被普通法院推翻,而欧洲法院维持了普通法院之判决结果。从普通法院界定之协议概念来看,似乎相当包容(encompassing),包含对其他经营者之政策仅为默示同意之情形,但法院并不认可该案中存在该情形。[②] 且欧洲法院在判决书中,仍对于普通法院阐述之事实认定部分加以论述,例如,将该案之具体事实与一系列先例进行区分。故有学者指出,第101条第1项以经营者间之合意(consensus)为要件之协议的概念,实际上受到限缩。[③] 亦有学者认为,委员会在拜耳案及此后其他案件上之败诉似乎皆牵涉其于事实认定上之不足,[④]而有一些新近案例,委员会因更为充分之事实认定而获得胜诉。如在Peugeot案中,欧洲法院肯认系争销售制度对销售商施加了压力,致使销售商遵从该销售制度,而由销售商持续提交订单之行为可证明其接受该销售制度。[⑤] 但须注意的是,即使拜耳案之后的法院判决不乏有肯认委员会对于纵向垄断协议合意之认定,如上述案件将销售商持续提交订单之行为作为其接受生产商限制政策之证明,但仍须将此认定与传统之"持续

---

① See Alison Jones & Brenda Sufrin, *EU Competition Law: Text, Cases and Materials*, 4th ed., Oxford University Press, 2011, p. 149; Richard Whish & David Bailey, *Competition Law*, 8th ed., Oxford University Press, 2015, p. 111.

② See Louis Kaplow, *The Meaning of Vertical Agreement and the Structure of Competition Law*, Harvard John M. Olin Discussion Paper No. 860, 2016, p. 32.

③ See Richard Whish & David Bailey, *Competition Law*, 8th ed., Oxford University Press, 2015, p. 115.

④ See Louis Kaplow, *The Meaning of Vertical Agreement and the Structure of Competition Law*, Harvard John M. Olin Discussion Paper No. 860, 2016, p. 32.

⑤ Case T-450/05, Automobiles Peugeot SA & Peugeot Nederland NV v. Comm'n [2009] ECR Ⅱ-2533.

商业关系"理论相区分,即非单纯持续商业关系的行为,而是存在一致意愿之行为。盖自拜耳案起,欧洲法院开始限缩适用"持续商业关系"理论,而更多适用默示同意理论。① 但亦有学者质疑,拜耳案之后的案件会将单方行为之范畴扩大至何程度并非十分明确。②

欧盟竞争法在纵向垄断协议合意方面的实务发展,受学说发展之影响,对于协议合意之定义总体上仍是采较为宽松之定义,法院见解及学说见解较为一致地认可一方为寻求同意而相对人至少为默示同意即构成合意,以及得从行为上进行认定,即采客观化之证明方法。这与美国学界对于"获悉其他销售商的控诉之后采取相应行动是否构成合意"之问题存在较大争议,且法院亦多有持谨慎态度者不同。以下就合意内涵之学说见解进行论述。

---

① See Csongor Istvan Nagy, *EU and US Competition Law: Divided in Unity?: The Rule on Restrictive Agreements and Vertical Intra-Brand Restraints*, Routledge, 2013, p. 37.

② See Louis Kaplow, *The Meaning of Vertical Agreement and the Structure of Competition Law*, Harvard John M. Olin Discussion Paper No. 860, 2016, p.32.

第三章　合意内涵之学说见解

从竞争法规范之合意定义来看,美、欧皆以"一致意见"或"一致意愿"为内涵之本质,但在内涵之宽严及各自认定之难点上又有所不同。要言之,在宽严程度上,欧盟竞争法之合意内涵比美国反托拉斯法之合意内涵更宽。在欧盟竞争法体例下,合意内涵之范围甚至包括外观上看似单方行为之行为态样。① 且对于纵向限制行为之非难性理论包括两种:"持续商业关系"理论与"默示同意"理论,即使前者如今已被欧洲法院限缩适用(美国无此理论),后者在欧盟之适用范围则较美国更广,即美国反托拉斯法体例更为严格地限制该默示同意协议概念的适用。②

欧盟竞争法背景下,学说上关于"协议"之争议多集中于对具体之协议条款,或对该条款是否可认定为限制竞争,而非对是否存在协议提出质疑。③ 通常是在是否存在对竞争法规则之重大违反尚存疑虑时,对于协议成立与否之判断尤为重要。例如,水平或纵向价格固定行为,倘存在经营者间合意或协调以固定价格之证据,将可证

---

① See Joanna Goyder, *EU Distribution Law*, 4th ed., Hart Publishing, 2005, p. 20.

② See Csongor Istvan Nagy, *EU and US Competition Law: Divided in Unity?: The Rule on Restrictive Agreements and Vertical Intra-Brand Restraints*, Routledge, 2013, p. 37.

③ See Alison Jones & Brenda Sufrin, *EU Competition Law: Text, Cases and Materials*, 4th ed., Oxford University Press, 2011, p. 141.

明违反欧盟竞争法第101条第1项，一经核实，则可能对涉案经营者施以高额罚款。因此，正在实施“共谋”之经营者则很可能采取以无组织之方式并且试图隐藏该共谋行为之存在，而并非试图通过适用第101条第3项抗辩其行为之合法性。因此，当证据不足以判定系争限制行为究系由共谋所致，或系属独立行为时，如何揭露此类隐蔽之垄断协议，是对执法机构之挑战。[①] 尽管竞争法之垄断协议包含协议、决定与协同行为，该等概念可能存在重叠之情形，但它们存在一个关键的分界线，即合法的独立行为与非法的共谋行为（collusive practices），而对“协议”概念之解释较为宽泛（interpreted broadly），但并非宽泛至将市场上存在之独立决定的政策或行为纳入该概念。[②] 综合而言，学说上对欧盟竞争法下之合意内涵解释总体上持较为宽松之见解，且未如美国于学说上存在较多之争议，故以下主要将美国法下关于合意内涵之不同学说见解，整理归纳为限缩学说、扩大学说与折中学说分别进行论述。

第一节　限缩学说

对于纵向限制的假阳性（威慑过度，false positive）与假阴性（威慑不足，false negative）的判断会影响对于纵向限制是否构成“协议”抑或是“单方行为”的认定。在美国反托拉斯法体系下，学说上有自由主义派别（主要为芝加哥学派）与保守主义派别（又称“干预主义者”）之分。在丽锦（Leegin）案之前，对纵向协议之审查有价格与非价格之区分，倘若协议不存在具体价格或价格水平，则不得适用当然违法规则，而横向协议则可径依“影响”（affect）价格而适用当然违法规则。[③] 在此背景下，对垄断协议规范，支持扩大当然违法规则适用的大多数反托拉斯自由主义者（Antitrust Liberals），倾向于认为合理性（reasonableness）标准（合理原则）更为可能产生假阴性问题而非假阳性问题，从而产生威慑不足（underenforcement）。他们认为，由于合理性标准增加了审判的复杂性，导致其倾向于被告，而严厉的规则能阻止被告在复杂难辨的证据之下逃脱法律责任；另外，所谓反托拉斯保守主义者（Antitrust Conservatives）则认为，基于合理性标

---

① See Alison Jones & Brenda Sufrin, *EU Competition Law: Text, Cases and Materials*, 4th ed., Oxford University Press, 2011, p.142.

② Ibid.

③ 参见［美］赫伯特·霍温坎普：《联邦反托拉斯政策——竞争法律及其实践》（第3版），许光耀、江山、王晨译，法律出版社2009年版，第508页。

准(standards-based)的执法产生的假阳性问题多于假阴性问题,从而产生威慑过度(overenforcement)。他们认为,由于合理性标准增加了司法裁量权,导致其更倾向于原告,因为陪审员(若非由法官裁决)会容易怀疑那些并非明显具有促进竞争性的商业行为。[①] 在当然违法规则仍适用于纵向价格限制(最低转售价格限制)的规制时,主张纵向价格限制行为具有促进竞争性(benign view)的学者较为支持被告所提之单方行为抗辩(对构成垄断协议之限制行为仍适用当然违法规则),而主张纵向价格限制行为以反竞争性更为显著(prevailing malign view)的学者则反对该抗辩理由。[②] 以下就美国法下对垄断协议合意定义之解释持限缩观点的学说见解,从合意层面、合意与效果之关系、效果层面三方面分论之。

(一)合意层面

1. 横向垄断协议与纵向垄断协议

有学者就横向垄断协议与纵向垄断协议的区别提出如下几点:[③](1)一个合法协议中所必需的参与者的数量不同。在横向垄断协议情形下,除非是特殊情形,对于具竞争关系的经营者间就价格、客户或地域进行合作的行为通常不存在合法事由;而在纵向垄断协议情形下,相互独立的两个主体之间进行合作的行为则总是存在促进竞争的正当理由,例如,如若希望营销一款产品则必须存在两方主体以及签订契约。(2)对市场力量的影响不同。在横向垄断协议中,由于竞争者之间的联合从而导致参与联合的经营者的市场力量产生联合。[④] 在纵向垄断协议中,合作性协议安排并不导致市场力量的增加,即使生产商实施转售价格限制,某产品生产商不会因为与销售商订立的经销契约而增加其在该产品市场上的市场力。(3)与反托拉斯法体系之目标的契合度不同。芝加哥学派的学者及其他支持经济效率模式的支持者认为,纵向限制虽限制品牌内竞争,但事实上促进了品牌间竞争,故而具有经济上的有效率性,[⑤]而确保经济效

---

① See Glen O. Robinson, *Explaining Vertical Agreements: The Colgate Puzzle and Antitrust Method*, Va. L. Rev. 80, 1994, p.607.

② Ibid., p.620.

③ See Jean W. Burns, *Rethinking the "Agreement" Element in Vertical Antitrust Restraints*, Ohio St. L.J. 51, 1990, p.10 – 16.

④ See Lawrence A. Sullivan, *Handbook of The Law of Antitrust*, St. Paul, West Publishing Co., 1977, p.162.

⑤ See Frank H. Easterbrook, *Vertical Arrangements and the Rule of Reason*, Antitrust L.J. 53, 1984, p.146 – 149; Richard A. Posner, *The Next Step in the Antitrust Treatment of Restricted Distribution: Per Se Legality*, U. Chi. L. Rev. 48, 1981, p.22 – 23.

率是或者应当是反托拉斯法体系的主要目标。(4)与传统的共谋法律(conspiracy law)契合度不同。在横向垄断协议中,参与者之间存在一项共同计划,且该计划是为了实现他们的共同利益,而当该计划成功时,所有参与者将获利,盖每一个参与者皆认为参与该计划符合自身利益,故而不存在"被迫"(forced)实施该计划的情形。① 在纵向垄断协议中,则不一定存在"一致意见"或"共同目的"(unity of purpose)以实施一项生产商与销售商均认为符合共同利益(common good)的共同计划。② 而在"生产商强加型"(manufacturer-imposed)纵向垄断协议中,上下游之间不必然存在"共同的限制目的"(a unity of purpose towards the restraints),而销售商是否赞成(favor)该限制计划,取决于销售商是否相信该产品外加服务的组合方案(a package of product plus service)可以增加销售。③ 在此情形下,销售商的获利并非通过获取垄断利润,而是通过更多的销量以及每单位产品具有竞争力的回报率(a competitive rate of return on each unit)。④ 因此,该观点似将"共同目的"视同"共同的限制目的",且皆理解为须存在"共同利益"。

---

① 但学者亦肯认,确实存在在固定价格卡特尔中,以实施掠夺性定价为威胁竞争者的方式使其参与水平卡特尔的情形,但学者认为此为罕见情况。See Jean W. Burns, *Rethinking the "Agreement" Element in Vertical Antitrust Restraints*, Ohio St. L. J. 51, 1990, p. 13.

② Ibid., p. 13 - 14.

③ Ibid., p. 14. 参见后文有关"销售商服务"理论的解释:倘生产商仅仅是对销售商降低产品价格,则恐无法致使销售商提供优质服务,因为降价销售商可以通过搭其他提供服务销售商的便车以保证销量,而不必提供优质服务,这对生产商以及消费者均不利。故为防止"搭便车"问题,生产商会向所有销售商实施纵向限制,例如实施转售价格限制,则该纵向限制体现为向消费者提供产品与服务组合,且确比仅提供产品需要花费更多成本。故有学者认为,只有当生产商认为所实行的纵向限制能够使其产品更加吸引消费者时,才会选择实施纵向限制,而销售商必须亦相信实施系争纵向限制(提供产品与服务组合)能够吸引消费者,即在此方面,与生产商达成共识。

④ See Herbert Hovenkamp, *Economics and Federal Antitrust Law*, St. Paul, West Publishing Co., 1985, § 9.2, p. 249; Richard A. Posner, *Antitrust Law: An Economic Perspective*, University of Chicago Press, 1976, p. 157. 但霍文坎普教授亦提出,应将纵向限制行为区分为两类,一类为反竞争的纵向限制(转售价格限制与非价格限制),另一类为减少"搭便车",从而使销售商投资最大化,或使供货商能更好地执行其经销契约,并以此增加供货商独立利益的纵向限制;倘纵向限制是为了效率原因而施加(后者),则往往会增加供货商的产出,因而对供货商而言是有利可图的,而与其是否可能和某个竞争者或具垂直交易关系的相对人订立了契约并无关联性。参见[美]赫伯特·霍温坎普:《联邦反托拉斯政策——竞争法律及其实践》(第3版),许光耀、江山、王晨译,法律出版社2009年版,第508~509页。本书认为,此与前文(见图1)所阐述之关于生产商终止契约行为之动机探讨——为RPM或为改善服务(减少"搭便车")之区分,在法理上可相通,即后者情形下,上下游之间实际上缺少"相互依赖性"。

在对“一致意见”的理解上,学说上存在不同见解。传统主义学者赞同生产商基于自身利益强加纵向限制的观点,但认为此类纵向限制行为通常是被强加于不情愿(unwilling)的销售商,减少销售商选择的自由,此类限制行为并不符合交易相对人之利益或社会利益。[①] 因此,有学者认为,传统主义者不太可能在此类生产商强加型纵向限制中发现存在“一致意见”或“共同计划”。[②] 故就是否存在“共同利益”问题,有学者提出,在纵向限制行为中,只有同时满足如下两个条件,生产商与销售商才会认为该限制符合他们的共同利益:[③](1)该限制是以生产商强加(manufacturer-imposed)的方式,而非由上游或下游实施水平卡特尔所导致;(2)销售商与生产商在对于产品外加服务方案(product-service package)将会吸引消费者的意见上达成共识(concur),而非仅以产品吸引消费者(皆赞同此方案可获利,符合共同利益)。以下就该两个条件分别讨论。

从整体上来看,以“共同利益”为垄断协议合意成立之要件者,对垂直交易关系中,生产商采强加方式之情形,因生产商之动机为谋求自身利益,故而此情形下是否存在垂直主体间的“共同利益”需为进一步论证。而从上述第一个条件来看,学者似认为由同一产销阶段之竞争者所实施之水平卡特尔行为,倘同时存在与下游之纵向垄断协议,且该纵向限制系因水平卡特尔所导致,则此时不存在上下游之间的纵向垄断协议合意。申言之,垂直交易一方(同一产销阶段之数个经营者)先为横向垄断协议而后与相对人为纵向限制之情形,上下游间是否因不存在共同利益从而不存在合意,有待商榷。本书认为,基于前文学理上之探讨,首先,以是否存在“共同利益”为合意判定之要件恐有不妥,盖“一致意见”或“共同目的”的成立,于相对人一方,应以是否存在“同意”或“默示同意”为要件,而并非以生产商(或销售商)所提之计划是否符合双方之共同利益为判断;其次,如果垂直交易一方通过横向垄断协议实施纵向限制,此时确有可能不存在合意,但其根本原因似在于垂直交易一方因为实施横向垄断协议而可能增加其市场力以致达到相当于垄断者的力量水平,此时与垂直交易相对人之

---

① See Lawrence A. Sullivan, *Handbook of the Law of Antitrust*, St. Paul, West Publishing Co., 1977, p.376-377.

② See Jean W. Burns, *Rethinking the "Agreement" Element in Vertical Antitrust Restraints*, Ohio St. L.J. 51, 1990, p.15. 但这一观点已经发生转变,尤其是“互利”(quid pro quo)概念的提出,即使是由生产商强加的纵向限制亦存在互利之可能。可参见本编第一章第三节第四部分相关内容。

③ See Jean W. Burns, *Rethinking the "Agreement" Element in Vertical Antitrust Restraints*, Ohio St. L.J. 51, 1990, p.16.

间的限制行为,实际上更倾向于垄断者或具有优势地位经营者实施的单方限制行为,但该"垄断者"为实施横向垄断协议之数个经营者(如联合抵制行为中的"联合排他性交易")。

而就上述第二个条件,与"销售商服务"理论(dealer-service theory)有关,即倘生产商仅仅是对销售商降低产品价格,则恐无法致使销售商提供优质服务,因为销售商可于降价的同时,通过搭其他提供服务销售商的"便车"以保证销量,而不必提供优质服务,这对生产商以及消费者均不利。故为防止"搭便车"问题,生产商会向所有销售商实施纵向限制,例如实施转售价格限制,则该纵向限制体现为向消费者提供产品与服务组合,且确比仅提供产品需要花费更多成本。故有学者认为,只有当生产商认为所实行的纵向限制能够使其产品更加吸引消费者时(如认为实施转售价格限制有助于保证服务质量,从而愿意为保证服务质量,承担比仅提供产品所需花费的更多成本),才会选择实施纵向限制。[①] 结合上述第二个条件,有学者认为,销售商必须在实施系争纵向限制(提供产品与服务组合)能够吸引消费者方面,与生产商达成共识(愿意为保证服务品质,承担比仅提供产品所需花费的更多成本)。申言之,即双方对于实施该纵向限制符合"共同利益"达成合意。此与前文论及之马克·安德森教授提出的"依赖性测试方法"相比则有不同。要言之,前者认为只有当销售商对生产商所提之产品外加服务方案在能够吸引消费者这一点上达成共识时,始成立合意,且生产商是否考虑了销售商的意见则在所不论;而后者则认为只须销售商所做决定以及利益取得系依赖于生产商提出的方案或建议而非独立判断,且生产商也需要依赖于销售商以实现利益。

因此,本书认为,前者以"共同利益"为判断,实际上提高了"合意"成立的门槛。例如,倘生产商实行纵向地域限制政策,而限制售价较低地区的销售商向售价较高地区跨区域销售,则该政策并不符合售价较低地区销售商的最佳利益,反而使销售商承受一定程度之利益减损,则此情形是否因不符合双方共同利益而无法成立合意;此外,对不符合销售商之最佳利益的限制措施可能存在"强迫"因素,则该纵向限制对相对人所产生之"强迫"与对其之"有利"是否当然存在矛盾,本书尚存疑虑。

---

① See Jean W. Burns, *Rethinking the "Agreement" Element in Vertical Antitrust Restraints*, Ohio St. L. J. 51, 1990, p. 11 - 13.

2. 纵向垄断协议与单方行为：主张将纵向限制归为单方行为类型，或者支持纵向限制的单方行为抗辩

有学者对纵向限制行为中的排他性行为（exclusionary conduct）的定性提出了质疑，该排他性行为包括独家交易安排、搭售、捆绑以及忠诚折扣，基于对此类行为具有经济福利的认可，故主张将其定性为单方滥用市场力的行为（unilateral abuses of market power）；该学者还指出，就企业而言，参与实施排他性行为需耗费相当成本，此亦体现出水平限制与纵向限制之不同。①

另有学者认为，垄断协议与单方行为的区别取决于对行为所产生之不同结果的评价，而非取决于是否妨碍商业自由（mercantile freedom）。易言之，学者认为，上下游间之纵向限制不存在合意之根源，乃因其不具有限制竞争之危害性而非因其未妨碍商业自由，且认为不仅品牌内可适用单方行为予以抗辩，而且品牌间亦可适用。② 就品牌间可适用单方行为抗辩之缘由，学者提及“互利”问题，具体而言，为“互惠承诺”（reciprocal promise），学者认为品牌间限制不必然存在交易相对人（买方）对卖方提出之限制性条款的互惠承诺，而该限制性条款可能仅为卖方单方阐述之条款，并以实务上有下级法院在独家交易安排案件中肯认单方行为抗辩为例，且认为在搭售安排案件中，具有违法性之条款即是由卖方单方强加于买方的。③

除上述互利因素外，学者亦主张倘存在强迫（coercion）则合意不成立，而应为单方行为，因为合意之成立具有“自愿同意”（voluntary assent）之内涵。④ 但实务上有相当法院判决认定存在强迫仍成立垄断协议之合意。⑤

（二）合意与效果之关系

对合意定义持限缩见解的学者就合意与效果之关系，大多认为两者之间存在必然联系，而纵向垄断协议合意成立与否对于证明存在水平卡特尔不具有实

① See Richard A. Posner, *Vertical Restraints and Antitrust Policy*, U. Chi. L. Rev. 72, 2005, p. 229 – 230.

② See Glen O. Robinson, *Explaining Vertical Agreements: The Colgate Puzzle and Antitrust Method*, Va. L. Rev. 80, 1994, p. 581.

③ Ibid., p. 590.

④ Ibid., p. 600.

⑤ Ibid. e. g., United States v. Bausch & Lomb Optical Co., 321 U. S. 707, 722 (1944); United States v. Parke, Davis & Co., 362 U. S. 29, 44 (1960); Simpson v. Union Oil Co., 377 U. S. 13, 17 (1964).

益,进而影响认定纵向垄断协议合意之实益。

受高露洁法则影响,即倘若存在固定价格的合意,则该固定价格行为当然违法;反之则为合法。故有学者认为,纵向价格限制行为之合意与其效果之间存在必然联系,此观点似乎是认为协议(合意)的定义包含了对行为产生之市场危害程度的考量。但亦有学者认为,纵向限制,无论采何种形式,其与所谓之限制竞争效果之间并无关联。①

虽学说上曾提出纵向垄断协议的限制竞争疑虑主要在于其可作为实施水平卡特尔的工具,②但有学者提出,纵向垄断协议合意的存在并不能用以证明存在水平卡特尔,而其他因素,如市场力及其监督能力(monitoring ability)可能是更为重要的考量因素,并且单纯上下游之间的纵向限制不产生(create)市场力,且不具有限制竞争疑虑。③

对实施纵向限制行为主体的市场力与纵向限制行为本身的关系,学说上较有争议的是:实施排他性行为究否可延伸(extend)实施者的支配地位,对此学说上存在争议。有观点认为,由于反托拉斯理论是以经营者乃理性地追求利益最大化为假设前提,因此当经营者实施纵向限制时,必须有利于其交易相对人(采垄断协议方式),如此则实施纵向限制将不会耗费很高成本,并且只有当业者的市场支配地位受到新进业者的竞争威胁时才会选择实施纵向限制以排除竞争(采垄断协议方式),进而通过实施排他性行为所获取的垄断利润将超过其所耗费的成本。例如,搭售安排中的"杠杆"理论(leverage theory)即是基于此观点而提出,其认为实施搭售可为垄断者提供另一个管道以获取垄断利润,④即利用其在一个市场上的支配地位以获取另一个市场上高于竞争水平价格的垄断性利润。质言之,此观点认为,当经营者自身市场力不足或已有之市场地位受到竞争者之竞争威胁时,会选择采取纵向限制方式,且联合之方式可使该经营者市场力得到延伸;但反对者则认为,实施纵向限制是因为具有市场力一方

---

① See Jean W. Burns, *Rethinking the "Agreement" Element in Vertical Antitrust Restraints*, Ohio St. L. J. 51, 1990, p. 16, 31 - 32.

② See Lester G. Telser, *Why Should Manufacturers Want Fair Trade?*, J. L. & Econ. 3, 1960, p. 96 - 99.

③ See Glen O. Robinson, *Explaining Vertical Agreements: The Colgate Puzzle and Antitrust Method*, Va. L. Rev. 80, 1994, p. 598 - 600.

④ See Richard A. Posner, *Vertical Restraints and Antitrust Policy*, U. Chi. L. Rev. 72, 2005, p. 231 - 232.

意图维持垄断(非采垄断协议方式),而交易相对人所获利益正是其维持垄断所必须支付的成本,而不存在垄断者从相对人处重复获取垄断利润的问题。① 易言之,不存在有如前述观点所认为之搭售安排中经营者可由搭售产品市场上之支配地位(已获得一次垄断利润)进而获取被搭售产品市场上之垄断利润(二次垄断利润)。质言之,第二种观点认为,实施排他性协议并无法延伸经营者之市场力,而是已具支配地位之经营者为维持垄断所为之单方限制行为,而市场力不足者无法通过实施纵向垄断协议实现排除竞争者进而获取垄断之效果。

综言之,采垂直排他性协议无法延伸经营者支配地位观点的学者,倾向于将纵向限制作为垄断者维持垄断的单方行为,而采相反观点的学者,则倾向于认为纵向垄断协议可为垄断者获取更多垄断利润,该利润足以抵销因实施联合所产生之成本,因此当市场力尚不足时,通过实施纵向垄断协议可延伸其市场力,实现排除竞争者之效果。换言之,垄断协议之合意应涵盖此类垂直排他性协议。

(三)效果层面

效果层面主要是对适用何种合法性审查方法以及举证责任分配的探讨。学者之主张主要是对纵向垄断协议适用“当然合法”规则(rule of per se legality)或“改良的当然(违法)规则”(modified per se rule)。

由于认识到纵向价格限制可能是生产商为实施其销售策略,例如提供特定销售服务而实行的政策,而并非当然具有反竞争性,因此在丽锦案之前就有学者主张放宽对其适用当然违法规则的标准,但并非支持扩大适用合理原则,因合理原则的适用具有复杂、诉讼成本高的特征;而是主张实行“当然合法”规则,从而增加原告的举证责任。②

---

① See Richard A. Posner, *Vertical Restraints and Antitrust Policy*, U. Chi. L. Rev. 72, 2005, p. 231 - 232.

② See Richard A. Posner, *The Next Step in the Antitrust Treatment of Restricted Distribution: Per Se Legality*, U. Chi. L. Rev. 48, 1981, p. 22. 实际上,波斯纳法官对于横向协议采否定孟山都(Monsanto)案提出的“唯一合理解释”(tends-to-exclude)方法,尤其对于寡占价格协调行为(oligopolistic price coordination),认为即使无直接沟通证据亦满足协议之定义。本书认为,此实为放宽对横向垄断协议合意之合意方式的解释,将使横向协议与纵向协议在合意内涵上之区分更为显著。See Richard A. Posner, *Antitrust Law*, 2d ed., University of Chicago Press, 2001, p. 99 - 100; William H. Page, *Objective and Subjective Theories of Concerted Action*, Antitrust L. J. 79, 2013, p. 219 - 220.

基于对纵向垄断协议合意认定必要性的质疑,亦有学者支持在审查程序上对其适用所谓"当然合法"规则,但指出不宜称"当然"合法,实质上应为"推定合法"规则(rule of presumptive legality),即改变举证责任分配,增加原告的举证责任,[①]并有学者详细阐述了该方法。例如,原告必须提出具体的表明可能存在限制竞争效果的经济学理论的证据;[②]或者,鉴于纵向价格限制行为的模糊性而不宜对其适用纯粹的当然违法规则,则可适用"改良的当然(违法)规则",即为纵向限制行为设置"安全港"规则(safe-harbor rule),例如,给所有纵向限制行为产生限制竞争危害的判定设置一定的市场力门槛。[③] 此关于效果及违法性判断层面的主张与在合意判断层面对于合意定义持限缩见解实为相互呼应,申言之,虽不认为纵向垄断协议为当然违法,但亦不认为对其限制竞争效果有论证之必要性,此亦为认为纵向垄断协议合意之认定无必要性的根本原因。

第二节 扩大学说

(一)合意层面

1. 主张因受拒绝交易威胁所表示之默示同意亦构成合意;主张"默示接受"理论或"强迫服从"理论。

有学者提出,双方通过契约或"协议"所达成的转售价格维持约定,与因受拒绝交易威胁所达成的该项约定,或默示同意,并无区别,后者属默示或暗示协议的一种。[④] 就如何认定默示同意构成合意,有学者认为,协议之概念包含如下情形,即在一项交易中,生产商提出,销售商如若不执行则将受到制裁(on pain of sanction)从而致使销售商依照生产商所指定的转售价格执行,此情形符合

---

① 该方法曾于1985年由美国司法部发布的关于审查非价格纵向限制的指南中被采纳,但该指南于1993年被行政院撤销。See Glen O. Robinson, *Explaining Vertical Agreements: The Colgate Puzzle and Antitrust Method*, Va. L. Rev. 80, 1994, p.614 –615.

② See Frank H. Easterbrook, *Vertical Arrangements and the Rule of Reason*, Antitrust L.J. 53, 1984, p.159 –161.

③ See Glen O. Robinson, *Explaining Vertical Agreements: The Colgate Puzzle and Antitrust Method*, Va. L. Rev. 80, 1994, p.608, 612.

④ 学者认为,试图区分默示协议与受拒绝交易威胁诱使所达成之默示同意,并无实益。See Donald F. Turner, *The Definition of Agreement Under the Sherman Act: Conscious Parallelism and Refusals to Deal*, Harv. L. Rev. 75, 1962, p.692.

“协议”之概念。①

有关默示协议之证明,有学者明确阐述了“默示接受”理论,该理论于前文已有详述,在此不过多赘述。要言之,“默示接受”理论,系指对生产商所提出条款的默示接受,当存在生产商事先提出之对未来交易条件的声明,且可以相信存在对于不服从该声明的制裁时,可以之证明存在纵向协议;而当缺乏条件声明时,亦可通过生产商实施之终止契约行为以及借之以实施价格维持、搭售或独家交易等行为,证明存在纵向协议。进一步针对“销售商控诉”情形,除了存在销售商提出的控诉行为与相对人(生产商)的回应行为之外,还须证明存在接受、交换(exchange),或互利(quid pro quo),或可能存在之强迫时,始得证明存在协议。② 另就生产商“终止契约”之情形,有以“强迫服从”理论为纵向协议合意之解释者。要言之,在转售价格限制行为模式中,当销售商按照指定之转售价格出售产品仅仅是因为生产商的终止契约威胁从而屈服于生产商之威胁,从而“同意”生产商提出之价格时,认为成立纵向垄断协议之合意。但亦有学者质疑此解释可能包含生产商通过单方力量以执行其个人意愿之情形,似有未洽。③换言之,当生产商的行为含有“强迫”性质时,实则存在合意行为与单方行为两种可能。

2. 主张扩大合意之内涵解释(broad definition)且合意之认定应当通过合意主体之行为以及对合意主体之背景及情况(context and circumstances)的评价,例如交易习惯与商业惯例;合意之认定可适用“依赖性测试”方法。

有学者认为,不应以行为人是否享有契约自由为判断合意是否成立之标准,更不应为区分垄断协议与单方行为之依据,并由此批评高露洁(Colgate)案法院所认为的契约自由仅存在于单方行动(unilateral action)中。换言之,若满足契约自由则非属《谢尔曼法》第1条之合意行为,法院认为卖方与买方之间成立固定转售价格的“协议”是因为卖方限制了买方的契约自由,但学者认为,若

---

① See Phillip E. Areeda & Herbert Hovenkamp, *Antitrust Law*, Vol. vii, 3rd ed., Aspen Publishers, 2010, ch. 14D, p. 55. 有学者认为此理论肯认,买方对卖方单方政策的默示同意,通过行动表示(act of acquiescence),即足以构成对该单方政策的接受。See Louis Kaplow, *The Meaning of Vertical Agreement and the Structure of Competition Law*, Harvard John M. Olin Discussion Paper No. 860, 2016, p. 16.

② See Herbert Hevenkamp, *Leegin, the Rule of Reason, and Vertical Agreement*, U Lawa Legal Studies Research Paper No. 10 – 40, 2010, p. 7 – 11.

③ Ibid., p. 13.

以此为判断标准,则当卖方向买方"强加"具有限制效果的条款时,亦限制了买方契约自由,则亦构成协议,但显然不应以此为判断。[①] 亦有学者直接提出,对于合意之认定应当适用一个灵活(flexible)且更为宽泛(broad-based)的标准,而非仅限于依据正式条款才得认定合意成立,应当通过合意主体之行为以及对合意主体之背景及情况的评价进行判断,如其交易习惯与商业惯例,而不应仅以是否存在要约、承诺进行判断。[②]

另外,就具体如何判定是否构成《谢尔曼法》第1条之合意,有学者提出"依赖性测试"方法,[③]且学者认为该测试方法可同时适用于横向垄断协议与纵向垄断协议的判断,在合意认定方面不须区分横向与纵向情形。

3. 指出孟山都案观点的局限性,丽锦案观点的革新性。

有学者就孟山都案判决关于纵向垄断协议合意之认定指出,倘销售商服从协议以避免生产商拒绝交易不成立合意,则生产商服从协议以避免控诉者(第三方销售商)拒绝交易也将不成立合意,除非对竞争造成更大威胁。然而,如果孟山都案与高露洁案皆依据狭窄的协议概念,或者坚持以契约自由为判断标准,于合意判断层面已认买卖双方行为属契约自由,不成立合意,则更无法知晓是否"对竞争造成更大威胁",尽管孟山都案肯认当销售商对其所声明的条款实施"复杂执行"(complex enforcement)行为时成立协议。[④] 孟山都案中控诉者的控诉行为可能会被认为是对自己未来遵从执行协议的保证(assurance),而生产

① See Lawrence A. Sullivan, *Handbook of the Law of Antitrust*, St. Paul, West Publishing Co., 1977, p. 392 - 393.

② See Jayma M. Meyer, *Relaxation of the Per Se Mantra in the Vertical Price Fixing Arena*, So. Cal. L. Rev. 68, 1994, p. 140.

③ See Mark D. Anderson, *Vertical Agreements Under Section 1 of the Sherman Act: Results in Search of Reasons*, U. Fla. L. Rev. 37, 1985, p. 930. 系指当行为主体实现利益最大化之行为系依赖于他人之行为时,则该行为为符合《谢尔曼法》第1条规范目的之协议。

④ See Herbert Hovenkamp, *Leegin, the Rule of Reason, and Vertical Agreement*, U Iowa Legal Studies Research Paper No. 10 - 40, 2010, p. 13. 有学者将销售商对协议的遵从执行区分为"简单执行"(simple enforcement)与"复杂执行",前者系包含生产商事先声明(announcement)与嗣后终止契约行为,以及生产商通过委派自己的雇员等方式对销售商的行为进行监督,并依据第三方所提供之(不服从)信息从而实施终止行为(或转而与替代的经销商合作),最终销售商遵从执行;后者系(1)生产商直接或通过第三方与销售商进行私下谈判,该谈判以寻求销售商的服从而非更换该销售商为目的,例如与销售商召开会议对其予以劝诫、反复劝说,或是(2)禁止第三方与该不服从的销售商进行交易,最终销售商遵从执行。See Philip E. Areeda & Herbert Hovenkamp, Antitrust Law, Vol. Ⅶ, 1446e, p. 92 (1986).

商的终止协议行为则是对实施转售价格维持的保证,从而将双方的行为作为双方之间存在合意的证据。然而,仅有控诉行为与终止协议行为是否可以认定存在合意,上述解释并非唯一合理解释。在此情形下,该案为"默示的一致意见"(a tacit meeting of the minds)的证明提出了几个难以逾越的障碍,例如,法院指出,虽相对人已有(向发出邀请一方,该案为生产商)保证其将遵从协议的意思表示(a communicated assurance),但只有当该保证系被"寻求"(sought)时,始成立协议,亦即须同时满足一方寻求同意且相对人表示同意;除此之外,法院明确表示,陪审团不能根据控诉行为,甚至不能根据得到销售商回应(以遵从执行作为响应)的终止协议行为,即认定存在协议,而需要进一步的证据证明。且法院指出,尽管模糊证据亦可支持陪审团进行裁决,但必须是在存在传统(正式)协议与维持价格行为的直接证据的前提下,而不仅仅是依据生产商对未来交易条款的声明(announcement)与销售商的实施行为。①

另外,就学说上存在的,主张是否存在协议的问题不应受到认定存在协议之后的分析模式(如对效果的审查)的影响这一观点,有学者指出了丽锦案的革新意义。在合理原则之下,许多转售价格限制协议将可能被认定为合法。申言之,倘证实存在合意,则可使法院着眼于解决最重要的问题,即对限制竞争效果的分析。因此,自丽锦案起,无论纵向非价格限制还是纵向价格限制均适用合理原则,使对于纵向垄断协议之合意内涵的解释可以适当放宽,②如此则不致仅因合意成立,尤其是涉及价格之合意成立,即推定为违法。如此观之,合意之成立虽与限制竞争效果无必然之联系,但合意内涵的宽窄实与对效果之判断采何种分析模式存在相互之影响。

(二)合意与效果之关系

对合意定义持扩大解释观点的学者,认为垄断协议之合意要件(agreement requirement)与限制竞争效果要件(restraint requirement)应当区别对待。有学者认为,合意的成立应当以生产商的限制政策与销售商所做之决定(如产品转售价格)之间是否存在因果关系为要件,而该要件应可同时适用于"协议"与"价格固定"(price fixing)之概念中;申言之,无论协议是否为价格固定协议,皆包含因果关系要件,而倘若证据整体上可证明在生产商的行为与销售商的行为之间存在因果关系,则法院应当认定存在《谢尔曼法》第1条所规定之合意,并且

① See Philip E. Areeda & Herbert Hovenkamp, Antitrust Law, Vol. Ⅶ, 1446e, p. 13 - 14.

② Ibid., p. 6.

合意之认定应当与经济效率之考量或者反托拉斯法理论对于行为限制竞争效果的关注,尤其是价格固定的限制竞争疑虑相分离;同时,合意之认定不以合意主体在"动机"(motive)上达成意思合致为要件。例如,零售商可能具有降价的欲望(desire),但由于害怕被终止契约因而遵从建议价格,此情形下,合意双方的动机虽不同,但买卖双方实施之限制行为仍构成垄断协议。①

另外,限制竞争效果的认定则应当以经济上的目标(经济效率考量)以及反托拉斯法理论之规范目的为基础,并且效果之认定应当推定任何价格固定协议均为违法,但该违法推定并非即为终局性的,应当允许被告证明其行为具有促进竞争的效果。② 对于限制竞争效果的认定系争行为之合理性或对竞争之影响,在分析中应考虑是否存在可补偿(redeem)或抵销(countervail)消极(或积极)效果之积极(或消极)效果或考量因素。例如,某限制行为可能对品牌内竞争造成损害,但品牌间竞争的存在可用以抵销该消极效果之积极效果。而认定是否存在协议不应取决于行为之动机是否具有促进经济效率或限制竞争之动机,亦非取决于行为对于竞争之影响③。因此,该学者之观点乃将垄断协议之认定分为合意判断与效果判断两个层面,前者虽系主观要件,但合意之成立非以主观上具有共同之非法动机为要件,且须提供因果关系证明;而后者,效果之认定,虽可以推定固定价格协议之违法性,但不应为简单之推定违法,还须注意是否存在可补偿或抵销之考量因素。

(三)效果层面

自丽锦案之后,由于纵向限制行为不区分价格或非价格均适用合理原则,除了可放宽对是否构成纵向垄断协议之合意认定,有学者认为,扩大合理原则在纵向限制行为中的适用可能产生两方面影响。一方面,生产商将会以更为明示的方式订立转售价格限制协议,从而使协议之存在较为明确,如同大多数纵向非价格限制通常采明示之方式一样,例如限制销售商经销区域的条款;另一方面,当证明存在协议之后即可适用合理原则,则违法性标准(liability standard)可能与依据《谢尔曼法》第2条所规制之滥用支配地位案件的违法性

---

① See Jayma M. Meyer, *Relaxation of the Per Se Mantra in the Vertical Price Fixing Arena*, So. Cal. L. Rev. 68, 1994, p. 139-143.

② Ibid., p. 139.

③ Ibid., p. 143.

标准有共通之处。①

亦有学者认为,对合意定义的扩大解释配合合理原则的适用可减少误判的风险,即自丽锦案起,避免了由形式化的方法(formalistic approaches)所产生的风险,盖该案之前,可能因认定不存在协议而将具有限制竞争效果的垄断协议认定为合法,或因适用当然违法规则而将实际上不具有限制竞争效果的行为认定为违法。②

第三节 折中学说

持折中观点的学者有大致如下两种观点:(1)认为纵向垄断协议合意之证明仍有借鉴孟山都案确立的防止产生威慑过度的假阳性风险原则的必要性,但在横向垄断协议合意之证明方法上则应摆脱孟山都案提出之"唯一合理解释"证明方法的影响,而应采更为宽松的证明方法。(2)赞同高露洁/孟山都案法院对于合意界定过于严苛的观点,但认为纵向垄断协议与单方限制行为难以区分且区分具有任意性(arbitrary),而《谢尔曼法》第1条较第2条之市场力门槛更低而审查更为严苛,倘若扩大对纵向垄断协议合意内涵的解释,则被告行为可能同时违反《谢尔曼法》第1条与第2条;认为当前诸多用于检视协议或者其他形式之合意成立与否的方法并不十分有效,如此则可能导致适用联合规范与适用滥用支配地位规范的法律评价(legal assessments)在该类行为上无法区分,因此认为可将《谢尔曼法》第1条仅适用于横向垄断协议,或提高对纵向限制适用第1条的标准。从上述两种观点来看,折中观点实质上仍是采限制对垄断协议合意内涵解释(至少是就《谢尔曼法》第1条之合意定义)的观点,唯折中观点乃基于丽锦案判决前后之变化及该案之影响进行论述,而限缩观点主要为丽锦案之前的学说见解,故一定程度上,可将折中观点视为限缩观点的演变及发展。以下就折中学说的两种观点分论之。

(一)第一种观点

学者虽认同学说上针对丽锦案判决提出之可在最终对于行为合法性的判

---

① See Herbert Hovenkamp, *Leegin, the Rule of Reason, and Vertical Agreement*, U Iowa Legal Studies Research Paper No. 10-40, 2010, p.11.

② See Jeffrey L. Harrison, *Dr. Miles's Orphans: Vertical Conspiracy and Consignment in the Wake of Leegin*, Wake Forest L. Rev. 45, 2010, p.1156.

定中对系争协议进行充分检视的观点，但同时认为，孟山都案所意图避免的过分威慑的风险，对于垂直行为而言仍是重要的。①

持此观点之学者关于纵向垄断协议合意认定与横向垄断协议合意认定之差异的论述主要集中于对两者在合意证明方法问题上的探讨。具体而言，对于孟山都案，学者指出最高法院拒绝肯认，可径依销售阶段的销售商向生产商控诉其竞争者的降价行为，而随后生产商终止与该折扣经销商的契约的证据，即认定成立非法的价格固定协议，尽管该推论似乎是合理的；而在另一起松下电器(Matsushita)案②中，该案被告涉嫌构成水平共谋，最高法院指出，原告指控被告违反《谢尔曼法》第1款并要求赔偿，为避免执行简易判决(summary judgment)或者定向判决(directed verdict)，则必须提出证据以"排除可能性"(tends to exclude the possibility)，即排除涉嫌共谋者存在独立行动的可能性。③因此，学者认为纵向垄断协议合意证明的方法虽仍有借鉴孟山都案确立的防止产生过分威慑的假阳性风险原则的必要性，但在横向垄断协议合意证明方法上，则应摆脱孟山都案之影响，以及摒弃受其影响之松下电器案所确立之"将孟山都案关于纵向限制行为的审判标准推行至所有通过间接证据推定的共谋案件中"，④即类似于"唯一合理解释"的证明方法，而应对横向垄断协议合意证明采更为宽松的证明方法。申言之，学者认为松下电器案中关于横向垄断协议合意证明的方法，由于受到孟山都案的影响，从"附加因素"(plus factors)方法转变为更为严格的"唯一合理解释"方法，⑤而这种思维需要矫正。

综合而言，学者之观点一定程度上肯定丽锦案对于放宽合意内涵解释之意义，但仍坚持横向垄断协议合意的认定应与纵向限制案件中针对纵向垄断协议合意认定的证明方法相区分，亦即两者在意思联络存在与否之证明上存在差异，但并未正面阐述在合意定义层面横向垄断协议与纵向垄断协议之合意究应如何区分。本书进一步思考，若上述"唯一合理解释"证明方法适用于纵向垄断协议合意的证明中，是否与前文所论及之合意之"互利性"及"相互依赖性"内

---

① See M. Laurence Popofsky, *Does Leegin Liberate the Law Governing Horizontal Conspiracies from Its Vertical Contamination*?, Antitrust L. J. 78, 2012, p. 28.

② Matsushita Electric Industrial Co. v. Zenith Radio Corp., 475 U. S. 574 (1986).

③ Matsushita, 475 U. S. at 588.

④ Ibid. See also M. Laurence Popofsky, *Does Leegin Liberate the Law Governing Horizontal Conspiracies from Its Vertical Contamination*?, Antitrust L. J. 78, 2012, p. 27.

⑤ Ibid., p. 28.

涵存在内在逻辑上的一致？笔者拙见，认为“互利性”及“相互依赖性”因素与“唯一合理解释”证明方法在逻辑上可较好融合。申言之，当合意主体利益之取得必须依赖于双方（或多方）意思联络行为，且排除具有独立行为之可能时，则可认定存在合意。

（二）第二种观点

有学者首先肯认反托拉斯法中关于协议的定义比其他诸如契约法等法律的定义更为宽松（lax），并以高露洁/孟山都案判决来说明法院当时对于合意之界定过于严苛：纵使存在明确阐述卖方政策的条款，亦不足以认定合意成立；换言之，上述判决将充分明示的协议与明确且存在销售商之默示同意的协议相区分，尽管此类协议的表述不尽正式。①

有学者认为，垄断协议或单方行为的认定，与限制竞争效果认定之间几乎没有任何关联性，并进一步就主体之力量因素（不仅限于市场力）、行为方式之选择（合意行为或单方行为）以及行为产生之效果间的关系提出如下观点。

1. 当事人相互间之互动（interactions）、书面交流（words exchanged）及具体行动（actions performed）是否构成纵向垄断协议合意，与限制竞争（或促进竞争）效果无关，两者是相互独立的问题。②

2. 上游生产商具有更大力量（greater power）并无法必然推断出产生的限制竞争及促进竞争效果，且由于力量因素与行为方式之选择（合意行为或单方行为）亦存在不确定性，因而即使认定纵向垄断协议之合意成立亦无法透过力量因素之考量从而推断出行为之效果。具体而言，存在两种可能：一种可能，生产商宁可承担违法风险而选择纵向垄断协议方式是因为纵向垄断协议能够带来更多利益，因此选择联合需要具备一定的抵抗风险的能力，即更大的利益诱惑（来自联合）需要更大的力量（单方强加限制政策的力量，不仅限于市场力），而选择联合可能是因为具备这一力量；另一种可能，倘若生产商有能力依靠自身获利（采取单方限制行为）则可能不会选择通过纵向垄断协议，因此选择联合可能是因为自身力量不足。③

---

① See Louis Kaplow, *The Meaning of Vertical Agreement and the Structure of Competition Law*, Harvard John M. Olin Discussion Paper No. 860, 2016, p. 12 – 13.

② Ibid., p. 36.

③ Louis Kaplow, *The Meaning of Vertical Agreement and the Structure of Competition Law*, Harvard John M. Olin Discussion Paper No. 860, 2016, p. 37 – 38.

因此,有学者进一步提出,上下游之间的合意方式(如书面契约、书面契约与销售商回应行为、生产商向销售商声明政策行为)以及具体案件事实有多种可能,使纵向垄断协议与单方限制行为难以区分且区分具有任意性(arbitrary)。学者举例说明如下:假设上下游签订了书面契约,该契约约定生产商可以任意解除契约,且存在另一个对其转售价格限制政策的独立声明,则该情形属单方行为;倘契约声明销售商必须遵从生产商的转售价格限制政策,否则将受到终止契约的惩罚,则该情形属合意行为;但对于介于两者之间的情形①可能难以分辨其究属单方行为还是合意行为,且实施纵向垄断协议与其效果之关系会因纵向垄断协议态样不同或者具体背景的不同而产生变化,从而难以建立一个合理的统一规则(one-size-fits-all rule)。②

再者,从法律适用之角度,学者分析第1条与第2条之区别在于:(1)纵向垄断协议与单方限制行为的惩处力度不同,并援引其他学者之论述,认为较单方限制行为受到更为严苛对待的是竞争者之间的垄断协议而非纵向垄断协议:"《谢尔曼法》第1条与第2条之区别在于竞争者(被告)之间成立协议改变了被告的市场比例(scale),因此,对此种消除行为不确定性的安排予以惩处具有妥适性,然当系争行为为单方行为时,法院应当更为谨慎对待。"③(2)第1条与第2条对市场力量的要求不同,即第1条较第2条之市场力门槛更低。④ 综言之,《谢尔曼法》第1条较第2条之市场力门槛更低而审查规则更为严厉(如有当然违法规则之适用),且尤其对于竞争者之间可能促进价格固定之行为须经审慎而详细之审查(scrutinized carefully),而对于单方行为之规制则以具有市场支配地位为第2条之适用门槛。故有学者认为,对于单方行为之规制过于宽容;倘若扩大对纵向垄断协议合意内涵的解释(将通过契约实施但实际为单方行为之行为态样亦包含在内),例如,涉及纵向协议之排他性行为,则被告行为

---

① 例如,契约约定生产商可以任意解除契约,且存在另一个对其转售价格限制政策的独立声明,但生产商将其公布于自己的网站上,且于签订契约之前曾向销售商展示过该声明,或者是于履行该契约时向销售商递交了一份书面声明(声明其转售价格限制政策),等等。

② Louis Kaplow, *The Meaning of Vertical Agreement and the Structure of Competition Law*, Harvard John M. Olin Discussion Paper No. 860, 2016, p.39-40.

③ Phillip E. Areeda & Herbert Hovenkamp, *Antitrust Law*, Vol. iii, 4th ed., Aspen Publishers, 2015, p.124-125.

④ See Louis Kaplow, *The Meaning of Vertical Agreement and the Structure of Competition Law*, Harvard John M. Olin Discussion Paper No. 860, 2016, p.47.

可能同时违反《谢尔曼法》第 1 条与第 2 条。[①] 学者认为,当前诸多用于检视协议或者其他形式之合意成立与否的方法并不十分有效,如此则可能导致对同一行为(如上开涉及纵向协议之排他性行为)既可能适用联合规范,亦可能适用滥用支配地位规范,盖两者规范各自之法律评价标准(构成要件及违法性判断标准)不同。例如,适用第 2 条须分析行为之合理性,而适用第 1 条则可能为当然违法,而究应采何种标准尚无有效之区分方法,故学者提出,可将《谢尔曼法》第 1 条仅适用于横向垄断协议,或提高对纵向限制适用第 1 条的标准。[②]

综上所述,有学者认为,实施纵向限制一方的力量因素与其行为方式选择不存在关联性。换言之,市场力作为力量因素的显著体现,并不构成合意成立之要件应无疑义。然基于前文论述,本书仍认为市场力因素对于合意之成立仍存在间接影响,且讨论两者之关系并非不具实益,例如,"强迫"这一因素是否构成协议合意之要件或其存在是否影响合意之成立这一问题的探讨,以及对市场力要求较高之排他性协议与单方限制行为之区分问题,均有进一步探求余地。而学者正是基于对纵向垄断协议与单方限制行为区分之困难,又对其适用联合规范或滥用支配地位规范将形成两种不同的法律评价,故而对如何进行区分存有疑虑,而此亦为本书探讨课题之一,将于第三编实例探讨部分进一步探究。

第四节 结　语

美国学界关于垄断协议合意内涵之不同学说见解,从司法审判之角度,与法院之"空白理论"(gap theory)相关,该理论基于法院的一种假设,即证明"不合理限制交易"(unreasonable restraint of trade)的证据较证明滥用市场支配地位或试图获取市场支配地位(monopolization or attempt to monopolize)的证据要求更少。[③] 以《谢尔曼法》为例,适用《谢尔曼法》第 1 条判断垄断协议之不合理性对于经营者市场力水平要求较低,而适用第 2 条判断是否存在滥用行为则对于

---

① 实务上存在此种情形,即对于符合支配地位门槛之经营者所为之排他性行为适用《谢尔曼法》第 2 条,但同时该经营者所为之排他性行为涉及独家交易安排或搭售安排等排他性协议,则又可能适用《谢尔曼法》第 1 条。

② See Louis Kaplow, *The Meaning of Vertical Agreement and the Structure of Competition Law*, Harvard John M. Olin Discussion Paper No. 860, 2016, p. 53 – 55.

③ See Andrew I. Gavil, *Copperweld* 2000: *The Vanishing Gap Between Sections* 1 *and* 2 *of the Sherman Act*, Antitrust L. J. 68, 2000, p. 92.

经营者市场力水平要求较高(法院曾将支配地位认定为市场份额需高于70%[①])。故有学者指出,法院似乎忽略了第2条亦包含“以共谋手段试图获取垄断”之情形,此亦为“空白理论”产生之根本原因。[②] 申言之,该情形理论上并不以经营者具有支配地位为要件,但于法律适用上,对于市场力不足者(未达垄断)是否可能通过实施垄断协议实现排除竞争者进而获取垄断之效果,在纵向垄断协议之情形下是否成立“以共谋手段试图获取垄断”,存在学说及实务上之争议。故而对于市场力水平要求较高之纵向限制,如排他性协议,则经营者是否可通过实施此类纵向垄断协议以达到排除竞争者之效果,抑或是此类排他性协议本质上应属单方限制行为,从而在学说上产生对垄断协议之合意是否涵盖市场力不足者所为之垂直排他性协议之分歧。又倘认“互利”或“互惠承诺”为垄断协议合意之内涵,有学者认为品牌间纵向限制(排他性协议),不必然存在相对人之互惠承诺,故而应为单方行为。而对于以“共同利益”为纵向垄断协议合意之内涵者,则更将含强迫性因素之品牌内纵向限制亦排除于合意行为之外,认其不符合合意主体间须存在共同利益之内涵,尤其是考虑到不符合相对人之利益。

在学说上,早在20世纪50年代初有美国学者就曾提出《谢尔曼法》在规范所涵盖之行为态样上似乎存在法律空白(gap)。[③] 第1条规范具有限制竞争效果的契约、联合或共谋,第2条规范垄断经营者实施的单方限制行为,或经营者为获取市场支配地位所为之限制行为。通过比较第1条规范之协议或协同行为要件内涵,以及第2条单方行为要件内涵,美国学界认为,有可能存在某种限制行为态样介于第1条规范与第2条规范之间——不具支配地位之经营者所为之垄断协议或者尚不具有获取支配地位威胁之经营者所为之垄断协议。换言之,该行为态样同时不受第1条与第2条之规范。[④] 而这一分歧主要针对纵向垄断协议态样所提出。分歧产生之主要原因及相对应之学说见解大致可归结为两方面:(1)持限缩观点者,以“共同利益”为垄断协议合意成立之要件,对垂直交易关系中,生产商采强加方式之情形,因不存在符合交易相对人利益之

---

① See Andrew I. Gavil, *Copperweld* 2000: *The Vanishing Gap Between Sections* 1 *and* 2 *of the Sherman Act*, Antitrust L. J. 68, 2000, p. 94.

② Ibid., p. 92.

③ See James A. Rahl, *Conspiracy and the Anti-Trust Laws*, Ill. L. Rev. 44, 1950, p. 743.

④ See Glen O. Robinson, *Explaining Vertical Agreements*: *The Colgate Puzzle and Antitrust Method*, Va. L. Rev. 80, 1994, p. 593.

因素，故而认为不符合垄断协议合意之内涵，此情形常见于一些品牌内纵向非价格限制（如区域限制、客户限制），以及品牌间纵向限制（如独家交易安排、搭售安排）中；持扩大观点者，以“互利”为垄断协议合意成立之要件，对垂直交易关系中，生产商采强加方式之情形，提出“默示接受”理论与“强迫服从”理论以解释纵向垄断协议之合意内涵。其中，“默示接受”理论认为纵向垄断协议之合意内涵包含互利性与强迫性并存之情形，并针对存在第三方（销售商）控诉情形时，提出在控诉行为与（生产商）回应行为之间应证明存在接受、交换，或互利，或可能存在之强迫，始得证明存在协议。易言之，合意之概念包含强迫服从之情形，但并不以强迫为要件，而合意之内涵包括接受、交换、互利以及可能存在之强迫，而合意主体一方之交易条件声明、终止契约行为、制裁行为可能作为合意之证明，但非构成要件。而“强迫服从”理论则更直接将强迫性（相对人受威胁而屈服遵从）作为纵向垄断协议合意内涵的一种意思表示方式。(2)对于实施纵向限制可否使经营者产生或延伸其市场力存在分歧，该分歧主要影响对于垂直排他性协议究属单方限制行为还是纵向垄断协议之判断。采垂直排他性协议无法延伸经营者支配地位观点的学者，倾向于将纵向限制作为垄断者维持垄断的单方行为，而采相反观点的学者，则倾向于认为纵向垄断协议可为垄断者获取更多垄断利润，该利润足以抵销因实施联合所产生之成本，因此当市场力尚不足时，通过实施纵向垄断协议可延伸其市场力，实现排除竞争者之效果。换言之，垄断协议之合意应涵盖此类垂直排他性协议。

第四章 小结

第一节 独立行为、垄断协议、单方限制行为之比较

综合前文论述，以下试以表格形式对独立行为、垄断协议（合意定义）与单方限制行为进行比较（见表4）。

当不存在明示协议或明示条款时，如何证明成立垄断协议，及其与独立行为、单方限制行为的区分界线如下：（以下将表示同意一方称“相对人/他方”）

表4 独立行为、垄断协议、单方限制行为之区分研析

项目	独立行为	垄断协议	单方限制行为
美国法定义	1. 高露洁案：包含为避免终止契约而对他人之要求默示同意（acquiescence）。 2. 孟山都案：在控诉行为之后或回应（in response to）控诉行为的终止（与第三方）契约行为系独立行为。[1] 3. 寡占价格协调行为（oligopolistic price coordination）在定性上存在争议[2]	合意定义：一致意见（a meeting of minds）：（1）一方寻求同意；（2）相对人/他方表示同意	对于“单方行为”存在三种法院解释[3]（尚且不论是否具有限制竞争效果）

续表

<table>
<tr><th>项目</th><th colspan="2">独立行为</th><th colspan="3">垄断协议</th><th>单方限制行为</th></tr>
<tr><td>欧盟法定义</td><td colspan="2">不存在协调(concertation)因素之单纯平行行为</td><td colspan="3">合意定义：
1. 一致意愿(concurrence of wills)：
(1)一方寻求同意；
(2)相对人/他方至少为默示同意。
2. 协调(coordination)或联络(contact)：
(1)先行协调/联络行为；
(2)实际实施行为；
(3)因果关系</td><td>1. 非垄断经营者所为之单方行为(无相对人之参与即可实现目标)，且具有限制竞争或阻碍平行进口之效果
2. 垄断经营者所为之滥用行为(适用第102条)</td></tr>
<tr><td>判定方法</td><td colspan="2">不依赖[4]+行为有利(自身利益最大化考量)</td><td colspan="3">依赖+行为有利(相对人/他方)</td><td>依赖+行为不利益(相对人/他方)(不利>利)</td></tr>
<tr><td>意思表示方式</td><td>自愿(voluntarily)(无交易相对人参与)</td><td>自愿(有交易相对人参与)</td><td>同意</td><td>默示同意(不含强迫)</td><td>默示同意(含强迫)或强迫服从</td><td>强迫服从[5]或以忠诚折扣等利诱方式</td></tr>
<tr><td>行为性质</td><td>独立行为</td><td>独立行为</td><td>横向垄断协议或纵向垄断协议</td><td>横向垄断协议或纵向垄断协议</td><td>横向垄断协议或纵向垄断协议</td><td>单方限制行为</td></tr>
</table>

续表

项目	独立行为		垄断协议			单方限制行为
典型案例/案型[6]	案型：有意识的平行行为	孟山都案（生产商与控诉者）、苹果电子书案[7]（生产商之间无沟通证据）	孟山都案（生产商与遵从者）、TRU案（同时存在横向垄断协议与纵向垄断协议）	Visa案（2011年欧盟）、州际电影公司（Interstate Circuit）案（生产商之间无沟通证据）	葛兰素史克案（GSK案）	微软（Microsoft）案

[1] Herbert Hovenkamp, *Leegin, the Rule of Reason, and Vertical Agreement*, U Iowa Legal Studies Research Paper No. 10－40, 2010, p. 12. 可参见第二章美国法院判决部分。

[2]虽"一致意见"之核心内涵为"相互依赖行为"(interdependent behavior),但对于寡占经营者的平行定价行为(coordinated oligopoly pricing),有学者认为亦符合该定义,不须存在直接沟通证据(direct communicaitons)或特定的沟通形式(particular forms of conmmunicaiton),如价格公告(price announcements)即可构成协议,亦即反对"以沟通为基础的方法"(Communication-based Approach)。See Richard A. Posner, *Antitrust Law*, p. 51 – 100; Louis Kaplow, *Direct Versus Communications-Based Prohibitions on Price Fixing*, J. Legal Analysis 3, 2011, p. 458, 481 – 482. 另有学者则认为,单纯的寡占经营者间的相互依赖(pure oligopolistic interdependence)不符合协议之定义,且赞同以沟通为基础的方法。See Donald F. Turner, *The Definition of Agreement Under the Sherman Act: Conscious Parallelism and Refusals to Deal*, Harv. L. Rev. 75, 1962, p. 671; John E. Lopatka, *Solving the Oligopoly Problem: Turner's Try*, Antitrust Bull. 41, 1996, p. 889 – 896. 然亦有学者认为,该"相互依赖"标准可在缺乏明示或口头表示之同意(verbally communicated assent)时,为协议之成立提供证明。See Mark D. Anderson, *Vertical Agreements Under Section 1 of the Sherman Act: Results in Search of Reasons*, U. Fla. L. Rev. 37, 1985, p. 936.

[3](1)事实结论(factual conclusion):生产商实施限制以服务于自身利益而不考虑销售商偏好(preferences),即使该限制系表示于经销商特许经销协议(dealer franchise agreement)中,仍仅构成单方行为;(2)事实结论:生产商或销售商未向相对人作出任何承诺(promise or commitment),甚至未与相对人沟通(communication),因此仅构成单方行为;(3)(众多法院实行的)法律结论(legal conclusion):系争行为,如事先声明(advance announcements)生产商将对不遵从指定价格者停止供应之行为,系该当《谢尔曼法》规范目的之"契约、联合或共谋",非属单方行为。See Herbert Hovenkamp, *Leegin, the Rule of Reason, and Vertical Agreement*, U Iowa Legal Studies Research Paper No. 10 – 40, 2010, p. 4.

[4]鉴于就寡占价格协调行为的定性存在争议,质言之,赞同以沟通为合意要件者认为单纯的寡占经营者间的"相互依赖"不构成协议。换言之,符合协议定义之"依赖"概念应以沟通为要件,而

反对者则支持不以沟通为合意要件的“相互依赖”概念。本书此处之“不依赖”系未包含上述特殊之“单纯的寡占经营者间的相互依赖”情形。

[5]由后文的判例分析可知,一定条件下“利诱”行为亦可能违反滥用支配地位之规范。参见第三编第三章第三节第一部分相关内容。

[6]案件之具体评述详见后文第三编实例探讨部分。

[7]该案水平面向上生产商之间是否构成横向垄断协议尚存疑虑,法院认定横向垄断协议成立,本书对此持保留意见,有关该案之具体评述详见后文第三编第四章之实例探讨。

表4主要系于经营者之间无明示协议或明示条款背景下讨论独立行为、垄断协议、单方限制行为之定义及认定,因无论美、欧立法,皆对垄断协议有严厉罚则,故经营者通常倾向于采取隐蔽之方式以否认存在共谋行为,当证据不足以判定系争限制行为究系由共谋所致,或系属独立行为时,如何揭露此类隐蔽之垄断协议,是为对执法机构而言之挑战。如前所述,尽管竞争法之垄断协议包含协议、决定与协同行为,该等概念可能存在重叠之情形,但学理上一般肯认最低限度之界线,即合法的独立行为与非法的共谋行为。

关于表4,有以下几点需要说明:第一,适用“单方限制行为”这一概念,而非“滥用支配地位”行为。反托拉斯法上对于后者有定义,对于前者并无明确定义,但法理及实务上不乏关于纵向垄断协议与单方限制行为之区分研究,且学说上认为确实存在既无法认定为垄断协议又无法认定为滥用支配地位行为、由非垄断经营者所为之单方限制行为态样。① 本书将“单方限制行为”与垄断协议进行区分比较,乃主要从是否存在合意之角度,区分双方/多方合意行为与单方行为,至于行为产生之实际或潜在限制竞争疑虑是否达以“垄断协议”或“滥用支配地位”进行规范之必要,须另依相应违法性评价标准进行判断。

第二,从美国法与欧盟法关于垄断协议合意界定之比较来看,两者在“协议”之合意内涵上实际具有一致性,无论“一致意见”还是“一致意愿”皆以存在共同目的或合意为核心内涵,但争点不在于是否“具有共同的限制竞争目的”,而在于是否“一方寻求同意且相对人表示同意”;两者之不同恐主要在于判定方法及证明方法之差异,以及欧盟法对于“协同行为”之定义与“协议”有所区分,但亦非本质上之差异,且涉及同时存在水平、垂直关系之情形时,皆持较为审慎

① See Alison Jones & Brenda Sufrin, *EU Competition Law: Text, Cases and Materials*, 4th ed., Oxford University Press, 2011, p. 147.

之态度。欧盟法下,强调对默示同意的证明以及将行为之法律与经济背景作为垄断协议成立之重要考量因素是自拜耳(Bayer)案之后才为法院所广泛采纳。

第三,在"意思表示方式"上,主要从自愿与非自愿之角度,意在说明,自愿或非自愿并非三者概念的区分标准,其中尤须注意垄断协议范畴内的"默示同意(含强迫)"或"强迫服从"概念。该两者分别取自"默示接受"理论与"强迫服从"理论,厘清此概念与单方限制行为范畴内的"强迫服从",意义在于明确两点:(1)垄断协议之默示同意(含强迫)概念,除包含市场力考量,还有"合意",而对于单纯的单方强迫服从而言,市场力是否足够大是前提条件;(2)合意判断不以"契约自由"为区分标准,以拒绝交易为例,一种情形为生产商系凭借其经济力量向销售商强加具有限制效果的条款而相对人不服从故而拒绝交易,或为销售商为避免生产商终止契约而默示同意(高露洁案模式),倘认前者有违契约自由而后者属契约自由,若"有违契约自由"始得成立合意,则可能提高合意判断的门槛。另外,默示同意(含强迫)亦存在于横向垄断协议情形中,主要体现为来自其他合意主体施加惩罚的威胁(the threat of punishments from the other suppliers)。[①]

第四,在具体行为态样中,值得注意的是,搭售安排之"强迫"定义较为特殊,在美国法、欧盟法中皆以之为违法性判断标准之一,本书认为,倘若认定强迫成立则似应属单方限制行为范畴,搭售安排似不存在"含强迫之默示同意"之垄断协议态样。另外,联合抵制行为虽在前文有讨论,但其并非单纯之纵向垄断协议或横向垄断协议,甚至可能存在单方限制行为之情形,故本书更倾向于将其视为横向垄断协议与纵向垄断协议、垄断协议与单方限制行为的连结点,对其合意内涵之研究亦有助于本书议题之探讨。

由表4可见,若将"自愿"作为区分独立行为与垄断协议之标准,则可能误将垄断协议之"同意"内涵与"自愿"相混淆;而若将"强迫"作为垄断协议合意之构成要件,则可能过分扩大垄断协议之范畴,忽略可能存在之单方限制情形,但若将"强迫"作为单方限制行为之构成要件,则又可能不当限缩垄断协议之范畴。故自愿或非自愿皆不宜作为判断协议合意该当与否之标准,也因此丧失了以此作为区分横向垄断协议合意与纵向垄断协议合意之标准的意义。根据学者之依赖性测试方法与"互利"之概念,笔者认为,似可将两者兼而用之,使成为

---

① See Jonathan B. Baker, *Exclusion as a Core Competition Concern*, Antitrust L. J. 78, 2013, p. 571.

无共谋意思表示之明示协议或明示条款情形下判断垄断协议合意成立与否之方法。

第二节　纵向垄断协议与横向垄断协议之比较

若单独将横向垄断协议情形与纵向垄断协议情形下之合意进行比较,可参见表5。其中,在利益一致与否的表现上,基于依赖性测试方法,“行为有利”为构成协议合意与否之评判标准之一,但合意主体间之利益方向并非必然一致。易言之,倘若垂直交易主体间之需求非完全一致而仅有部分重叠时,即使无共同利益但仍可能存在互利,故仍可能存在纵向垄断协议;在意思表示方式上,须注意的是,垂直交易关系之自愿情形,或为出于交易相对人所提供之有利信息且符合自身利益所做出的决定,或为出于自己对市场供需状况之判断所作出的决定而与交易相对人无关,与“依赖”之定义相矛盾(“依赖”系指行为主体实现利益最大化之行为系依赖于他人之行为),不构成纵向垄断协议之合意。故纵向垄断协议不存在自愿之情形却有非强迫之默示同意之情形。

表5　横向垄断协议合意与纵向垄断协议合意之比较

<table>
<tr><th>项目</th><th>横向垄断协议合意</th><th>纵向垄断协议合意</th></tr>
<tr><td>判定方法</td><td>依赖+共同利益/互利</td><td>依赖+互利</td></tr>
<tr><td>利益一致与否</td><td>是</td><td>不一定</td></tr>
<tr><td rowspan="2">是否有共同目的
(皆非以具有“共同限制竞争目的”为要件)</td><td>(美)是</td><td>(美)是</td></tr>
<tr><td>(欧)区分协议与协同行为</td><td>(欧)区分协议与协同行为</td></tr>
<tr><td>意思表示方式</td><td>同意/默示同意</td><td>同意/默示同意</td></tr>
</table>

第三编　美国与欧盟纵向垄断协议合意之实例探讨：与其他限制竞争行为比较及交错

第一章　联合抵制之联合性与排他性

本章论述将基于第二编影响合意判断之市场力因素中有关联合抵制行为的部分,对联合抵制行为与垄断协议之相关部分做进一步展开论述,并结合案例分析联合抵制行为的合意判定问题。

第一节　联合抵制与卡特尔

联合拒绝交易(美国法概念)较为常见之功能是作为促进卡特尔的工具。例如,价格制定者可能通过联合拒绝交易来规范卡特尔成员之行为,或向行为阻碍了卡特尔组织运作的非卡特尔组织成员传达某种讯息,其极端体现是卡特尔成员认为有必要将该非成员排除出相关市场,①则此过程中有可能存在固定价格与排除竞争者两种目的。然联合抵制行为目的往往难以从联合抵制行为态样上分辨其目的究为促进卡特尔的形成还是阻碍新进业者(排除竞争者),且从效果上亦分别对应两种行为效果——联合效果(collusive effect)与排他效果(exclusionary effect),此两种行为目的及效果可能同时存在于一个案例中,且可能影响违法性判断时审查方法的选择(皆为适用《谢尔曼法》第1条)。虽限制竞争

① See Herbert Hovenkamp, *Antitrust*, 2nd ed., St. Paul, West Publishing Co., 1993, p. 198.

效果判断与合意判断为两个层面问题,但存在上述一种行为目的或同时存在两种行为目的是否会影响被认定为构成垄断协议之联合抵制行为合意之判定不无疑问。以下先从可能同时存在固定价格目的与排除竞争者目的之典型案例东部木材零售商协会(Eastern States)案[①]展开,再比较具排他效果之联合抵制案例 Klor's 电器零售商(Klor's)案与具排他效果之转售价格限制案例孟山都(Monsanto)案,并比较欧盟法下同一类型案例之认定差异。

一、联合抵制之概念与态样

第一种行为模式为:单纯具有联合效果之联合抵制行为实际是以固定价格为目的,故此类联合抵制行为与纯粹固定价格协议(naked price fixing)无本质区别,其行为态样为:"除非受联合抵制人同意按照联合抵制发起人、联合抵制参与人一致同意之价格给付价金,否则后者拒绝向前者出售产品。"[②]仅存在联合性之联合抵制的典型案例如 1990 年审判律师(Trial Lawyers)案,[③]也因此其与价格卡特尔同适用当然违法规则。

第二种行为模式为:相关市场上批发商与零售商既存在垂直交易关系亦存在水平竞争关系,一组零售商(以行业协会形式)一致拒绝向存在竞争关系之批发商购买产品,并以该批发商退出终端销售市场为条件(不参与竞争),其拒绝交易可能同时存在固定价格与排除竞争者之目的。[④] 同时存在联合性与排他性之典型案例如 1914 年东部木材零售商协会案,在该案中法院适用当然违法规则,但该案零售商所组成之行业协会具有一定市场力,而法院并未明确提出不具市场力之情形是否可以适用合理原则。

第三种行为模式为:与第二种行为模式相似,亦是市场上存在同时为批发与零售业务之批发商,但此模式中联合抵制之发话人为批发商(第二种模式中发话人为零售商)。由一组批发商与零售商共同组成之行业协会将同时为批发与零售业务之批发商排除出协会,且协会中的批发商对协会中的零售商与协会以外的零售商实施差别待遇。典型案例如 1985 年西北批发商(Northwest Wholesale)案。

---

① Eastern States Retail Lumber Dealers' Ass'n v. United States, 234 U. S. 600 (1914).

② Andrew I. Gavil et al., *Antitrust Law in Perspective: Cases, Concepts and Problems in Competition Policy*, 2nd ed., St. Paul, Thomson/West, 2008, p. 766.

③ FTC v. Superior Court Trial Lawyers Association, 493 U. S. 411 (1990).

④ See Herbert Hovenkamp, *Antitrust*, 2d ed., St. Paul, West Publishing Co., 1993, p. 198 - 199.

在该案中,法院认定该行业协会行为构成排他性联合抵制行为(以排除竞争者为目的),并提出适用当然违法规则之三要件,其中包括市场力要件,但法院将该审查方法称为有限制的当然违法规则,①而并未肯认合理原则之适用。②

第四种行为模式为:一组生产商(或上游厂商)一致拒绝向购买竞争者产品或服务的销售商(或交易相对人)出售产品或提供某项服务,其拒绝交易可能同时存在固定价格与排除竞争者之目的。典型案例如 1941 年美国时尚创始人协会(Fashion Originators Guild of America, FOGA)案③与 1986 年牙医协会(Dentists)案,前者法院适用当然违法规则且联合抵制经营者(发话人)具有较大市场力(但未达到垄断程度),而后者法院适用合理原则且明确提出当然违法规则通常情况下仅适用于具市场力之经营者通过对上游或下游拒绝交易以减少其与竞争者交易之行为。④

第五种行为模式为:一个销售商与一组生产商共谋,拒绝向该销售商之竞争者出售产品或实施差别待遇,其拒绝交易之目的为排除该竞争者。典型案例如 1959 年 Klor's 电器零售商案,在该案中法院适用当然违法规则,并且指出无论联合抵制行为具有联合效果还是排他效果均一体适用当然违法规则,无须考虑联合抵制经营者是否具有市场力,无论其是否具有固定价格行为、分配还是限制产量行为,即使联合抵制经营者实施降价行为或短期内促进竞争也仍为法律所禁止。⑤

第六种行为模式为:与第五种行为模式相似,但第五种模式中受联合抵制经营者是否因实施降价/折扣行为而被排除则在所不论(第六种模式中受联合抵制经营者实施了价格折扣)。一组销售商要求生产商拒绝向实施折扣的销售商出售产品,其拒绝交易之目的可能同时为固定价格与排除竞争者。典型案例如 1966 年通用汽车(General Motors)案,⑥在该案中,法院认定实施联合抵制行为的一组销售商之间构成卡特尔,并且与生产商之间构成共同拒绝与实施折扣

---

① 参见第二编第一章第三节第一部分美国法部分"抵制行为中的市场力因素"。

② 有学者认为,此审查方法更类似于简略的、高度结构式的合理原则。See Andrew I. Gavil et al., *Antitrust Law in Perspective: Cases, Concepts and Problems in Competition Policy*, 2nd ed., St. Paul, Thomson/West, 2008, p. 776.

③ Fashion Originators' Guild of America v. FTC, 312 U.S. 457 (1941).

④ See Herbert Hovenkamp, *Antitrust*, 2nd ed., St. Paul, West Publishing Co., 1993, p. 198.

⑤ Klor's v. Broadway-Hale Stores, Inc., 359 U.S. 207, 209-210 (1959).

⑥ United States v. General Motors Corp., 384 U.S. 127 (1966).

销售商进行交易之合意,适用当然违法规则。① 美国法下联合抵制行为之判例沿革见表6。

表6 美国法下联合抵制行为之判例沿革(按年份顺序)

年份	案例	行为目的/合意内容(固定价格或排除竞争者)	审查方法	是否考量市场力因素
1914	东部木材零售商协会案	两者皆有/价格+非价格	当然违法	未明确
1959	Klor's案	排除竞争者/非价格	当然违法	否
1966	通用汽车案	两者皆有/价格+非价格	当然违法	否
1985	西北批发商案	排除竞争者/非价格	有限制的当然违法	是
1986	牙医协会案	两者皆有/价格+非价格	合理原则	是
1990	审判律师案	固定价格/价格	当然违法	否
2003	Visa案	排除竞争者/非价格	合理原则	是

从表6来看,除纯粹为固定价格的联合抵制行为严格适用当然违法规则以外,对于行为目的或合意内容兼具固定价格或排除竞争者之情形由以往的当然违法规则向合理原则转变;而对于仅以排除竞争者为目的或合意内容的行为是由以往的当然违法规则向有限制的当然违法规则再向合理原则转变。基于前文对西北批发商案与Visa案的比较,对排他性联合抵制行为适用合理原则似乎越来越明确,而对于行为目的或合意内容有涉及影响价格但非纯粹固定价格的联合抵制案例,也已肯认合理原则的适用,故是否可认为联合抵制行为不论行为目的是否仅为排除竞争者还是兼具排除竞争者与固定价格(纯粹固定价格除外),在分析框架上已与一般垄断协议(如非卡特尔之横向垄断协议、纵向非价格限制、独家交易安排)类似。更有甚者,有学者认为,在上述两个案例中,市场力因素之作用以及同时分析行为限制竞争效果与商业上之正当理由这一分析

① See Andrew I. Gavil et al., *Antitrust Law in Perspective: Cases, Concepts and Problems in Competition Policy*, 2nd ed., St. Paul, Thomson/West, 2008, p.770.

框架，在分析横向垄断协议、品牌内纵向限制，甚至单一垄断经营者之排他行为时同样越来越受到重视，故而是否可认为尽管对效果之具体经济分析及正当理由不同，但具有联合效果的案例与具排他效果的案例仍可以适用同一分析框架？①

但是前述案例并未涉及转售价格限制的情形，或即使有涉及因相对人实施降价或折扣行为而拒绝交易之情形，但并未以转售价格限制论，则本书思考，联合抵制行为作为横向垄断协议与纵向垄断协议的连结点，是否须同时证明存在水平面向与垂直面向之协议合意仍存疑问。从第二编关于法院对同时存在水平、垂直关系的情形较为审慎的态度来看，一般认为不可单纯通过上、下游间存在垄断协议合意而推定所有参与者或水平竞争者间均构成垄断协议合意，②前述行为模式中当发话人为一组上游或下游厂商时，皆认定构成横向垄断协议（或协议）。但是在垂直面向上认定则有不同，或认定构成共谋，或市场力较大的发话人存在“威胁”行为（如美国时尚创始人协会案），或单方限制行为。当横向垄断协议合意成立时如何判定垂直面向是否存在协议合意？倘若反之，当垂直面向协议合意成立时如何判定水平面向是否存在合意？此时是否仍为联合抵制行为，或不成立联合抵制而成立何种行为？后文将通过比较 Klor's 电器零售商案与孟山都案探究水平面向与垂直面向之合意问题。

二、联合抵制与卡特尔之关系探讨：东部木材零售商协会（Eastern States）案

（一）法院判决

一组木材零售商成立了一个行业协会，该协会计划强迫实施“二元销售”模式（dual distributing），即原本同时在批发市场与零售市场上出售木材的批发商，退出终端零售市场，因该垂直整合的模式可以为实施该二元销售模式的批发商提供成本优势。因此该零售商组织列出了一个“黑名单”并在组织成员与客户间传阅，成员与客户因此同意不向名单所列批发商购买产品。法院认定该零售商组织成员一致拒绝购买实施二元销售模式的批发商产品，成员间存在垄断协

① See Andrew I. Gavil et al., *Antitrust Law in Perspective: Cases, Concepts and Problems in Competition Policy*, 2nd ed., St. Paul, Thomson/West, 2008, p. 785.

② 就水平竞争者间构成垄断协议之抵制类型，如前文所述，在垂直面向上发话人与受话人之间可能存在纵向垄断协议合意或发话人（水平竞争者）拟制为一个垄断者实施单方限制行为。

议,联合拒绝交易构成了联合抵制,违反《谢尔曼法》第1条。法院指出,一个零售商有权利且有充分理由拒绝与一个批发商进行交易,且拒绝交易之理由可能是因为批发商实施不正当行为,但是当该零售商逾越个人权利而与他人共谋,试图通过在成员及客户间传阅名单以向批发商施压从而抑制竞争,则零售商的行为逾越了其合法权利范围。①

(二)学者见解

有学者对该案之行为性质应为联合性还是排他性以及系争零售商间是否构成卡特尔存在不同见解。有学者认为,系争零售商实施联合拒绝交易行为可能存在两个不同但密切相关的动机。②

1. 固定价格的动机

如果零售商目的是固定价格,则批发商作为垂直面向的相邻市场上的市场主体,将会因零售商卡特尔在相关市场上产品价格的上涨而减少该批发商的销量,且零售商将获得所有垄断利润,则批发商将可能采取与非卡特尔成员的零售商进行垂直整合的方式以进入零售市场与零售商竞争,因此该案的联合拒绝交易行为可能是一个卡特尔组织为了防止其在相关市场上的市场支配地位受到侵犯而为。

2. 阻碍市场新进业者的动机

系争零售商可能发现组成行业协会比独立的个别零售商更有效率,例如,通过开设他们自己的零售卖场可以节省运输给独立零售商的运输费用,因此可能是独立的零售商为了防止一个更具效率的垂直整合的竞争者进入市场而实施的联合拒绝交易之行为。

综上所述,有学者认为,无论是以促进卡特尔形成还是阻碍新进业者为目的,皆无法肯认联合拒绝交易行为具有经济效率,故适用当然违法规则较为妥适,但对经营者市场力之考量有助于判定被告的行为性质,故适用当然违法规则仍须满足一定市场力条件。故该学者的观点似接近于采以市场力为要件之"有限制的当然违法",且对于零售商间之垄断协议定性不同,即以固定价格为动机者构成卡特尔,而以排除竞争者为动机者则为一般横向垄断协议。

波斯纳法官认为,该案联合拒绝交易行为之根本性质应为产生联合效果,

---

① Eastern States, 234 U. S. at 614.

② See Herbert Hovenkamp, *Antitrust*, 2nd ed., St. Paul, West Publishing Co., 1993, p. 198 - 199.

而斯卡利亚(Scalia)法官则认为其性质应为排他性行为,因行为意图在于排除零售市场上作为零售商竞争者的批发商,而不存在卡特尔,其限制竞争效果依赖于实施垄断协议的主体具有迫使其竞争者放弃二元销售模式或能有效排除他们的能力,故将此类联合抵制行为界定为"有条件的联合抵制行为"(conditional boycott)。[①] 如是观之,联合抵制发话人水平面向上构成垄断协议并无疑义,但垂直面向之合意问题在该案中尚未得到进一步讨论;另外,市场力因素在联合抵制行为判定中的作用亦有待探究。

第二节　联合抵制之合意构成要件

一、美国:比较 Klor's 电器零售商(Klor's)案与孟山都(Monsanto)案

Klor's 电器零售商案与孟山都案,虽前者为联合抵制后者为转售价格限制,唯两案均存在生产商拒绝交易行为,但前者法院认定生产商之间构成共谋且与销售商被告之间亦构成共谋,存在共同为拒绝交易之合意,而后者法院并未认定向生产商提出控诉之销售商之间构成共谋且垂直面向上亦不存在共同为拒绝交易之合意,而仅认定垂直面向上构成共同为转售价格限制之合意,但在案件当时纵向价格限制仍为当然违法,故在违法性判断层面对两种行为皆严苛对待。因第二编法院判决部分已较为详细分析了孟山都案,下面主要详述 Klor's 电器零售商案,并对两案进行比较。

(一)法院判决

原告为一个小型电器商场,被告为与其有竞争关系的规模更大的销售商,原告声称被告利用其垄断性的买方力量迫使相关市场上的十个主要电器生产商拒绝与其交易,或以存在差别待遇的条款与其交易。但被告并未就是否构成联合抵制提出抗辩,而是主要就是否存在限制竞争效果提出抗辩。地区法院驳回了原告的诉讼请求,认定系争行为仅为原被告销售商之间"单纯的私人纠纷",但最高法院撤销了地区法院判决,认定生产商与销售商被告之间存在共谋,实施联合拒绝交易行为,且销售商被告剥夺了生产商以相同价格与条件向原告出售产品之自由甚至有禁止生产商出售之情形,故该行为本质上具有"垄断性倾向",不能因受害人仅为一个规模较小且对经济几乎无影响的厂商就能

① See Andrew I. Gavil et al., *Antitrust Law in Perspective: Cases, Concepts and Problems in Competition Policy*, 2nd ed., St. Paul, Thomson/West, 2008, p. 767.

宽恕被告行为,《谢尔曼法》禁止所有以共谋手段“试图获取垄断”的垄断协议。①

(二)学者见解

有学者对 Klor’s 电器零售商案的判决提出质疑,认为上游生产商可能出于减少下游零售商搭便车行为的考虑而拒绝与原告进行交易,且其他生产商之决定并不影响单个生产商个人之决定,故存在独立行为之可能性。申言之,如果系争生产商希望他们的每个销售商都能提供充分的服务,而非采取搭大型销售商便车的方式以较低价格销售同样产品,则可能采取行动规范原告的搭便车行为,如此则单个生产商个人无论其他生产商是否采取同样行动都将从该行动中获益,此时每个生产商的决定为独立行为。② 此外,学者质疑是否存在能够得到与 1984 年孟山都案同样判决结果的可能。孟山都案发生于 Klor’s 电器零售商案之后,前者争点之一即为数个销售商向生产商被告控诉销售商原告降低价格,则该数个销售商控诉者与生产商被告之间是否构成垄断协议,且垄断协议之动机是为转售价格限制或是排除竞争者;后者与之不同者为销售商被告并未向生产商控诉销售商原告的低价行为,故学者质疑 Klor’s 电器零售商案如孟山都案一样存在控诉“价格”而不仅是服务上的搭便车问题,则法院是否会认定垂直面向上构成价格上的合意。③

笔者认为,争点似与前文讨论同时存在水平、垂直关系时的合意判定问题相似,首先,垂直面向上生产商拒绝交易之动机究为何,若为改善服务,则无论生产商与销售商是否构成纵向垄断协议合意,④水平面向上每个生产商之决定都应为独立行为,不构成横向垄断协议合意;若为限制价格,则即使判定生产商与销售商之间构成纵向垄断协议合意,亦无法以此推定水平面向上之生产商共同为横向垄断协议,此亦为孟山都案法院之疑虑,即无法证明提出控诉之销售商之间构成横向垄断协议;若为排除销售商原告,则如学者所质疑的,该销售商被告是否具有能迫使大型生产商拒绝与销售商原告交易之市场地位?⑤ 其次,

---

① Klor’s, 359 U. S. at 212 – 14.

② See Herbert Hovenkamp, *Antitrust*, 2d ed., St. Paul, West Publishing Co., 1993, p. 200.

③ Ibid.

④ 基于前文论述,本书认为因垂直面向上不存在生产商与销售商以改善服务为目的之相互依赖性,故不成立纵向垄断协议合意。

⑤ See Andrew I. Gavil et al., *Antitrust Law in Perspective: Cases, Concepts and Problems in Competition Policy*, 2d ed., St. Paul, Thomson/West, 2008, p. 770.

水平面向上生产商之间联合之动机究为何，若为限制价格，如前述无法由纵向垄断协议直接推得，尚需进一步证明；若为排除销售商原告，则只有当单个生产商采取此行动之利益取得依赖于其他生产商同样采取此行动，且其他生产商亦得从排除销售商原告之行动中获利，始得证明生产商之间存在共谋。然而 Klor's 电器零售商案模式之特殊之处在于联合抵制之发话人为一个下游厂商且市场力较小，受话人为一组上游厂商且市场力较大，虽法院认定所有参与者之间构成共谋，但有学者质疑，该案究应界定为关注销售商原告与销售商被告之间存在竞争关系之水平性质的行为，[①]或应界定为关注大型生产商与销售商被告之间存在垂直交易关系之垂直性质的行为不无疑问，如果生产商存在为解决服务上的“搭便车”问题而拒绝交易的行为则将该案界定为水平性质似有不妥。[②] 申言之，联合抵制行为本质上应为水平性质的行为，即以排除竞争者为目的。

综上所述，当发话人为单个厂商，且以排除发话人之竞争者为目的时，关注点似在于垂直面向上发话人是否具有能迫使交易相对人拒绝与该发话人竞争者进行交易之市场力。此时行为性质虽为水平性质之联合抵制行为，但水平面向上受话人之间是否存在垄断协议合意并非此模式联合抵制行为之成立要件，而垂直面向上发话人与受话人之间既可能构成存在一方（发话人）“强迫”之共谋，[③]亦可能构成存在一方“强迫”之单方限制行为（倘若发话人具有较大市场力，但不以是否存在“强迫”为判断系共谋或单方限制行为之标准）；而当垂直面向上不存在任何一方以排除竞争者为目的时，则可能存在如孟山都案之纵向价格限制，或纵向非价格限制（如以限制销售区域或独家购买为目的），或单方限制行为（单方拒绝交易行为），但此时不成立联合抵制行为。申言之，若垂直面向上存在任何一方以排除竞争者为目的，[④]则当垂直面向协议合意成立时水

---

① 此处水平性质的行为并非指横向垄断协议，而是指行为之性质以水平面向上排除具有竞争关系经营者之行为资为判断；垂直性质的行为是指以垂直面向上拒绝与具有垂直交易关系经营者的交易之行为资为判断。

② See Andrew I. Gavil et al., *Antitrust Law in Perspective*: *Cases*, *Concepts and Problems in Competition Policy*, 2d ed., St. Paul, Thomson/West, 2008, p. 770.

③ 比较欧盟法关于“联合排他性交易”的界定，发话人与受话人间之合意行为构成独家交易安排，如独家购买协议。

④ 发话人必须以限制竞争者为目的，但受话人可能具有共同目的（存在合意）或仅为非合意之强迫服从意思表示（单方限制）。

平面向上受话人之间是否存在合意并不影响联合抵制行为的成立,唯当发话人具有较大市场力时还可能成立发话人之单方限制行为(可参见后文表7“联合抵制行为认定之几种情形及其相关因素”之整理)。

二、美国与欧盟:维萨(Visa)案

有关Visa实施联合抵制行为的案例在美国与欧盟都曾由法院进行了审理与裁判,以下将详细讨论美、欧各自有关Visa案的法院判决。

(一)美国与Visa(United States v. Visa U. S. A. Inc.)案①

法院认定被告Visa实施排他性规则阻碍其银行成员发行竞争品牌的银行卡,违反《谢尔曼法》第1条。

第一,观察被告的运营模式及结构。该案被告Visa美国公司与另一品牌万事达卡(MasterCard)为美国银行卡产业中四个主要支付网络系统之两大品牌,另外两个品牌分别为运通卡(Amex)与发现卡(Discover)。Visa与MasterCard运营模式为合资形式,其网络系统成员由上万家银行机构组成。银行成员部分为发行银行(issuer),部分为收款银行(acquirer);前者负责向持卡人发行银行卡,承担连接支付网络与个别持卡人的服务内容,后者负责代厂商收取以卡结算的交易金额,承担连接支付网络与接受该网络内的银行卡支付服务的厂商的服务内容。此服务过程中会产生系统内部银行间多方交换费用(interchange fee),即发行银行与收款银行总共可从厂商处取得2%交易金额的费用。Visa与MasterCard还制定规则禁止其银行成员发行Amex与Discover品牌的银行卡。此规则被称为“排他性规则”,即任何发行Amex与Discover银行卡的银行将被强迫放弃发行Visa与MasterCard银行卡。

第二,本案相关市场可分为上游支付网络服务市场与下游银行卡市场,在系争上游市场,四个主要品牌中Amex市场份额最大,Discover市场份额最小,而Visa与MasterCard居于两者之间,它们相互之间存在建立品牌忠诚度的竞争;在系争下游市场,有接近2万家银行机构参与竞争且不存在具支配地位的银行。在支付网络服务市场上,卖方为4个品牌所建立的网络服务,而买方则为发行银行与接受服务的厂商。

第三,下游银行及厂商对上游存在一定程度之依赖性,以及其与上游之交

---

① 344 F. 3d 229 (2d Cir. 2003).

易关系的存续对其存在有利性。法院发现：[①]（1）支付网络服务市场上的进入成本过高以至于银行与厂商无法依靠自身提供该项服务；（2）发行银行卡或接受该网络内的银行卡支付服务具有极大之有利性，相较而言，在网络服务费用上之获利或损失[②]可忽略不计，故即使网络服务费用有大幅度增加亦不会导致下游放弃发行或接受该特定品牌之银行卡，此亦称为存在"消费者偏好"。

第四，法院亦对被告之市场力进行了详细分析。最高法院指出，具有市场力体现为"控制价格之力量或排除竞争之力量"，前者具体体现为下游厂商即使面对服务费用的增加亦无法拒绝接受被告之银行卡支付服务，后者具体体现为被告所制定之排他性规则；综上所述，Visa 与 MasterCard 在支付网络服务市场具有市场力，其行为有效阻碍了竞争者能够与下游银行建立支付服务交易关系的渠道。[③] 如前文所述，美国法下联合抵制案例中对于市场力因素之考量已发展至将对于排他能力之考量作为市场力之具体内容，非单纯考量市场份额之"量"的因素，而亦包含"质"之评价。

第五，对于被告所提抗辩理由，即将其行为与一般独家交易安排相比认为其行为尚未完全排除其竞争者与下游建立交易关系之渠道从而未对竞争造成损害，法院予以否决，并指出被告 Visa 与 MasterCard 并非单个经营者而是由竞争者组成的团体（consortiums of competitors），团体内竞争者为分享发行被告银行卡所能取得之利益从而一致同意遵从限制性排他条款，即放弃发行被告竞争者品牌之银行卡，故该限制性条款应为水平性的限制行为，违反《谢尔曼法》第1条。[④] 法院还指出，被告行为损害的是竞争者，但并不表示其行为对竞争未造成损害。[⑤]

---

① See Andrew I. Gavil et al., *Antitrust Law in Perspective*: *Cases*, *Concepts and Problems in Competition Policy*, 2d ed., St. Paul, Thomson/West, 2008, p. 781.

② 对于下游银行而言，网络服务费用为其所获利益；对于下游厂商而言，网络服务费用为其所受损失或所支付成本。申言之，下游厂商维持交易关系所获之利益大于不利益。

③ See Andrew I. Gavil et al., *Antitrust Law in Perspective*: *Cases*, *Concepts and Problems in Competition Policy*, 2d ed., St. Paul, Thomson/West, 2008, p. 782.

④ Ibid., p. 784.

⑤ Ibid.

(二)Visa Europe and Visa International Service Association v. Commission (2011)①

在欧盟,Visa 于 2008 年同样受到欧盟委员会的处分,并且该处分决定于 2011 年为欧盟普通法院所肯认。该案在前文关于联合抵制行为部分已有所提及,其与欧盟法院通常将联合排他性交易性质的联合抵制行为认定为目的型限制行为的做法较为不同,该案特殊之处包括受联合抵制人实际上为隐含存在的市场主体,委员会认为由于受联合抵制之 Visa 的竞争者 Discover 并未在欧盟市场上发行其产品,故并未将系争行为作为目的型联合排他性交易论处,而是认定其具有限制竞争的可感觉效果,且得到欧盟普通法院的肯认。以下就案件争点②及学者见解进行阐述。

案件之基本事实为:被处分人 Visa 国际服务(Visa International Service,以下称 Visa 国际)为一家注册于美国的公司,且由其成员即数个银行机构所有。该公司负责管理与协调 Visa 在国际上的支付卡网络,具体负责内容包括制定网络运营规则以及向其成员提供授权与清算服务,而其银行机构成员则承担发行 Visa 银行卡与同接受 Visa 的厂商签订协议的责任。受联合抵制人摩根士丹利(Morgan Stanley)为一家注册于美国的银行机构(以下简称摩根),其一直使用 Visa 之竞争者 Discover 的支付卡网络,该网络运营 Discover 银行卡。摩根于 1999 年在英国设立子公司,于 2000 年 3 月被告知不符合成为 Visa 在欧盟地区成员的资格要求,而后于同年 4 月向委员会提出控诉,声称 Visa 国际拒绝摩根成为其在欧盟地区的成员,违反《欧盟竞争法》第 81 条与第 82 条(新法第 101 条与 102 条,以下按原文表述)。委员会于 2004 年 8 月发布一项声明,认为 Visa 国际与 Visa 欧洲所实施的排他规则违反第 81 条,同年 12 月 Visa 表示同意遵守委员会的决定。此后 2006 年 Visa 与摩根达成协议接受其成为 Visa 成员,摩根因此撤销了对 Visa 的控诉,然而委员会仍维持对 Visa 的处分决定。该案主要争点有以下三点。

1. 委员会认为案件所涉及之相关产品市场为支付卡网络市场,而该市场又可划分为 3 个子市场:(1)由支付卡网络向银行机构提供服务的市场,在该市场上不同品牌的支付卡方案之间存在竞争;(2)由银行向银行卡持有者提供发行

---

① Case T-461/07, Visa Europe v. Commision [2011] ECR Ⅱ-1729.

② Judgment of the General Court (14 April 2011), available at http://curia.europa.eu/juris/document/document.jsf? docid=80548&doclang=EN.

银行卡服务的市场;(3)由银行向厂商提供收款服务的市场。委员会还指出,第一个市场为上游市场,后两个市场为下游市场,即发行市场(issuing market)与收款市场(acquiring market),且委员会认为 Visa 的排他规则在两个下游市场均具有限制竞争效果,然其主要关注收款市场上的限制竞争疑虑,因在该市场上的限制效果最具有可感觉的效果,故委员会最终将案件之相关产品市场界定为向厂商提供收款服务的收款市场。

2. 委员会认为案件具有限制竞争疑虑之行为并非排他规则本身,而是将该规则适用于摩根。

3. 关于第 81 条之适用,首先,委员会将系争行为定性为经营者间之垄断协议或行业协会之决定,其中 Visa 与 Visa 之银行机构成员皆参与经济活动故而认定为经营者,构成经营者间之联合,而同时 Visa 也可作为团体组织构成行业协会。其次,Visa 拒绝接纳摩根的行为阻碍了一个潜在竞争者进入一个市场集中度很高的市场,尽管从竞争状况来看并非不存在效率,但未来的竞争发展有限。此拒绝行为不仅是拒绝摩根与 Visa 之间的收款交易,更主要的是由于该收款交易服务同时也适用于另一支付卡网络 MasterCard 的银行卡,因此实际上是阻碍摩根进入整个收款市场(Visa 与 MasterCard 之市场份额总和相当高)。[①] 委员会还发现 Visa 成员存在同时使用竞争品牌支付卡系统的情形,系争排他规则并未适用于所有成员。最后,委员会认定案件不适用第 81 条第 3 项(豁免条款)。

综上所述,法院肯认委员会从限制竞争效果上分析系争联合抵制行为而并非直接将其定性为目的型限制行为;对于适用垄断协议规范,虽并未如美国 Visa 案直接认定为不同经营者之垄断协议,但亦肯认 Visa(Visa 国际与 Visa 欧洲)与其银行机构成员为不同经营者,但并未如美国 Visa 案将 Visa 作为以合资形式为联合之态样来讨论,而是认定其同时具有行业协会之性质;对于阻碍摩根进入市场的行为,通过系争收款市场之市场集中度分析实则是对市场力因素之考量,但与美国 Visa 案不同之处在于,摩根所使用之 Discover 品牌并未在欧盟市场上发行,故分析中未能明确指出受联合抵制人实为该 Discover 品牌而仅以"一个潜在竞争者"论,故该案实际已超出品牌内竞争之范畴而为品牌间竞争问题,也因此与前文提及之 2002 年委员会调查 Visa 可能存在固定银行间多方

① 委员会调查发现下游厂商所希望获得的支付卡服务是在英国最为广泛被持有的银行卡品牌,即 Visa 与 MasterCard。

交换费用(以下简称 MIF 费用)的案件存在不同,该 2002 年案件最终并未认定 Visa 违反第 81 条。本书认为,此或因 MIF 费用问题仅为接受 Visa 服务的银行成员之间,即品牌内的竞争问题,尚未涉及品牌间竞争问题。有学者就该案被排除之竞争厂商并未实际进入欧洲市场之事实,认为潜在竞争者以及潜在竞争的存在亦是须关注之问题,该案之被排除经营者是否得以足够之速度进入市场以对已有竞争者形成竞争约束,是需考量之因素。但学者亦指出,对于潜在竞争之评价须存在现实根据(realistic grounds),而非仅有理论上之可能性。①

另外,本书对此稍有疑虑的是本案虽认定合意主体具有联合排除第三方竞争者之行为,故应为水平性质之行为,然该垄断协议中实际上同时存在水平与垂直之关系,但委员会与法院并未对此做进一步区分。本书思考,是否当具有排除第三方竞争者行为,且水平竞争者(Visa 上游网络服务规则制定之银行成员)间存在协议合意时,作为上游服务提供商的 Visa,与其下游成员间再行认定其具体构成联合或单方限制行为(若 Visa 构成垄断)则并无必要(存在纵向垄断协议或滥用支配地位之两者情形),而直接一并以垄断协议论处即可。

(三)小结

联合抵制行为之发话人与受话人之关系、与行为目的之关系、水平面向与垂直面向之合意关系、行为性质判定及市场力因素之作用等方面,似可总结如下(见表 7)。

表 7 联合抵制行为认定之几种情形及其相关因素

<table>
<tr><th>情形</th><th>发话人</th><th>受话人/相对人</th><th>发话人目的(是否为排除竞争者)</th><th>水平面向是否存在合意</th><th>垂直面向是否存在合意</th><th>行为性质</th><th>是否为联合抵制</th><th>是否考量市场力因素[1]</th></tr>
<tr><td rowspan="2">情形一</td><td rowspan="2">单个</td><td rowspan="2">一组</td><td rowspan="2">是</td><td rowspan="2">无关</td><td>垄断协议</td><td rowspan="2">水平</td><td rowspan="2">是</td><td rowspan="2">是[2]</td></tr>
<tr><td>单方限制</td></tr>
<tr><td rowspan="2">情形二</td><td rowspan="2">单个</td><td rowspan="2">一组</td><td rowspan="2">否</td><td rowspan="2">无关</td><td>垄断协议[3]</td><td rowspan="2">垂直</td><td rowspan="2">否</td><td rowspan="2">是</td></tr>
<tr><td>单方限制[4]</td></tr>
</table>

① See Richard Whish & David Bailey, *Competition Law*, 8th ed., Oxford University Press, 2015, p. 624 – 625.

续表

情形	发话人	受话人/相对人	发话人目的(是否为排除竞争者)	水平面向是否存在合意	垂直面向是否存在合意	行为性质	是否为联合抵制	是否考量市场力因素
情形三	一组	单个/一组	是	联合[5]	垄断协议 单方限制	水平	是	是[6]
情形四	一组	单个/一组	否(为固定价格)	联合[7]	无关	水平	特殊(价格卡特尔)	否

[1]考量市场力因素主要为效果判断层面之问题。
[2]无论是垄断协议还是单方限制行为皆存在强迫。
[3]垄断协议态样如转售价格限制协议、一般独家买卖协议。
[4]单方限制行为态样,如滥用支配地位之拒绝交易行为。
[5]此为发话人之间存在的垄断协议合意,且共同以排除竞争者为目的。
[6]垄断协议可能不存在强迫,如欧盟案例荷兰沥青(Dutch bitumen)案。
[7]此为发话人之间存在的垄断协议合意,且共同以固定价格为目的。

首先,关于联合抵制之联合性与排他性,从发话人目的角度,存在以促进卡特尔形成为目的或阻碍新进业者、排除竞争者为目的两种情形,前者认其具有联合性而后者具有排他性;从限制竞争效果角度,以排除第三方竞争者为目的之联合抵制行为本质上具有排他效果,但不妨碍其可能同时存在联合效果。申言之,系争限制行为不仅对特定竞争者产生影响,更对整个相关市场之竞争产生影响。对于可能以联合抵制行为外观为"纯粹固定价格"之协议(见表7中的情形四),美国法院将其定性为价格卡特尔,且违法性判断不需考量市场力因素。对于一般联合抵制行为,则须考量市场力因素。

其次,就一般联合抵制行为而言(见表7中的情形一与情形三),当发话人为单个厂商,且以排除发话人之竞争者为目的时,关注点似在于垂直面向上发话人是否具有能迫使交易相对人拒绝与该发话人竞争者进行交易之市场力,此时行为性质虽为水平性质之联合抵制行为(以水平面向上排除具有竞争关系经营者之行为进行判断),唯水平面向上受话人之间是否存在垄断协议合意并非此模式联合抵制行为之成立要件,而垂直面向上发话人与受话人之间既可能构成存在一方(发话人)“强迫”之共谋,亦可能构成存在一方“强迫”之单方限制行为(倘若发话人具有较大市场力,但不以是否存在“强迫”为判断系共谋还是单方限制行为之标准);而当垂直面向上不存在任何一方以排除竞争者为目的时,则可能存在如孟山都案之纵向价格限制,或纵向非价格限制(如以限制销售区域或独家购买为目的),或单方限制行为(单方拒绝交易行为),但此时不成立联合抵制行为(见表7中的情形二)。申言之,若垂直面向上存在任何一方以排除竞争者为目的,则当垂直面向协议合意成立时水平面向上受话人之间是否存在合意并不影响联合抵制行为的成立,但当发话人具有较大市场力时还可能成立发话人之单方限制行为。

第二章　价格歧视与纵向垄断协议

美国法下，价格歧视问题具体规定于《鲁宾逊 - 帕特曼法案》（Robinson-Patman Act），即《克莱顿法》第 2 条，规范对象为卖方“对购买相同级别与质量产品的不同购买者实施价格歧视，且该歧视行为之效果实质上对竞争造成减损或者试图取得垄断”。该法案之规范内容包含两个阶段的价格歧视行为——一级价格歧视（Primary-line）与二级价格歧视（Secondary-line）。[①] 该法案所规范之价格歧视行为与其他反托拉斯规范共同构成美国反托拉斯法体系，其中，其与《谢尔曼法》之相关规范存在一定关联性，尤以二级价格歧视与垄断协议规范密切相关，甚至以往曾存在难以相融合之处，并且在实务发展过程中，对于价格歧视行为之规范有逐渐放宽之趋势，以促进不同反托拉斯规范之间的相互融合，且价格歧视行为还常与其他限制行为，如纵向地域限制行为，同时出现于同一起案件中。美国竞争执法机构于 2000 年处罚的味可美（McCormick）案因存在一级价格歧视与二级价格歧视并存之问题而引起较大关注，其对

① 1993 年 Brooke 案中，法院指出存在三类可能对竞争造成损害从而受到《鲁宾逊 - 帕特曼法案》规范的行为：一级价格歧视、二级价格歧视，以及三级价格歧视（Tertiary-line），该三级价格歧视系指在购买者的客户阶段对竞争造成损害。本书主要讨论前两个阶段的价格歧视行为。See Brooke Group Ltd. v. Brown & Williamson Tobacco Corp., 509 U.S. 209 (1993).

于纵向垄断协议合意之判定有何影响似有探究余地。

第一节　一级价格歧视与二级价格歧视

价格歧视行为曾被视为托拉斯厂商用于拘束与消除竞争者的重要工具,通常是通过有选择地降低价格至掠夺性或低于成本之程度,从而阻碍潜在竞争者进入市场或将已有竞争者排除出市场,此类价格歧视行为亦被定义为“一级价格歧视”,其限制竞争效果产生于与实施歧视行为的卖方存在竞争关系的同一产销阶段,即上游生产商阶段;然价格歧视行为亦可能存在于具有共同上游的两个相互竞争的购买者的竞争关系中,即其中一个购买者可能向上游寻求到更为有利之待遇,例如更优惠的价格、更优越的销售条件或补贴,而另一购买者则无法获得此类待遇,此即为“二级价格歧视”,该行为效果存在于下游销售商阶段。① 易言之,一级价格歧视行为主要涉及上游厂商的掠夺性定价问题,而二级价格歧视行为主要涉及下游厂商间之竞争行为,且同时涉及其与共同上游厂商间之垂直交易行为,故后文将主要针对二级价格歧视行为进行讨论。以下先对美国法下之《鲁宾逊－帕特曼法案》(以下简称法案)就价格歧视行为构成要件的规定进行阐述。②

(一)商业活动要件

法案要求卖方必须“参与”州际之商业活动,即系争销售行为中至少存在一个行为为跨州销售的行为。此与《谢尔曼法》不同,后者适用于所有“影响”商业活动之交易行为,而法案仅以参与商业活动为要件。

(二)产品销售要件

法案仅适用于销售行为而不适用于租赁或销售的要约行为,且仅适用于产品的销售行为而不适用于服务的销售行为。因一般认为大多数服务不可能存在套利行为,如消费者以 100 美元购买牙医的补牙服务,则该消费者不可能再以 125 美元向其他消费者转让该项服务,以此实现套利。

(三)相同级别与质量要件

法案所规范之以不同价格为不同销售行为必须是针对具有相同级别与质

---

① See Andrew I. Gavil et al., *Antitrust Law in Perspective*: *Cases*, *Concepts and Problems in Competition Policy*, 2nd ed., St. Paul, Thomson/West, 2008, p. 873.

② See Herbert Hovenkamp, *Antitrust*, 2nd ed., St. Paul, West Publishing Co., 1993, p. 262 – 263.

量的产品。但是法院亦指出,倘若仅为对产品所推行的广告宣传方式或命名方式不同,则仍符合相同级别与质量要件。

(四)竞争损害要件

在二级价格歧视行为案件中,常涉及系争歧视行为是否对竞争造成损害的判定问题。法理上之判定原理为被歧视之购买者(被迫支付更高价格之购买者)因无法与支付更低价格的购买者进行竞争而受到损害。申言之,倘若要证明个人购买者受到竞争上的损害,则该购买者必须证明其与未受歧视之购买者存在竞争关系。

第二节　二级价格歧视之合意构成要件

美国法与欧盟法下,其对于价格歧视行为的认定有所不同。美国法下,一级价格歧视主要被评价为单方行为类型,具体而言,为掠夺性行为,类似于滥用支配地位之“掠夺性定价行为”,而二级价格歧视则被视为是排他性纵向协议的一种特别类型。[①] 而欧盟法下,价格歧视行为主要适用《欧盟竞争法》第 102 条进行规范,即对于垄断经营者所为之价格歧视行为更为关注。故以下先对讨论美国法下可能构成排他性纵向协议的二级价格歧视行为的合意构成要件,而后对欧盟法相关部分的不同之处进行讨论。

一、抗辩理由对协议合意认定之影响

(一)美国法背景

价格歧视行为中,与一般垄断协议存在联系并影响合意认定之抗辩理由大致有以下三点(价格歧视之抗辩理由并未穷尽)。

1. 应对竞争之善意抗辩(Good Faith Meeting Competition)

该抗辩理由系指倘若卖方能够证明其(有选择的)低价行为是为了能够与其竞争者的(更低)价格相竞争所为之善意的努力,则卖方之价格歧视行为可能不具违法性。但法院曾一度要求:卖方仅听信买方所述之“可从他处(竞争生产商)以更低价格购得相同产品”不足以证明存在善意,故此要求实际上使卖方必须与该售价更低之竞争者至少通过电话联络,以确认其是否提出更低价格,而

---

① See Andrew I. Gavil et al., *Antitrust Law in Perspective: Cases, Concepts and Problems in Competition Policy*, 2nd ed., St. Paul, Thomson/West, 2008, p. 875.

此联络方式存在潜在的竞争者之间价格信息交换的性质,故而存在违反《谢尔曼法》第1条之疑虑。[①] 如是观之,法案与《谢尔曼法》存在一定程度上不相融合的问题,即倘若卖方为避免违反法案而采取该联络方式则很可能违反《谢尔曼法》。这一要求直至1978年石膏粉(Gypsum)案[②]法院判决才将其变更为:只要卖方善意地相信存在与自己相竞争的竞争者提出更低价格即可提出该抗辩。申言之,如果买方所述具有可信度,则相信买方所述之可从他处以更低价格购得相同产品即足以证明存在善意。由此可见,反言之,横向垄断协议合意的成立亦不会因卖方提出为避免实施价格歧视的理由而受到影响,因为直接联络的方式已非价格歧视抗辩成立的要件。因此价格歧视行为认定与横向垄断协议合意认定现在能够很好地融合。

另外,二级价格歧视行为常与生产商的纵向地域限制行为相结合。纵向地域限制最大限度地减少了不同地域上的销售商之间的接触,纵向地域限制可能成为促进实施价格歧视的有效机制。[③] 申言之,因存在价格差异而可能产生的销售商之间的套利行为将因为实施纵向地域限制而得到抑制。那么实施纵向地域限制是否会使生产商被认定为实施价格歧视呢?当一个案件中同时存在两种行为时,最高法院认为卖方可以通过证明在不同地域应对该地域内竞争者的降价行为(导致不同销售商购买价格不同)仍可满足善意抗辩的条件。[④] 由此可见,仅以纵向地域限制行为所导致的不同地域间的差别待遇情形不足以证明成立价格歧视,此亦为实施纵向地域限制提供了法律空间。

2. 二级价格歧视之竞争损害抗辩

上游生产商常以折扣或补贴的形式给予下游销售商优惠,传统观点认为,此类补贴必须以“成比例的平等的条件”提供给所有下游厂商。[⑤] 然而,此后法院判决发展为肯认卖方在有必要应对竞争者的低价行为时可以采取选择性的

---

① See Herbert Hovenkamp, *Antitrust*, 2d ed., St. Paul, West Publishing Co., 1993, p.265.

② United Sates v. United States Gypsum Co., 438 U.S. 422 (1978).

③ See Herbert Hovenkamp, *Antitrust*, 2d ed., St. Paul, West Publishing Co., 1993, p.188.

④ Ibid., p.265.

⑤ FTC v. Henry Broch & Co., 363 U.S. 166 (1960). See also Herbert Hovenkamp, *Antitrust*, 2d ed., St. Paul, West Publishing Co., 1993, p.264.

降价，[①]并可以提出上述“善意抗辩”，同时该选择性降价行为虽可能对不同下游厂商造成差别待遇，但法院认为该行为不必然对竞争造成损害。在2006年沃尔沃卡车（Volvo Trucks）案[②]中，最高法院认定被告沃尔沃的选择性价格折扣行为（selective price discounting）具有合理性，其有助于不同品牌供货商之间进行竞争，法院指出，通过否决法案对于此类案件的适用，使对法案的解释能够与其他反托拉斯法律之促进竞争政策保持一致性。[③] 法院判决体现了其对于品牌间限制竞争疑虑的关注大于品牌内，此与一般纵向限制行为的判断标准一致。法院指出，一个纵向限制行为对市场的影响如生产商销售系统的改变，可能减少品牌内之竞争而同时促进品牌间之竞争，故该案对于法案之解释将避免过分保护已有竞争者而忽略品牌间竞争对整个市场竞争的促进作用。[④] 故有学者认为，沃尔沃卡车案判决意义在于表明大多数法院愿意适当减弱法案的原始内涵及历史沿革而对其做限缩解释，以消除其潜在的反竞争性的法律适用问题。由此可见，在二级价格歧视的认定中对于是否对竞争造成损害的要件已逐渐与其他反托拉斯法律有关垄断协议认定的标准趋于一致。此虽为效果判断层面之问题，但仍对不同反托拉斯规范间有关垄断协议合意认定的相互融合提供了有利土壤。

3. 具有市场力买方之二级价格歧视抗辩

上述两个抗辩理由主要为卖方提出，而法案对于具有市场力的大型下游厂商的行为亦进行了规范，提出买方“倘若有意地诱导或接受法案所禁止之价格歧视行为”则被认定为违反法案。[⑤] 但此后法院减弱了该条款之作用，指出唯有当卖方亦违反法案时始得认定买方违反法案。申言之，倘若卖方能够提出善

---

① Falls City Indus., Inc. v. Vanco Beverage, Inc., 460 U.S. 428 (1983). See also Andrew I. Gavil et al., *Antitrust Law in Perspective: Cases, Concepts and Problems in Competition Policy*, 2nd ed., St. Paul, Thomson/West, 2008, p. 874.

② Volvo Trucks North America, Inc. v. Reeder-Simco GMC, Inc., 546 U.S. 164 (2006).

③ Ibid., p. 180 - 181.

④ See Andrew I. Gavil et al., *Antitrust Law in Perspective: Cases, Concepts and Problems in Competition Policy*, 2d ed., St. Paul, Thomson/West, 2008, p. 883.

⑤ Herbert Hovenkamp, *Antitrust*, 2nd ed., St. Paul, West Publishing Co., 1993, p. 264. 该条款订立之背景为大型连锁超市的迅速增加而导致对小型零售商店的影响，主要适用于因具有市场力买方之二级价格歧视行为所造成的竞争损害。See Andrew I. Gavil et al., *Antitrust Law in Perspective: Cases, Concepts and Problems in Competition Policy*, 2d ed., St. Paul, Thomson/West, 2008, p. 873.

意抗辩，则卖方未违反法案，并且买方亦未违反，更甚者，即使买方欺骗卖方而只要卖方善意相信即成立买方之抗辩。[①] 本书认为，其中之法理与上述第二个抗辩理由对品牌间之竞争影响更为重视相一致。

（二）欧盟法背景

欧盟竞争法第 102 条（c）款规定：与其他交易相对人就同等交易适用不同交易条件，从而将该相对人置于竞争上之不利益处境，可能构成滥用行为。此处使"相对人置于竞争上之不利益处境"系指二级价格歧视，即相对人所处之销售市场存在二级价格歧视之竞争损害（secondary line injury），但法条之适用实际存在疑问，例如"同等交易"系指对相同事物实施不同价格等差别待遇行为，然交易之构成要件以及认定是否为"同等"，皆较为困难。例如，工作日高峰时段的列车票价是否等同于同样行程下周日早上的票价？[②] 法院及委员会有时并未经过大量分析即推得交易为同等交易，且根据以往判例，即使下游厂商并未受到竞争上之不利益亦可能认定上游厂商之歧视性定价行为构成滥用，此或许与欧盟竞争法律更为关注折扣的排他性能力（exclusionary capacity）有关。[③]

对不同地域上的价格歧视行为之限制竞争疑虑，盖涉及市场整合之问题，故主要为欧盟竞争法体系而非成员国内国法所讨论之问题。倘若存在套利行为或平行交易行为，则价格间的差异问题理论上应会得到抑制，但若存在垄断经营者支持该差别价格的实施则将可能构成滥用而违反第 102 条。[④] 本书由此思考，若上游非垄断经营者，是否会基于对品牌间竞争无甚损害之考量，而肯认将价格调整至有利于竞争之较低水平的行为存在经济上之有效率性？若如此，则似与美国法下之善意抗辩及竞争损害抗辩在法理上相同，唯欧盟法之考量似乎还较关注市场整合问题。就法条所规定之"竞争上之不利益"，欧洲法院对于不同成员国之销售商即使不存在竞争关系之情形亦仍适用该条款，委员会在其中一件此类案例中指出，跨地域销售的销售商向生产商支付较低产品价格的同时还必须多支付一笔跨境邮寄的费用（使其成本增加），因此不存在使支付较高产品价格的销售商遭受竞争上之不利益，但上游厂商为垄断经营者，故相对人

---

① See Herbert Hovenkamp, *Antitrust*, 2d ed., St. Paul, West Publishing Co., 1993, p. 264.

② See Alison Jones & Brenda Sufrin, *EU Competition Law: Text, Cases and Materials*, 4th ed., Oxford University Press, 2011, p. 538.

③ Ibid. 关于折扣问题可参见前文"抵制行为中的市场力因素"及"垄断协议之利益关系"相关部分。

④ Ibid., p. 541.

无其他选择可能,[①]因而仍可以适用上开条款。有学者认为,此类案例中通常存在成员国之间的交易行为,甚至存在划分共同市场之疑虑,在此背景下,欧盟竞争法将不会肯认此类歧视性行为之合法性。[②]

二、一级价格歧视与二级价格歧视并存:味可美(McCormick)案

美国法背景下,对于法案之解释,尤其是涉及二级价格歧视问题,法院越来越倾向于较为限缩地解释以避免妨碍竞争,在实际执法中美国FTC也已较少对此类案件予以处分,案件数量自20世纪70年代初期开始减少,至80年代10年间仅有5起调查,而其中1982~1989年仅有一起案件,90年代则没有任何案件,直至2000年的味可美案,[③]故该案引起了较大关注。[④] 委员会内部亦产生了意见分歧,多数意见认为被处分人味可美作为大型调味品生产商以更优惠价格向特定食品连锁商店出售产品,违反法案,且认为同时存在一级价格歧视之竞争损害与二级价格歧视的竞争损害,即不仅在生产阶段存在限制竞争效果,在销售阶段亦存在对竞争的损害,而少数意见则认为本案不存在二级价格歧视的竞争损害。以下就案件事实及各方观点进行具体阐述。

(一)事实概要及争点

被处分人味可美为调味品产品市场的垄断者,以总量折扣方式向其部分超市客户出售产品,具体折扣方式包括相当于货位津贴的上架费(up-front cash payments)、免费商品、发票折扣、现金折扣与绩效基金。味可美要求其超市客户将90%的调味品货位分配给味可美。本案之争点主要在于如何认定大型生产商选择性地向大型销售商提供折扣的行为是否存在二级价格歧视的竞争损害(以下简称二级损害)。[⑤]

---

① Deutsche Post-Interception of Cross-Border Mail, OJ [2002] L 331/40, [2002] 4 CMLR 598.

② See Alison Jones & Brenda Sufrin, *EU Competition Law: Text, Cases and Materials*, 4th ed., Oxford University Press, 2011, p. 545.

③ In the Matter of McCormick & Co., Inc., No. C-3939, 2000 WL 521741 (F. T. C. Apr. 27, 2000).

④ See Andrew I. Gavil et al., *Antitrust Law in Perspective: Cases, Concepts and Problems in Competition Policy*, 2nd ed., St. Paul, Thomson/West, 2008, p. 884-885.

⑤ 本案涉及对1948年美国联邦贸易委员会(FTC)诉莫顿食盐(Morton Salt)案推论(Morton Salt Inference)的解释,该案中法院肯认大型生产商向具有市场力的大型销售商提供折扣的方式存在二级价格歧视的竞争损害。See FTC v. Morton Salt Co., 334 U. S. 37 (1948).

(二)多数意见与少数意见

多数意见认为本案同时存在一级价格歧视的竞争损害(以下简称一级损害)与二级价格歧视的竞争损害(以下简称二级损害),且二级损害的认定应主要考量卖方之市场力因素,对于由买方力量所导致之二级损害因卖方亦具市场力及其同时实施之排他行为,从而使损害效果得到增强;申言之,是否存在二级损害不仅需考虑买方力量,还需考虑:(1)卖方力量,以及(2)卖方所提供之折扣以买卖双方就大部分货位提供给卖方达成合意为条件。① 少数意见则认为本案仅存在一级损害,即味可美的行为实际上构成对其调味品生产商竞争者的威胁,而本案获得折扣的销售商并不比其他销售商规模更大(市场份额更高),亦未从味可美处购买更多产品,故少数意见认为从系争销售商未购买更多数量的相关产品来看,味可美并非因为系争销售商的买方力量而提供低价,而McCormick的低价行为是因碰巧其与竞争者之间存在竞争,但不能以此证明McCormick的价格歧视行为损害了未获得折扣的销售商与系争销售商进行竞争的能力。② 要言之,少数意见以买方力量为评价二级损害之主要标准。然而多数意见指出,一级价格歧视与二级价格歧视在限制竞争效果上的区分过于严苛与机械化,尤其在本案事实背景下;不仅是因为味可美的行为损害其竞争者(同一产销阶段)从而产生二级损害,还因为系争销售商从垄断生产商处获得大量折扣(非因销售商已有之买方力量),才最终导致二级损害,而且随着味可美竞争者竞争力的减弱,销售阶段的系争销售商的竞争者也将无法从未来的竞争中获利。③

有学者认为,两者共同之处在于皆认为无法径依大型生产商选择性地向大型销售商提供折扣的行为即推定存在二级损害,而必须有其他附加条件;多数意见的观点在于由于卖方具有市场力因而更有可能导致二级损害,而少数意见的观点在于倘若缺乏买方具有市场力的证据则无法证明存在二级损害。④

笔者认为,可以试从两个层面思考上述意见之分歧,从竞争损害之层面,即进行效果判断时,存在品牌内竞争与品牌间竞争相互关系的问题,虽一般认为

---

① See Andrew I. Gavil et al., *Antitrust Law in Perspective: Cases, Concepts and Problems in Competition Policy*, 2nd ed., St. Paul, Thomson/West, 2008, p. 885.

② Ibid., p. 885 - 886.

③ Ibid.

④ Ibid., p. 886 - 887.

品牌间之限制竞争疑虑较品牌内更应受到重视,但法理上亦肯认若品牌内存在限制竞争疑虑亦可能对品牌间之竞争产生影响。反言之,品牌间之限制竞争疑虑是否亦会对品牌内之竞争产生反作用用呢?正如本案多数意见所提及之“随着味可美竞争者竞争力的减弱,销售阶段的系争销售商的竞争者也将无法从未来的竞争中获利”,此似为对销售阶段潜在的限制竞争效果的判断,而少数意见则主要着眼于现实存在的限制竞争效果。另外,在纵向垄断协议合意之层面,多数意见提及“卖方所提供之折扣以买卖双方就大部分货位提供给卖方达成合意为条件”,并强调“系争销售商从垄断生产商处获得大量折扣”(能够获此折扣利益,与销售商自身之市场力不无关系),似隐含味可美的低价行为并非单方决定,而应为基于互利之合意行为,且此合意行为之限制竞争效果当双方皆具市场力时会得到增强,至此,二级价格歧视行为与一般排他性纵向协议在法理上似可更好地相互融合。

第三章　纵向垄断协议与单方限制

无论是美国法还是欧盟法，竞争法中限制竞争规范部分之规范对象主要为垄断协议、滥用支配地位行为与结合，其中垄断协议包括横向垄断协议与纵向垄断协议，但对于非垄断协议则可能存在如何定性的问题，在欧盟法背景下，如第二编所提及，对于第101条规定之协议、决定与协同行为，区分之关键在于区分合法之独立行为与非法之共谋行为，故对于法条之解释较为宽松；但在实际案例中，可能存在垄断协议与单方限制行为区分难的问题，因此不仅垄断协议与独立行为之间的界限需要确立，而且垄断协议与单方限制行为之间的界限亦需确立，问题之症结似在于首先须厘清“联合”之定义，此亦为本书探究之目的。美国法背景下，关于垄断协议与单方限制行为之区分，尤其是纵向垄断协议与单方限制行为如何区分，甚至是否存在区分实益，皆有争议，在第二编关于“合意内涵之学说见解”部分即有关于学说上之探讨，本编将进一步通过案例分析来寻求一些解决思路。

第一节　纵向垄断协议为拒绝交易：转售价格限制与单方限制

一、美国法下两者之比较

美国法下，联合拒绝交易之行为态样还包括非竞争者之间的联合拒绝交易行为，即纵向垄断协议为拒绝交易，但法院通常对此类行为适用合理原则，因为法院认为其导致固定价格之可能性较低。[①] 但此类行为曾有例外，即1984年孟山都（Monsanto）案法院认定上下游之间联合为转售价格限制，且适用当然违法规则，虽本案就纵向垄断协议之目的仍定性为纵向价格限制，并不以联合为拒绝交易论处，但该案仍作为纵向垄断协议拒绝交易的一种特殊情形，[②]这与该案不单纯为拒绝交易而同时涉及转售价格限制有关。虽丽锦（Leegin）案之后，纵向价格限制亦适用合理原则，但对此类行为态样中如何判定是否存在合意仍有探究余地，故本书主要具体讨论1984年孟山都案（涉及转售价格限制）与1980年柯达（Eastman Kodak）案（不涉及转售价格限制）。[③] 因第二编第二章美国法院判决部分已对孟山都案进行阐述，以下主要阐述柯达案。

（一）法院判决

该案实施拒绝交易的行为人柯达与通用电气（General Electric）非竞争者关系，双方就开发一款相机与闪光附件达成合意，但同时亦同意不会向任何他人提前透露其研究内容。故拒绝交易之合意内容实际为拒绝提前透露技术数据，该拒绝交易行为之结果是原告伯基照片公司（Berkey Photo）既无法迅速进入相机市场，又无法迅速进入闪光附件市场。然而在审查被告行为合法性时，法院发现被告柯达在相关相机市场为垄断者，故法院认定系争拒绝交易安排为一个垄断者为维持其市场支配地位所为之行为，适用《谢尔曼法》第2条。

（二）学者见解

有学者认为，此种情形下，拒绝交易行为之性质应当被认定为非法滥用支配地位行为，或是受《谢尔曼法》第2条规范之（以共谋手段）试图垄断之行为，而非第1条所规范之联合为拒绝交易行为；该案之行为方式实际为非竞争者间于研究阶段的合资行为，除非是一方为垄断者，或通过该合资行为将有可能成为一个垄断者且存在限制竞争之潜在危险性，否则不可能具有反竞争性。[④]

另外，该案实际上还涉及知识产权行使之合法性问题，该问题在其相关后

---

① See Herbert Hovenkamp, *Antitrust*, 2nd ed., St. Paul, West Publishing Co., 1993, p.202.

② Ibid.

③ Berkey Photo, Inc. v. Eastman Kodak Co., 603 F.2d 263 (2d Cir. 1979), cert. denied, 444 U.S. 1093 (1980).

④ See Herbert Hovenkamp, *Antitrust*, 2nd ed., St. Paul, West Publishing Co., 1993, p.202.

续案件①中有进一步讨论,然因与是否构成垄断协议合意并无直接关联,超出本书议题之范畴,故在此不过多赘述,但是法院判决在对被告柯达是否具有单方拒绝交易之正当理由进行认定时,以被告之主观意图作为重要考量,提出主观性证据可用以判定被告拒绝交易行为之正当性,②而此与垄断协议合意认定中合意一方须具有限制竞争之意图并为寻求同意之行为的评价标准在法理上相通,亦可体现美国法院对于主观因素之重视程度。

如是观之,笔者认为,倘若该案中被告柯达不具有支配地位,从合意判断层面,双方亦可能不存在垄断协议合意。首先,就合意内容而言,为技术上之合作,或涉及智力成果之保护问题,若未超出合法行使知识产权的权利范畴,则应不属竞争法规范之范畴,但此又涉及两法之交错问题,超出本书议题范畴,故在此不做赘述;其次,就合意方式而言,结合第二编关于美国法之合意定义的讨论,如果提出邀请一方不存在限制竞争之意图,或接受一方不存在受拘束及限制未来行动自由之意图,则认为并不构成合意之意思联络,在该案中则应判定合资行为是否具有试图获取垄断地位的限制竞争之意图,且通过联合的方式获取垄断地位,而此与学者指出需要判断是否通过系争合资行为将有可能成为一个垄断者且存在限制竞争之潜在危险性相一致。

二、欧盟法下两者之比较

欧盟法下对于通过纵向垄断协议为拒绝交易行为在拜耳(Bayer)案以前,对于合意方式为涉及价格的转售价格限制或非价格的纵向地域限制皆有案例认定系争经营者构成垄断协议,而以拜耳案为重要转折点,法院对此类案件之纵向垄断协议合意认定采取更为严格之标准,多数案件被判定为不存在垄断协议合意,虽拜耳案本身为涉及纵向地域限制之拒绝交易行为,但其后 2003 年大众汽车(Volkswagen)案③作为涉及转售价格限制之拒绝交易行为,同样被法院否决存在合意。以下对拜耳案之前的 1983 年德律风根(AEG-Telefunken)案④与 2003 年大众汽车案进行分析比较。

---

① Image Tech. Servs., Inc. v. Eastman Kodak, Co., 125 F.3d 1195 (9th Cir. 1997).

② Ibid., p. 1219. See also Andrew I. Gavil et al., *Antitrust Law in Perspective: Cases, Concepts and Problems in Competition Policy*, 2nd ed., St. Paul, Thomson/West, 2008, p. 722 - 723.

③ Case T - 208/01, Volkswagen v. Commission [2003] ECR Ⅰ - 5141.

④ Case 107/82, AEG-Telefunken v. Commission [1983] ECR 3151.

(一)德律风根案委员会的处分及法院判决[①]

被处分人德律风根作为一家消费者所使用的电子产品的开发商与生产商,向委员会公布其选择性的经销模式,该模式为向所有符合特定客观条件(如有适合的员工及交易条件)的销售商供应其产品,对于该公布之销售模式,委员会认为并未违反第101条第1项,然而此后委员会收到大量控诉,指称德律风根并未按照其公布之模式运作,而是拒绝向符合其规定之客观条件但不愿意遵从其所要求之最低转售价格政策的销售商供应产品,被拒绝交易之销售商主要为网络销售商。在当时,倘若协议中包含强加转售价格限制条款则该协议将符合第101条第1项构成要件,且几乎不可能满足第101条第3项适用条件。德律风根辩称其被控诉之行为不构成其与销售商之间所达成之协议的一部分,而仅为其单方所做之决定。委员会否决了该抗辩理由,并得到法院的肯认。欧洲法院认为,德律风根拒绝接受符合资格要求的销售商成为其选择性经销模式的销售成员具有违法性,该案中由生产商一方所为之行为并不构成德律风根所谓之单方行为,而构成生产商德律风根与销售商契约关系的一部分,并不能排除第101条第1项之适用;德律风根许可销售商参与其销售模式是基于相对人对德律风根所寻求之政策的接受,无论其为明示同意还是默示同意,而该政策特别要求将符合资格要求但不准备遵从该政策的所有网络销售商排除在契约关系之外。[②] 法院指出,获得许可参与销售的销售商参与该销售模式之事实构成对德律风根排除第三方销售商意图的接受,而销售商之所以能够获得许可参与销售系依赖于其明示或默示接受德律风根的政策,且德律风根多次拒绝交易的事实排除了其为孤立行为的可能性。[③] 并且法院强调,竞争法不会单纯为了保证销售商的最低利润率而允许实施限制行为。[④]

---

① See Alison Jones & Brenda Sufrin, *EU Competition Law: Text, Cases and Materials*, 4th ed., Oxford University Press, 2011, p.148. See also Richard Whish, David Bailey, *Competition Law*, 8th ed., Oxford University Press, 2015, p.111.

② Case 107/82, AEG-Telefunken, para. 38.

③ Ibid., paras. 31–39.

④ Ibid., para. 42.

(二)大众汽车案委员会的处分及法院判决[①]

被处分人大众汽车(Volkswagen)为大众帕萨特(VW Passat)品牌汽车的生产商,其向销售商发送信函通知他们不要以折扣价格出售其品牌的汽车,委员会认为该信函所表达之内容可作为生产商与销售商之销售协议中的一部分,且销售商已与大众汽车达成该协议。此外,该案中作为大众汽车与销售商间沟通之重要证据为大众汽车与销售商的通话记录,委员会指出,该通话记录构成双方契约关系的一部分,而无须证明销售商存在默示同意。普通法院否决了委员会的认定,并裁定该处分决定无效。法院认为,倘若肯认委员会之认定,则表示对于已经和生产商缔结合法销售协议的销售商将会因为生产商的电话通知行为而被认定为同意该电话之内容,且由此导致对协议的实施具有违法性[②]。普通法院首先指出:“协议概念的核心是至少为两方之间存在一致意愿,对于双方意图(intention)之表示应为忠实表示,而与意图之表示形式无关。[③]”其次,法院对“持续商业关系”理论之适用条件进行了严格限制,即只有当先行签订的框架协议有效授权生产商具有通过单方行动来维持双方商业关系的权利(该单方行动对相对人有拘束力)始得适用。[④] 另外,法院还提出就“授权”问题如何认定之方法,即非一般性地检视授权问题,而是在系争销售协议的背景下进行评价,要求该协议必须实质上赋予生产商变更协议条款的权利。

欧洲法院肯认了普通法院的基本观点,但同时亦做出一些修正。欧洲法院指出,合意双方主体之意愿可由协议条款与双方行为推得,尤其是从在生产商与销售商的通话中存在销售商表示默示同意的可能性中推得;在本案中,就第一种证明方式(由协议条款与行为推得),委员会仅基于系争协议的条款(合法协议)而推定存在一致意愿,则普通法院必须进一步考虑系争电话通知方式是否以明示方式被涵盖在销售协议中,或者至少为,该协议之条款授权生产商是

---

① See Alison Jones & Brenda Sufrin, *EU Competition Law: Text, Cases and Materials*, 4th ed., Oxford University Press, 2011, p. 157; Richard Whish & David Bailey, *Competition Law*, 8th ed., Oxford University Press, 2015, p. 114 - 115; Csongor Istvan Nagy, *EU and US Competition Law: Divided in Unity?: The Rule on Restrictive Agreements and Vertical Intra-Brand Restraints*, Routledge, 2013, p. 18 - 21.

② Case T - 208/01, Volkswagen, at paras. 30 - 68.

③ Ibid., para. 32.

④ Ibid., paras. 45 - 46.

否采取电话通知方式(实施单方限制决定)。① 欧洲法院肯认普通法院限制"持续商业关系"理论的适用条件的意见,并且赞同采取对销售协议进行具体评价以及依赖于条款措辞进行判断的方法,但是其应当同时根据协议签订的经济与法律背景来考量协议本身(per se)所寻求的目标(aims)。② 欧洲法院作出了如下修正:"在检视行为合法性时,遵守或不遵守竞争法规定的契约条款(事先签订之契约)非为合法性认定的决定性因素。普通法院错误地认为遵守竞争法规定的条款不可能被认定为授权以电话通知方式为非法行为。看似中立性的协议条款并不能排除存在上述违法行为之可能性,故普通法院不应错误地限制对协议条款的全面检视,而应考量所有其他相关因素,例如根据协议签订的经济与法律背景来考量协议所寻求的目标。"③欧洲法院最终认为本案中生产商的电话通知行为不能构成第 81 条第 1 项(新法第 101 条第 1 项)之"协议"。

(三)学者见解

有学者认为,自拜耳案与大众汽车案起,法院判决限制了早期理论中一些部分的适用,其中,在大众汽车案中欧洲法院肯认了对传统"持续商业关系"理论的限制适用,虽适用条件并非以明示授权为要件,但系争生产商被赋予的权利不得仅为想象;另外,对于"默示同意"理论的解释虽尚有探讨余地,唯该案对于销售商实际遵从执行生产商的电话要求是否构成协议的问题给予了肯定回答。④ 亦有学者认为,德律风根案判决体现了在排除降价销售商方面系争销售模式的参与者之间存在很强互利关系,⑤因此,可能较为容易推得他们之间存在协议与/或协同行为;而大众汽车案委员会主要从双方签订之格式协议条款中推定存在合意的论证思路存在不足,倘若能够证明销售商知悉大众汽车的意图且相应地改变定价策略或许可以认定存在合意。⑥ 另有学者赞同大众汽车案欧洲法院的意见,认为仅通过生产商单方电话通知以试图影响销售商的行为不足

---

① Case T - 208/01, Volkswagen, at paras. 39 - 40.

② Ibid. , para. 48.

③ Ibid. , paras. 43 - 45.

④ Csongor Istvan Nagy, *EU and US Competition Law: Divided in Unity?: The Rule on Restrictive Agreements and Vertical Intra-Brand Restraints*, Routledge, 2013, p. 37.

⑤ AEG 案中被生产商接纳的销售商与被排除在外的销售商实际上从维持高价的行为中存在获利上的差异,前者为一般销售商,后者为网络销售商,后者可以从成本等方面提升利润故而存在实施低价之有利条件,而前者则可能为防止搭便车行为或保证利润而愿意实施转售价格限制。

⑥ See Richard Whish, David Bailey, *Competition Law*, 8th ed. , Oxford University Press, 2015, p. 115.

以证明构成协议,并指出委员会之做法不仅扩大了协议之内涵,而且减轻了自身的举证责任;就销售商事先签订销售协议的行为而言,其不可能必然接受未来发生的协议变更,因此需要证明存在其他要件,如对系争政策(限制竞争政策)的接受,或者遵从该政策;而当销售商在与生产商缔结契约关系时即已知悉生产商之限制政策,则可认定契约的订立是依赖于销售商接受该政策,相较而言,德律风根案中因销售商获得销售许可是基于对德律风根政策的接受,故可认定存在默示同意。①

综上所述,无论法院见解还是学者见解,首先皆肯认单纯之持续商业关系不足以认定存在垄断协议合意,而证明之核心问题仍在于是否存在一致意愿,可通过证明先行签订之协议条款授权一方的单方行为并对相对人有拘束力,或证明存在相对人的默示同意,否则仅得视为一方所为之单方行为(是否构成单方限制行为则另论)。对于普通法院限缩解释的方法,欧洲法院在肯认之基础上亦强调在先的合法协议不能排除嗣后为限制竞争行为的可能,并且肯认得以行为认定之方法,本书认为是在防止委员会过分扩大协议内涵(包括过分减轻举证责任)的同时,对普通法院不当限缩的部分予以矫正。此外,欧洲法院提出应重视协议所寻求之"目标",笔者认为,美国法下通过"动机"证明当事人意图之方法或有可借鉴之处。另外,对于学者所提出之"缔结契约关系时即已知悉生产商之限制政策"似乎又涉及判断之时点问题,该问题亦会影响对于默示同意的认定(可参见第二编图 1 及相关正文内容)。

三、结语

基于第二编的论述,虽欧盟法与美国法在"协议"之合意内涵上具有一致性,但学说上,美国学界之分歧较欧盟学界更为严重,其中关于"默示同意"理论的解释亦更为狭窄,②尤其美国法在涉及"以共谋手段试图获取垄断"之认定上,对于市场力水平要求较高之纵向限制,例如排他性协议,则经营者是否可通过实施此类纵向垄断协议以达到排除竞争者之效果,在学说上不乏主张单方行为抗辩者。前述关于纵向垄断协议为拒绝交易行为的探讨,即是对单个上、下

① See Alison Jones & Brenda Sufrin, *EU Competition Law: Text, Cases and Materials*, 4th ed., Oxford University Press, 2011, p. 157 – 158.

② See Csongor Istvan Nagy, *EU and US Competition Law: Divided in Unity?: The Rule on Restrictive Agreements and Vertical Intra-Brand Restraints*, Routledge, 2013, p. 37.

游厂商之间达成合意拒绝与第三方(竞争者)交易行为,与拒绝交易的同时还存在转售价格限制行为进行比较,从合意内容角度,前者为单纯非价格排他性内容,后者为同时包含价格与非价格内容。

美国法在对纵向价格限制仍适用当然违法时,通常会关注合意内容是否涉及对价格的限制,在孟山都(Monsanto)案及其之前的柯达(Eastman Kodak)案中皆未单独认定对于非价格之限制行为构成合意。例如,孟山都案未认定生产商与提出控诉之销售商构成共同排除第三方销售商之合意,柯达案未认定非竞争者双方构成拒绝披露技术数据之合意而仅依据被告为垄断经营者即认其为维持市场支配地位排除竞争者。申言之,倘若垂直交易的双方实施拒绝交易行为背后的动机为排除第三方竞争者,则美国法院对适用《谢尔曼法》第 1 条较为谨慎,此亦与上述"以共谋手段试图获取垄断"之认定标准较高相关。申言之,对于此类行为是否具有排除竞争者效果,须有更充分之论证。如柯达案,学者即指出需要判断经营者是否通过非竞争者间之合资行为,将有可能成为一个垄断者,且存在限制竞争之潜在危险性。但可以明确的是,自丽锦(Leegin)案之后,随着合理原则适用范围的扩大,法院除对可能定性为纯粹固定价格协议的行为强调"价格"因素外,在合意判断层面已经淡化了价格与非价格之区分,亦为合意内涵的适当放宽提供了一定现实基础。另外,欧盟法下,法院并非着眼于合意内容系价格还是非价格,而是自拜耳案开始,限制以单纯持续商业关系的行为认定存在合意,而须认定存在一致意愿之行为,此即为"默示同意"理论的发展。综言之,自拜耳案后,法院对合意之认定逐渐由宽松转向更为严格限制,以防止合意内涵之过分扩大,但在大众汽车案中欧洲法院亦强调不能以看似中立的协议条款及单方的通知行为即排除存在合意之可能,应结合经济与法律背景全面检视,以防止合意内涵之不当限缩。

第二节　纵向地域限制之纵向垄断协议与单方限制

纵向地域限制行为在欧盟竞争法下有其特殊性,因涉及市场整合之考量,欧盟竞争法仍将绝对地域保护措施作为目的型限制行为类型,因此这一部分与美国法存在较大差异。但自拜耳案后,法院对于实施纵向地域限制行为之合意认定发生了较大转变,本书认为可通过此种转变观察欧盟法下垄断协议合意内涵之新发展。故以下主要对欧盟法下之两个典型判例拜耳案与葛兰素史克(GlaxoSmithKline)案进行分析比较。实际上,在拜耳案中,欧洲法院径依合意不成立,即认无可非难之限制竞争效果,故此处"单方限制"实际仅为"单方行为"。而在葛兰素史克案中,欧洲法院又依据合意成立,同时为目的型限制,而认有可非难性,此时才有系"纵向垄断协议"或"单方限制"之说。

一、欧盟法下两者之比较:拜耳案与葛兰素史克案

(一)拜耳案委员会处分的及法院判决①

被处分人拜耳为药品 Adalat 的生产商,因在相关药品市场上实施限制平行进口行为被委员会处以 300 万欧元罚款。该案之基本事实为:案涉药品 Adalat 在英国的售价高于法国与西班牙,因此该药品的平行进口导致拜耳在英国子公司的销量下降了近一半,于是拜耳减少了其供应给法国与西班牙销售商的药品总量。而法国与西班牙的批发商原本就负有保证充足库存以满足本国国内需求的义务,该义务导致法国与西班牙的批发商进行平行交易以及向英国出售 Adalat 的能力受到抑制。委员会认为,拜耳的出口限制是其与批发商之间持续商业关系中的一部分,且批发商意识到拜耳实施限制行为的目的并且仍然定期地向拜耳提交与更新订单,批发商的行为与出口限制保持一致,因此委员会认定拜耳与其批发商之间就限制向英国出口达成默示协议。拜耳随后向普通法院上诉,声称其行为为单方性质且并未实施出口限制。普通法院认为,委员会将协议之定义过分扩大,错误地将批发商与拜耳的持续商业关系等同于批发商对限制供应政策为默示同意之表示,而批发商的实际行为与系争政策相反,包括尝试各种方法获取额外的供应量,因此普通法院认定拜耳与批发商之间不存在限制 Adalat 出口的一致意愿,裁定委员会的处分决定无效。

在拜耳案判决书中法院对于包括福特汽车(Ford)案在内之先例有多处比较,拜耳案中与本议题相关之主要争点如下:(1)是否存在"一致意愿"(Concurrence of Wills)。法院认为合意成立应满足一方寻求相对人之合意或默示同意(Acquiescence),另一方至少为默示同意,②而委员会未能证明销售商对生产商之政策默示同意。然上下游间之意图(intention)内容可不一致,即上游为达限制竞争目的向下游提出邀请(无论是明示还是默示)并表达希望共同完成目标

---

① See Alison Jones, Brenda Sufrin, *EU Competition Law: Text, Cases and Materials*, 4th ed., Oxford University Press, 2011, p. 150 – 157; Richard Whish, David Bailey, *Competition Law*, 8th ed., Oxford University Press, 2015, p. 112 – 114.

② Case T – 41/96, Bayer AG v. Commission [2000] ECR Ⅱ – 3383, para. 71.

之意图,[1]而下游需表达“依条款行事”之意图即可;[2]意图之表示方式应为“忠实表示”(faithful expression)。[3] (2)合意主体之间利益关系之判断。拜耳限制出口的政策并不符合批发商的自身利益,此可由批发商通过各种间接途径获取额外供应量进行观察,法院认为此行为无法证明批发商存在遵从拜耳要求的意图。[4] 在欧洲法院的判决中,法院指出对于系争协议初看即不符合相对人之利益,则更有必要先行证明当事人一方表示其实现限制竞争目标意愿的行为构成邀请相对人共同实现该目标的邀请行为(寻求同意),再认定相对人是否构成默示同意。[5] (3)回应的行为证据。法院肯认先例中通过分析销售商回应行为的方法来判断相对人是否存在默示同意,然法院认为该案批发商实际违背生产商要求的行为表示其存在继续实施平行出口的意图。[6] 但因存在双方已订立之库存义务条款,故批发商原本即无法自行决定将所有 Adalat 出口销售。换言之,拜耳单方减少供应量之行为本身是否足以限制出口行为,[7]在先的库存义务条款可否作为相对人知悉并同意拜耳限制意图的考量因素似不无疑问。(4)如何证明“默示同意”。综合前面 3 项,首先,对于默示同意的证明需要证明提出邀请一方的行为构成寻求相对人同意共同实现该目标的行为。其次,对于相对人默示同意的证明可通过分析相对人回应行为的方法。最后,对于表面上不符合相对人利益之情形应当更为审慎,如该案中拜耳并未对批发商为要求、商谈、惩罚、威胁行为,法院认为委员会无法认定批发商减少订单的行为必然会被拜耳理解为批发商已“接受”其“要求”;[8]易言之,无“要求”,谈何“接受”。

(二)葛兰素史克案委员会的处分及法院判决[9]

被处分人葛兰素史克为西班牙某药品供货商,其在该案之前曾向委员会公

---

① Cases C-2 and 3/01 P, Bundesverband der Arzneimittel-Importeure EV and Commission v. Bayer AG [2004] ECR Ⅰ-23, para. 102.

② Case T-41/96, Bayer, at para. 68.

③ Case T-41/96, Bayer, at para. 69.

④ 学者认为,拜耳与批发商之间不存在共同利益,双方各自的需求完全相反。See Richard Whish & David Bailey, *Competition Law*, 8th ed., Oxford University Press, 2015, p. 113.

⑤ Cases C-2 and 3/01 P, Bayer, at para. 102.

⑥ Case T-41/96, Bayer, at para. 154.

⑦ See Richard Whish & David Bailey, *Competition Law*, 8th ed., Oxford University Press, 2015, p. 115.

⑧ Case T-41/96, Bayer, at paras. 152-53.

⑨ See Alison Jones & Brenda Sufrin, *EU Competition Law: Text, Cases and Materials*, 4th ed., Oxford University Press, 2011, p. 212-215.

布向西班牙批发商供应该药品的一般销售协议,案件起因是葛兰素史克在对系争协议作了变更之后向委员会公布以确认新协议未违反第101条第1项或符合第101条第3项。该新协议规定了一个二元定价体系,即在西班牙国内的批发商中,葛兰素史克将对在其他成员国转售其药品的批发商比在西班牙内转售药品的批发商收取更高的价格。葛兰素史克承认该条款的目的是限制平行交易,但辩称平行交易只能使中介受益,而限制平行交易可以使消费者受益,因限制行为能为其提供研究开发新药的资本。该抗辩理由委员会未予采纳,并于2001年公布了其处分决定,包括:(1)系争一般销售协议具有限制竞争之目的与效果,违反第101条第1项;与(2)葛兰素史克未能证明符合第101条第3项,不得适用豁免条款。另外,委员会认定葛兰素史克在相关产品市场①与相关地理市场(一个或多个成员国内)占有相当之市场份额。②

2006年,普通法院对该案进行了审理,主要有以下两个争点:(1)在合意认定层面,肯认了委员会认定系争协议违反第101条第1项的决定,认为委员会提供的双方沟通的文件证据可以排除一切其他可能,得证明葛兰素史克已向西班牙批发商提议让其按照销售条款中的规定在市场上进行销售,且大部分销售商已对该提议表示同意。③ 其中,销售商表示同意之证据包括确实存在一定数量的批发商以协议规定的更高价格出口系争药品,该部分批发商系依葛兰素史克要求向其支付产品出口至西班牙以外地区与在国内销售的差价,但无论如何,该情形仅涉及部分少数批发商(仍实施平行出口,实际并未遵从葛兰素史克之限制意图),并不能以此推定其他批发商因协议变更而不再遵从新的协议。④(2)在效果判断及违法性认定层面,法院撤销了委员会拒绝葛兰素史克适用豁免条款的决定。法院认为,委员会将系争协议定性为目的型限制行为存在错误,仅依据协议存在限制平行交易的意图不足以将其认定为目的型限制行为,并指出第101条第1项要求协议必须对最终消费者造成损害,而由于药品的特

---

① 系指涉案之相关药品市场,委员会以具体四种药品之市场份额为例:Zofran药品、Flixonase药品、Zovirax药品及Imigran药品。See Case T-168/01, GlaxoSmithKline, at para. 311.

② 盖该案之争点主要在于合意之认定,在合意探讨部分普通法院并未过多涉及市场力问题,故判决书中有关该问题之篇幅亦十分有限,只是在效果探讨部分有所涉及,但普通法院认为委员会仅以四种药品为例尚无法得出对相关产品市场之竞争造成相当程度之减损的结论。See Case T-168/01, GlaxoSmithKline, at para. 311-14.

③ Case T-168/01, GlaxoSmithKline, at para. 84.

④ Ibid., para. 87.

殊性质,其价格因存在供应及需求上的规定而受到一定保护,故无法推定平行交易将会降低价格与增加消费者福利。2009 年,欧洲法院否决了普通法院关于系争限制行为性质的认定,认定系争协议为目的型限制行为,并纠正了普通法院关于最终消费者损害的认定,指出协议是否构成目的型限制与最终消费者是否因在供给或价格上的竞争减损而利益受损无必然联系,并强调第 101 条之目标不仅在于保护竞争者或消费者利益,还在于对市场结构以及竞争的保护。①

(三)学者见解

首先,就合意判断问题,有学者认为,葛兰素史克案与拜耳案之区别不在于是否存在正式签订的契约,而在于前者明确提出对销售商未来所需实施的具体的与其市场功能有关的行为的要求,而后者并未明确提出对销售商未来行为的要求,并且当协议依赖于销售商实施某特定行为时,销售商的默示同意可能具有不情愿的性质,然而纵使当事人一方对合意之达成在内心持保留态度,甚至存在欺骗的意图,也不影响合意之成立。在利益问题上,该学者还指出,在水平卡特尔情形中,所有参与者皆直接从协议中获利,即便参与者个体上仍保留实施欺骗的动机,而在纵向情形中,如葛兰素史克案,西班牙销售商不能从协议中获利,即销售商的个人利益与生产商的个人利益并非一致甚至存在冲突,但销售商因此试图违背协议的不情愿的心理状态不影响协议的成立。②

其次,就效果判断问题,从欧洲法院的态度来看,对于普通法院试图削弱对绝对地域保护行为严格禁止的规定并试图设立此禁止规定之例外情形(药品市场),欧洲法院并未肯认,而是裁定该判决部分为无效,并重申了传统的分类原则(目的型限制行为与效果型限制行为的分类),明确表示绝对地域保护属于目的型限制行为类型。③

综上所述,拜耳案之后,法院对于“持续商业关系”理论的适用进行严格限制以防止协议定义过分扩大,其中对于相对人默示同意的认定不仅须通过相对人的回应行为进行判断,还须对提出邀请一方的表示行为是否构成邀请相对人

---

① Case T - 168/01, GlaxoSmithKline, at para. 63.

② See Gippini-Fournier Eric, *The Notion of Agreement in a Vertical Context: Pieces of a Sliding Puzzle*, in Jean-Francois Bellis and Jose Maria Beneyto, eds., Reviewing Vertical Restraints in Europe: Reform, Key Issues and National Enforcement, Brussels, Bruylant Edition, 2012, p. 125.

③ Csongor Istvan Nagy, *EU and US Competition Law: Divided in Unity?: The Rule on Restrictive Agreements and Vertical Intra-Brand Restraints*, Routledge, 2013, p. 170 - 171. 然而,该学者并不认同欧洲法院对绝对地域保护行为实行完全禁止的做法。

共同实现目标的“寻求同意”行为进行证明；而葛兰素史克案是继拜耳案后委员会的认定为欧洲法院所肯认的一个典型案例，一方面，通过该案可以了解欧洲法院仍对涉及绝对地域保护及出口限制的行为采严苛对待的态度；另一方面，就合意的认定而言，本书认为，该案判决表明欧洲法院并非颠覆性地改变对垄断协议合意的认定方法，例如仍须通过相对人是否实际遵从条款要求执行的行为进行认定。而对于学者见解，认为纵向垄断协议中合意双方的利益并非一致的观点亦是本书所认同之观点，但就葛兰素史克案中西班牙销售商是否均无法从二元定价条款中获利，本书尚存疑问，因二元定价机制本质上应为对销售商实施价格歧视的行为，且该价格歧视政策在同一区域内（西班牙国内）实施，与在不同成员国实施价格歧视政策存在区别，前者实际上使同在一个区域内的销售商之间存在竞争上的利益差异。例如，同一区域内以从事出口交易为主的销售商比以从事国内交易为主的销售商在系争药品上需要承担更高的成本，如此会造成在同一相关产品市场上同一区域内的销售商存在竞争利益的不均衡，而遵从葛兰素史克限制出口要求的销售商能够从该二元定价条款中获利。相反，如果仅在不同区域内实施价格歧视策略且同时实施纵向地域限制将不同区域分隔开，则不同区域的销售商之间实际上不存在直接竞争关系，故不存在竞争上之不利益问题。唯可能因实施低价区域的销售商无法出口产品至实施高价的区域而减少其可获得之利润，而该利润之减损适用于同一区域内的所有销售商，实施低价区域内的所有销售商均无法从出口限制政策中获利，故不存在同一区域内的销售商利益不均衡的问题，而拜耳案即应属此种情形。申言之，两案中生产商与销售商之间的利益关系实际上存在不同。

实际上，在实务上不乏此类存在差别待遇的奖励制度，葛兰素史克案中的二元定价机制即属对遵从限制出口政策的销售商的鼓励措施，且该鼓励措施对于相对人之有利性同时与强迫性并存之情形亦并非鲜见。例如，当提供给销售商的绩效奖励（performance bonuses）取决于该销售商未实施出口行为，而此奖励即可能为歧视性奖励制度（discriminatory bonus system），且该奖励背后同时存在对实施出口的销售商减少供应的威胁（threat）。①

---

① See e. g. , Peugeot v. Commission [2009] ECR Ⅱ -2533; Alison Jones & Brenda Sufrin, *EU Competition Law: Text, Cases and Materials*, 4th ed. , Oxford University Press, 2011, p. 655.

二、结语

欧盟法背景下，品牌内的纵向限制行为，包括转售价格限制与纵向地域限制（或客户限制），在法院判决上存在对合意认定标准及态度的转变，主要涉及应如何判断行为究系受第101条规范之垄断协议或仅为单方行为的问题。以拜耳案为转折点，在该案之前与该案之后各有相关典型案例，现根据法院判决，将这些典型案例中影响法院认定合意是否成立之考量因素或与合意认定相关之因素进行梳理与总结（见表8）：

表8　关于纵向垄断协议与单方限制之法院判决

合意认定		德律风根（AEG-Telefunken）案	福特汽车（Ford）案[1]	拜耳（Bayer）案	大众汽车（Volkswagen）案	葛兰素史克（GlaxoSmithKline）案
纵向限制类型	纵向价格限制	√	×	×	√	×
	纵向非价格限制	×	√	√	×	√
存在在先单方限制政策（对相对人行为有明确要求的条款）		√	√	(1)	(2)	√
上游拒绝交易		√	√	×	×	×
下游实际执行		√	√	×	(3)	√
实施价格歧视	在不同区域内实施	×	√	√	×	×
	在同一区域内实施	×	×	×	×	√
构成合意		√	√	×	×	√

[1]Cases 228 - 229/82, Ford Werke AG and Ford of Europe Inc. v. Commission [1984] ECR 1129. 该案与拜耳案,皆为上游生产商单方提出限制跨区域销售的纵向非价格限制政策,虽提出之方式有所不同,前者为汽车生产商拒绝向销售汽车至英国的德国销售商供应汽车,后者为上游药品生产商减少向下游销售商供应的产品数量以限制出口至其他成员国(英国),但下游销售商均以某种形式给予回应,而法院就是否构成垄断协议合意作出了不同判决,即福特汽车案中法院认定福特与其德国境内的销售商构成垄断协议,而拜耳案中法院认定拜耳之出口限制行为为单方行为(且未违反第102条)而不构成与销售商之垄断协议。参见第二编第一章第三节第四部分"共同利益与互利"之欧盟部分。

(1)~(3)存在争议。

拜耳案中,关于(1),法院认为拜耳单方减少供应量的行为不构成寻求相对人同意共同实现其政策之行为,而事实上拜耳与销售商签订协议时已订立库存义务条款,此在先的库存义务条款是否属"对相对人未来行为提出明确要求"的在先限制政策,以及相对人接受该条款可否作为相对人知悉并同意拜耳限制意图的考量存在疑问。

大众汽车案中,关于(2)与(3),欧洲法院认为,大众汽车单方电话通知的行为是否存在销售商表示默示同意的可能性,或者在先协议之条款(合法)是否授权生产商以电话通知方式实施单方限制决定,委员会所提供之事实证据未能证明存在授权或销售商有表示默示同意之可能。故此为事实部分尚存在需进一步查明之问题。

综上所述,结合第二编中关于"一致意愿"的内涵,包括一方寻求同意与相对人至少为默示同意,而在实际案例中,欧盟法院对于是否构成一致意愿的认定,似主要考量:一方面,是否存在在先限制政策或是否存在条款实质上授权单方行为且对相对人有拘束力;另一方面,相对人是否遵从限制政策或条款实际执行,或通过条款授权单方行为。① 而就合意要件对于纵向垄断协议违法性判断的合理功能而言,在非以排他性为主的纵向协议类型中,如转售价格限制与纵向地域限制,此类协议倘依欧盟法之目的型限制行为规范(具有限制竞争目的),当存在合意且经营者满足"低度重要性协议通知"(Notice on Agreements of Minor Importance)之市场份额门槛时通常认为具有可非难性,即只须满足合意要件而无须证明效果要件;而无论纵向非价格限制还是纵向价格限制,由拜耳案与大众汽车案可知,竞争法对其之非难,乃明确基于经营者"达成意思合致",合意不成立者,则协议不具违法性,无须论证其是否具有限制竞争效果。

① Csongor Istvan Nagy, *EU and US Competition Law: Divided in Unity?: The Rule on Restrictive Agreements and Vertical Intra-Brand Restraints*, Routledge, 2013, p. 193.

第三节　独家交易及搭售之纵向垄断协议与单方限制

排他性交易与搭售同为品牌间限制行为类型,但两种限制行为在法律适用及审查方法角度上存在较大差异。如美国法下,对于搭售行为可能适用《谢尔曼法》第 1 条、第 2 条以及《克莱顿法》第 3 条,且适用《谢尔曼法》之合法性审查方法曾在很长时期内适用当然违法规则;欧盟法下,搭售行为虽亦可能适用第 101 条与第 102 条,但是对于适用第 101 条之搭售行为属于效果型限制行为,符合门槛要求即可适用集体豁免规则。而独家交易安排则不论美国法还是欧盟法,皆有市场力门槛之要求,且不适用当然违法规则或不存在目的型限制行为态样。然而独家交易与搭售因同为具有排他性效果之行为态样,在涉及排他行为的案件中可能同时存在此两种行为态样。例如,2001 年美国微软(Microsoft)案,①但美国 FTC、地区法院及上诉法院判决却存在事实认定及法律适用上之差异;而在欧盟,2007 年普通法院审理了一起委员会处分微软搭售案,②该案与美国微软案存在一定相似性与不同之处,故后文将通过比较两案探讨与垄断协议合意认定相关之问题。

一、美国与欧盟:微软(Microsoft)案

在进行案例分析前,有必要先对美国及欧盟在相关法理及实务上的历史沿革与发展脉络进行扼要阐述。

(一)美国独家交易安排及搭售安排的理论及判例发展

在美国法下,独家交易与搭售皆为具有排他效果的行为态样,且均可适用《谢尔曼法》第 1 条,但两者的司法审查之严苛程度却有差异,至少在相当长的时期内,法院对于搭售安排更倾向于适用当然违法规则进行审查,但是现在两者皆较多地通过具体分析经济效果进行判定。关于搭售安排中涉及市场力因素考量之理论基础在第二编中已有探讨,其中以 1984 年杰斐逊教区医院(Jefferson Parish)案为例,在该案中最高法院虽然最终保留了对搭售安排适用当然违法规则的审查方法,但法官之间就是否应适用合理原则存在分歧,且该

---

① United States v. Microsoft Corp., 253 F.3d 34 (D.C. Cir. 2001).

② Case T-201/04, Microsoft v. Commission [2007] ECR Ⅱ-3601.

案对之后法院对搭售安排适用合理原则奠定了基础。如 2001 年微软案,地区法院对系争搭售行为适用当然违法规则,[①]但被上诉法院否决,并指出当然违法之搭售安排应满足 4 个要件:[②](1)搭售产品与被搭售产品为可分离的两个产品;(2)被告于搭售产品市场具有市场力;(3)导致消费者缺乏选择而只得购买被搭售产品;(4)搭售安排封锁了大量的商业。而实际上,该案同时存在独家交易安排,地区法院对该行为部分适用《谢尔曼法》第 1 条,并适用合理原则进行审查,认定该案独家交易安排不具有限制竞争效果故未违反《谢尔曼法》第 1 条。但该案上诉法院否决了地区法院适用《谢尔曼法》第 1 条规范系争搭售安排[③]且否决了当然违法规则之适用,而最终肯认地区法院适用《谢尔曼法》第 2 条认定被告通过实施排他性行为,即阻碍有效的销售通路与可替代产品的使用,以维持其市场支配地位。故本书思考,该案中适用第 2 条(维持垄断)之封锁效果与适用搭售及独家交易之原理所判定之封锁效果有何差异?对合意认定有何影响?

关于独家交易安排之理论基础,如第二编中关于市场力因素影响合意判断之部分所述,对于行为主体市场力因素之考量经历了由以被封锁的市场比例为评价基准的传统"封锁理论"向以观察是否存在转换障碍为代表的新兴理论发展的过程。以往的司法实践发展将经营者通过独家交易安排使该市场上的其他参与者或潜在进入者无法获得足够的供应来源或销售通路的传统理论依据

---

① United States v. Microsoft Corp., 87 F. Supp. 2d 30 (D. D. C. 2000).

② See Andrew I. Gavil et al., *Antitrust Law in Perspective: Cases, Concepts and Problems in Competition Policy*, 2d ed., St. Paul, Thomson/West, 2008, p. 816. 比较杰斐逊教区医院案最高法院提出的四个要件:(1)存在两个可分离产品或服务;(2)存在附条件之销售,即搭售产品之取得以同时购买被搭售产品为条件;(3)卖方于搭售产品市场具有"可感觉之经济力"(appreciable economic power);(4)搭售安排影响了被搭售产品市场上大量的商业。值得注意的是(3)、(4),首先,"经济力"是否等同于市场力。本书认为,此涉及搭售安排杠杆理论问题,搭售产品市场上之支配地位是否可作用于被搭售产品市场从而产生滥用支配地位之效果在美国学界存在争议,而根据(4),受影响之市场明确指出为被搭售产品市场,或可体现法院当时之态度。其次,微软案增加了(3),即消费者缺乏选择要件,此与学说上提出从销售商角度考量转换障碍之主张相一致。

③ 实际上法院对于系争搭售安排适用第 1 条的否决主要是认为该案搭售产品为平台性质的软件,具有特殊性,不适用认定搭售的"可分离"产品要件,而是认定被告将其 IE 浏览器与其 Windows 系统进行整合(integration),但法院亦指出此整合行为不具有增加福利的效果,而为维持垄断之违法行为。See Microsoft, 253 F. 3d 34, available at https://law. justia. com/cases/federal/appellate-courts/F3/253/34/576095.

量化为被封锁的市场比例,其中以1949年标准石油(Standard Oil)案[①]为量化方法之典型案例,而至1961年坦帕电力公司(Tampa)案[②]最高法院虽未推翻标准石油案判决,但提高了对原告证明限制竞争效果的举证责任要求,并提出进行效果判断时的考量因素包括:当事人的相对市场力(relative strength),在相关市场上系争案件所涉及之商业体量相较于整个市场上的总商业体量的比例,以及有可能产生的实时的潜在效果,而该效果优先于(pre-emption)由市场份额所推定之限制竞争效果。[③] 故有评论认为,坦帕电力公司案提供了一种类似合理原则的定性方法(qualitative substantiality test)。[④] 然而对于竞争者被阻碍之程度究应如何界定则存在不同观点,主要为"完全封锁"标准与非完全封锁标准。前者在1997年欧米茄(Omega)案[⑤]中有体现,在该案中,上诉法院认为相关市场上之竞争者仍可采取直接对最终消费者进行销售的方式,故竞争者仍有可选择之销售通路,并未被完全排除出市场;而在2005年登士柏牙科设备商(Dentsply)案[⑥]中,上诉法院提出"界定方法并非完全封锁标准,而是系争行为是否阻碍了相当数量的竞争者或严重地限制了市场范围"。[⑦] 而微软案法院之观点正是倾向于欧米茄案之界定方法,故何种方法更为妥适以及对于独家交易中合意之认定有何影响有待进一步探究。

---

① Standard Oil Co. v. United States, 337 U. S. 293 (1949).

② Tampa Elec. Co. v. Nashville Coal Co., 365 U. S. 320 (1961).

③ Ibid., p. 328 – 329.

④ 1 ABA Section of Antitrust Law, Antitrust Law Developments, 212 – 13 (6th ed. 2007).

⑤ Omega Environmental, Inc. v. Gilbarco, Inc., 127 F. 3d 1157 (9th Cir. 1997).

⑥ United States v. Dentsply, Int'l, Inc., 399 F. 3d 181 (3d Cir. 2005). 该案基本事实为:被上诉人登士柏公司(Dentsply)为美国人工假牙制造商,市场份额达75% ~80%,美国政府认其有拒绝与购买竞争者产品的销售商进行交易的行为,违反《谢尔曼法》第2条与《克莱顿法》第3条,遂向法院起诉,地区法院判决登士柏公司胜诉,美国政府上诉。上诉法院认为地区法院错误地认定被上诉人不具有排除竞争者之支配地位,认为被上诉人的排他性政策具有限制竞争效果。在评价被上诉人市场力时,上诉法院从三个方面因素考量:(1)相关市场。法院认为,登士柏公司规模较市场份额第二的竞争者大15倍,且维持该市场支配地位已逾10年,并致力于维持该不平衡状态。(2)排除竞争者之力量(power to exclude)。法院指出不应仅从使用产品之"最终消费者"(该案为实验室)之角度审酌竞争者排除情形,该案之主要交易相对人为销售商,应从该购买产品之"消费者"角度认定。(3)定价(pricing)。主要由长期执行排他性策略与被上诉人于市场上激进涨价之商誉判定。因此,上诉法院最终推翻了地区法院判决。See Dentsply, 399 F. 3d at 182, 187 – 191.

⑦ Ibid., at 191.

1. 美国与微软(United States v. Microsoft Corp.)案[①]法院判决[②]

首先,法院肯认了地区法院关于微软市场力的认定。地区法院认定相关市场为与英特尔可兼容之电脑操作系统市场(Intel-compatile PC operating systems),系争被告微软在该相关市场上具有95%以上的市场份额,因此具有支配地位。

其次,法院肯认了地区法院关于微软通过封锁有效的销售通路与可替代产品的使用以维持其市场支配地位的认定。其中,限制竞争行为主要包括:(1)与初始设备生产商(Original Equipment Manufactures, OEMs)之间就使用其Windows操作系统的授权条款;(2)将其IE浏览器与其Windows系统进行整合。就第一个限制竞争行为,法院指出生产商在浏览器市场上的市场份额会影响其在操作系统市场上的市场力。申言之,浏览器的用户率(usage share)很重要,盖一个浏览器必须拥有大量的用户始能够促使软件开发商对该浏览器产生依赖,从而更愿意选择使用该浏览器所提供之界面开发应用程序(applications),进而促使其开发之应用程序用户率增加。[③] 此时如果该应用程序能在可任意选择操作系统的电脑上使用,则该应用程序的用户不存在被迫选择某单一操作系统的情形,则此时操作系统市场具有竞争性,但反之若用户被迫选择某单一操作系统,加之该操作系统与特定浏览器捆绑,则经营者通过其在操作系统市场之市场力,可促使其浏览器的用户率增加,从而加强软件开发商对该浏览器的依赖。而微软在与OEMs签订的操作系统授权条款中要求其只能销售其浏览器,从而阻碍了OEMs安装其竞争者的浏览器,而微软的行为正是通过提高浏览器的用户率(阻碍其浏览器竞争者提高用户率)来排除其在操作系统市场上的竞争威胁以维持其市场支配地位,违反了《谢尔曼法》第2条。就第二个限制竞争行为,其主要体现包括微软删除了浏览器的"添加/移除程序"功能,将Windows设计为便于让用户只能选择默认的IE浏览器。

由此观之,微软与其销售通路OEMs之间可能存在搭售与排他性协议(是否构成《谢尔曼法》之搭售及独家交易安排暂且不论)。从强迫性及有利性角

---

① United States v. Microsoft Corp., 253 F.3d 34 (D.C. Cir. 2001).

② See Andrew I. Gavil et al., *Antitrust Law in Perspective: Cases, Concepts and Problems in Competition Policy*, 2d ed., St. Paul, Thomson/West, 2008, p.640–654.

③ 此涉及网络效应的作用,系指网络企业独特的双边或多边市场特性所带来的效应,亦即运用网络外部性之作用:当多边市场中的一个市场上某种产品吸引了一定量的消费者需求,则网络外部性将促进这种特定需求在其他市场上发挥更大效用。

度观察,首先,无论是搭售还是排他性协议,微软在授权条款中强加使用 IE 浏览器的要求以及将浏览器"强行整合"在操作系统中剥夺用户的选择可能,皆体现了强迫性;其次,浏览器用户率为 OEMs 接受安装其浏览器提供了有利性,并且调查中发现许多 OEMs 因害怕过多的浏览器反而会导致消费者产生困扰(consumer confusion)故而放弃安装多种浏览器,并且将浏览器与操作系统整合后,基于用户率考量,亦会降低 OEMs 选择竞争者产品之积极性。

2. 学者见解

对于微软实施之独家交易安排违反《谢尔曼法》第 1 条的指控被地区法院否决,因此微软向上诉法院抗辩,认为《谢尔曼法》第 1 条与第 2 条对排他性行为的评价标准相同,倘若否决其行为违反独家交易安排(第 1 条),则应同样适用于认定第 2 条的排他性行为中。① 那么,是否如抗辩所提出之《谢尔曼法》第 1 条与第 2 条对排他性行为的评价标准相同呢?

有学者对地区法院适用"完全封锁"理论的观点②并不赞同,并通过登士柏牙科设备商案来解释销售商"同意"与一个生产商进行独家交易的动机。当生产商市场力大至实施"纯粹排他性契约"(Naked Exclusionary Contracts)时,纵使生产商行为可能对所有销售商不利,销售商仍将"同意"接受该契约,盖倘若每一个销售商都预期其他销售商与垄断生产商进行独家交易,则每一个销售商都会决定接受该交易安排,在此情形下,没有任何单个销售商会相信转换交易关系至生产商之竞争者将会有助于该竞争者获得成功,因此接受与垄断生产商的交易安排不存在风险。③

如是观之,一方面,市场力之大小主要影响的是排他性行为之封锁效果的严重程度或完全性,而对于垄断协议合意之认定,首先应摒弃"完全封锁"理论之适用,否则可能导致只要市场上的竞争者仍存在销售通路的选择则认为不存在排他的限制竞争效果从而丧失认定合意之实益;另一方面,不仅从生产商层

① Andrew I. Gavil et al., *Antitrust Law in Perspective: Cases, Concepts and Problems in Competition Policy*, 2d ed., St. Paul, Thomson/West, 2008, p. 841.

② 地区法院援引欧米茄案判决,认为当竞争者存在可选择之销售通路时即几乎不具有限制竞争效果,纵使这些通路不如被告独家获取之通路一样有效率或可靠。

③ See Andrew I. Gavil et al., *Antitrust Law in Perspective: Cases, Concepts and Problems in Competition Policy*, 2d ed., St. Paul, Thomson/West, 2008, p. 842 – 843. Citing Eric B. Rasmussen, et al., *Naked Exclusion*, Am. Econ. Rev. 81, 1991, p. 1137; Ilya R. Segal & Michael D. Whinston, *Naked Exclusion: Comment*, Am. Econ. Rev. 90, 2000, p. 296.

面,而且从销售商层面,是否存在转换障碍亦是评价独家交易安排的重要考量因素。① 倘若对所有销售商而言,即使存在可任意解除契约的可能,亦仍然接受生产商的独家交易安排时,可能是销售商“在巨大经济压力下的响应”,②而此时极高的转换障碍使销售商亦缺乏选择(不仅生产商之竞争者缺乏选择),在强化交易行为之强迫性的同时,生产商对销售商的依赖性以及销售商可获得之有利性亦在减弱。综上所述,本书认为,垄断协议规范与滥用支配地位规范对排他性行为的评价标准应有区别,纯粹排他性契约是独家交易安排成立单方限制行为的一种特殊行为态样,而是否构成纯粹排他性契约以及非纯粹排他性契约是否成立纵向垄断协议,则须结合个案具体分析。搭售安排与独家交易安排就合意认定之分析框架似仍可从一方寻求同意与相对人表示同意或默示同意的定义出发,通过分析行为之动机,包括有利性、依赖性等面向进行探讨。

(二)欧盟单一品牌协议及搭售安排可适用同一分析框架之理论及判例发展

相较于美国,欧盟对于搭售安排则适用欧盟竞争法第 102 条,而对于单一品牌协议则可能适用第 101 条或第 102 条,但学界观点以及法院判决已发展至:当对于某限制行为可同时适用第 101 条与第 102 条时,可采取同一种分析方法,即“以效果为基础”的分析方法。③

本书第二编关于欧盟法之搭售安排中涉及市场力因素考量之理论基础部分提及,欧盟竞争法对于搭售之滥用行为的合法性审查方法经历了由“当然滥用”到“以效果为基础”的演变过程,即对于竞争者进入市场的障碍进行具体分析而非简单推定。搭售安排之本质为供货商在搭售产品市场具有支配地位,使其得以向买方强加以高于市场之价格购买被搭售产品之义务,即使该被搭售产品可以以更有利之条件从其他经营者购得。④ 搭售安排不仅适用于产品亦适用于服务,⑤且搭售之方式不限于买卖方式,还包括租赁或借贷,⑥以及知识产权

---

① Microsoft, 87 F. Supp. 2d at 54.

② Dentsply, 399 F. 3d at 196.

③ See Alison Jones & Brenda Sufrin, *EU Competition Law: Text, Cases and Materials*, 4th ed., Oxford University Press, 2011, p. 424. 同时也存在不同观点认为有垄断经营者参与之协议应当完全适用第 102 条进行规范。See E. Rousseva, *Modernising by Eradicating: How the Commission's New Approach to Article 81 EC Dispenses with the need to Apply Article 82 to Vertical Restraints*, CML Rev 42, 2005, p. 587.

④ See D. G. Goyder, *EC Competition Law*, 4th ed., Oxford University Press, 2003, p. 364.

⑤ See e. g., *Deutsche Bahn*, IP/01/1415 (15 October 2001).

⑥ Ibid.

之授权。[①]

对单一品牌协议中，由垄断供货商参与之单一品牌协议的审查，亦是由当然滥用发展至以效果为基础的分析方法。在1979年罗氏制药（Hoffmann-La Roche）案[②]中欧洲法院将垄断经营者参与之独家购买协议认定为当然滥用：在相关市场具有支配地位之经营者通过一项义务或承诺，即使是依相对人之请求，约束购买者必须只能从该经营者处获取全部或大部分产品，构成第102条所规范之滥用支配地位行为。[③] 之后2000年《垂直指南》规定，禁止垄断经营者对买方强加不竞争条款，除非该经营者能证明其行为为正当商业行为。[④] 而该"正当理由"仅须存在一些经济上之利益即可，如系争经营者向客户承诺将保障供应量。[⑤] 至最新2010年《垂直指南》，委员会适用以效果为基础的分析方法：[⑥]单一品牌协议当当事人为垄断经营者时更有可能产生限制竞争的封锁效果。

排他性可规定于契约中，如此则使买方将受到契约条款之约束，即唯一地从系争垄断经营者获取产品，但生产商还可能通过向买方提供利诱（inducements）的方式以实现同样的结果，如以忠诚折扣的方式作为买方不购买其他生产商产品的回报，此种具有排他属性的折扣行为与独家购买协议关系密切。[⑦] 此外，利诱行为还可能包括在协议中适用"英文条款"（English Clause），即在一个供应契约中，如果垄断经营者（卖方）不能提供比其他供货商更为有利之条件则买方可以更换交易对象而不受任何处罚，[⑧]或该利诱行为系保证买方在货源短缺时能够优先得到供应。[⑨] 然而，无论是否订立排他条款还是是否提供回报，当存在事

---

① See D. G. Goyder, *EC Competition Law*, 4th ed., Oxford University Press, 2003, p. 364 - 365.

② Case 85/76, Hoffmann-La Roche v. Commission [1979] ECR 461.

③ Ibid., para. 89.

④ See para. 141, OJ [2000] C291/1.

⑤ See J. Faull and A. Nikpay (eds.), The EC Law of Competition, Oxford University Press, para. 4.321 (2d ed. 2007), citing Alison Jones & Brenda Sufrin, *EU Competition Law: Text, Cases and Materials*, 4th ed., Oxford University Press, 2011, p. 420.

⑥ See para. 133, OJ [2010] C130/1.

⑦ See Alison Jones & Brenda Sufrin, *EU Competition Law: Text, Cases and Materials*, 4th ed., Oxford University Press, 2011, p. 420 - 421.

⑧ Case 85/76, Hoffmann-La Roche v. Commission [1979] ECR 461.

⑨ OJ [1989] L10/50, BPB Industries [1990] 4 CMLR 464.

实上的排他性时即为单一品牌协议，且该行为可能同时违反第101条与第102条。① 委员会在判断是否需要干预独家购买协议时，考量之因素关键不在于系争协议对交易相对人所产生之效果，盖相对人有可能是与垄断经营者进行谈判之后获得互利（quid pro quo）条件从而签订协议，故主要考量的是对其他下游及最终消费者之影响。申言之，当垄断经营者与数量较多的买方达成排他性契约以至于阻碍竞争者进入市场时，则买方作为一个整体，在整体上不利益，此为执法之重要考量。② 本书认为，从委员会之判断依据来看，当相对人基于互利而与垄断经营者达成独家购买协议，且相对人整体上具有不利益时，协议之封锁效果可能较为显著，且此时具有违法性。此外，本书由此思考，当协议产生之封锁效果严重至该协议对于相对人个人之有利性不足以抵销由封锁竞争者所带来的整体上不利益时，似不应认定为存在基于"互利"之合意，亦即不成立合意，而此时行为之不法性以单方限制行为之违法性论处较为妥适。

例如，范登伯格食品（Van Den Bergh，又称 HB Ice Cream）案，③爱尔兰的一个现制冰激凌（impulse ice-cream）生产商 HB 与零售商达成一项销售协议，该协议要求零售商使用生产商所提供之冰柜用以储存与放置其品牌之冰激凌，且不能储存其他品牌之产品，该冰柜或以非直接支付方式出借或以很低的费用租与零售商使用且以后不再回收，并由 HB 承担维持与修缮责任。委员会认定该协议违反第101条且不符合第3项之适用条件；委员会还发现系争生产商在爱尔兰现制冰激凌市场具有支配地位（市场份额为75%），其利诱零售商接受该销售协议安排的行为违反第102条，该处分决定得到普通法院的肯认，且上诉请求被欧洲法院驳回。普通法院对于是否违反第101条与第102条皆采效果分析方法，其中在认定是否违反第102条时并未直接将利诱行为认定为"当然滥用"，而是指出盖行为之效果阻碍了竞争者进入市场故而违反第102条。④ 另外，普通法院在对协议之封锁效果进行分析时，其中一个重要因素是法院认定有40%的零售通路被系争协议封锁，且法院的表述为"在市场上具有市场支配地位的经营者通过排他性条款捆绑（ties）相关市场上40%的销售通路，构成支

---

① See Alison Jones & Brenda Sufrin, *EU Competition Law: Text, Cases and Materials*, 4th ed., Oxford University Press, 2011, p. 421.

② Ibid., p. 425.

③ Case T-65/98, Van Den Bergh Foods Ltd. v. Commission [2003] ECR Ⅱ-4653; Case C-552/03 P, Unilever Bestfoods (Ireland) Ltd. v. Commission [2006] ECR Ⅰ-9091.

④ Case T-65/98, Van Den Bergh, at para. 160.

配地位的滥用”。①

有学者赞同法院对适用第101条与第102条同时采效果分析之做法，认为，当一种情形中可同时适用两个条款时采取同一种分析方法较为妥适，原本为适用第101条之经济效果分析方法可为适用第102条提供一种更为妥适之经济分析方法。② 而亦有学者将该案作为阐述搭售行为之相关理论的案例进行探讨，并指出“排他性”(exclusivity)可作为搭售安排中拒绝交易方式的一种变形，而该案即为此种情形。③

关于为何可以认定系争协议同时成立第101条之垄断协议及第102条之滥用支配地位行为问题，本书认为与生产商之市场份额以及被封锁之市场比例似皆有关系，该生产商市场份额为75%且被封锁的市场比例为40%，根据市场份额与纵向垄断协议之关系(见表3)，75%虽满足滥用支配地位规范之市场份额门槛，而被生产商所封锁之市场比例为40%，此亦为评价系争协议封锁效果之重要因素。但是，由市场份额甚至市场力因素并不能直接判断是否存在合意，结合第二编关于市场力因素对合意判断之影响的论述：市场力因素对于合意判断之作用主要在于或能大致根据市场力大小之不同程度划分独立行为、垄断协议、滥用市场力行为，但是须认识到市场力因素发挥作用之根本原因仍在于其对于行为有利性、依赖性、强迫性因素的影响。在该案中，生产商未采取“强迫”方式而是“利诱”方式，无论何种方式，如学者所言，是否订立排他条款或是否提供回报并非成立单一品牌协议之构成要件，本书认为垄断协议合意之认定(系属合意行为或单方行为)还应从其定义上，而不宜单纯依据市场份额或被封锁之市场比例进行判断。

1. 微软搭售案委员会的处分④及法院判决⑤

委员会认定，微软通过向OEMs供应其操作系统时预安装其播放器的方

---

① Case T-65/98, Van Den Bergh, at para. 160.

② See Alison Jones & Brenda Sufrin, *EU Competition Law: Text, Cases and Materials*, 4th ed., Oxford University Press, 2011, p. 424.

③ See D. G. Goyder, *EC Competition Law*, 4th ed., Oxford University Press, 2003, p. 364-365.

④ Case COMP/C-3/37.792, *Microsoft* (24 March 2004). 实际上，2007年，委员会再次对微软涉嫌滥用支配地位展开调查(COMP/C-3/39.530)，但指控之内容为微软利用其在操作系统市场之市场力以影响浏览器市场竞争。Available at https://publications.europa.eu/en/publication-detail/-/publication/592ad7c1-73bf-4061-8ad7-d3df7603a02e/language-en.

⑤ Case T-201/04, Microsoft v. Commission [2007] ECR Ⅱ-3601.

式,滥用其在电脑操作系统市场之支配地位,且 Microsoft 在操作系统市场之市场份额为 90% 以上。委员会之认定主要基于认定系争操作系统与播放器为两个可分离产品,以及微软利用支配地位之杠杆作用影响存在更多竞争之播放器市场;委员会提出违反第 102 条之搭售的四个要件。①

普通法院肯认了委员会之处分决定。就法院之判决,本书主要通过与美国微软案之判决对比进行阐述。首先,委员会提出之搭售安排违法性判断的四个要件与美国法院提出之当然违法之搭售安排的要件相同,只是在具体分析中有所不同。其中,(1)就可分离产品要件,美国法院认为平台性软件具有特殊性,故不可适用传统的分离产品测试方法,并且认定系争操作系统与浏览器为“整合”而不为搭售;但欧盟法院认为虽不存在必须使用其播放器的契约条款,而是将其包含在操作软件中,但仍构成“技术捆绑”。② (2)就选择性认定问题,美国法院更注重从生产商之竞争者角度分析其在销售通路上之可选择性,而并未强调对于销售商层面选择性的考量,但此后的理论及判例已发展至以销售商之转换障碍为重要考量,且欧盟法院肯认将强迫作为滥用行为之违法性判断标准之一,而美国法院对此并未明确提出。(3)就封锁效果要件,欧盟法院不采完全封锁理论,而是认为纵使 OEMs 与用户可以安装与/或使用其他播放器,他们亦无选择其他可替代产品之动机,③此为产生封锁效果之关键。其次,欧盟法院对于微软限制行为的认定仅限于搭售安排,而美国法院的认定范围更广,包括搭售与维持垄断的多种排他性行为。④

2. 学者见解

有学者指出,美国微软案之核心在于,即使是产生于电脑操作系统市场之外的相邻市场上的行为,只要其存在维持微软在该操作系统市场市场支配地位的效果,则该行为即构成《谢尔曼法》第 2 条规范之非法“维持垄断”行为,且上诉法院否决了地区法院关于微软试图获取浏览器市场上的市场支配地位的认定;而欧盟微软案则认定微软利用其在操作系统市场上之支配地位来获取其在

---

① 参见第二编第一章第三节第一部分欧盟部分的“搭售安排中的市场力因素”相关内容。

② See Richard Whish & David Bailey, *Competition Law*, 8th ed., Oxford University Press, 2015, p. 735. 美国法对于涉及创新产品至技术搭售安排适用合理原则进行审查。See D. G. Goyder, *EC Competition Law*, 4th ed., Oxford University Press, 2003, p. 364.

③ Case T-201/04, Microsoft, at para. 971.

④ See Andrew I. Gavil et al., *Antitrust Law in Perspective: Cases, Concepts and Problems in Competition Policy*, 2d ed., St. Paul, Thomson/West, 2008, p. 658.

服务器运行系统与播放器市场上的竞争优势。[①] 易言之，非“维持垄断”而为“滥用垄断”与“试图垄断”。

综上所述，笔者认为，虽欧盟法院对于微软之行为直接就是否构成搭售安排进行分析，且适用第102条，此与微软在相关产品市场极高的市场份额不无关系。但亦可发现，美国法院与欧盟法院在分析过程中皆对行为之具体限制竞争效果进行了分析（虽美国法院在当时仍维持适用当然违法规则方法，但实际上“结构式合理原则”方法亦得到支持[②]），且在对行为本身进行剖析时，皆对用户率或网络效应之影响进行了探讨，而欧盟法院更将交易相对人行为之动机作为考量因素。

二、结语

本部分之讨论主要涉及两个案例，即范登伯格食品案与微软案，前者系争生产商为市场份额达75%之经营者（被封锁之市场比例为40%），同时适用欧盟竞争法之垄断协议规范与滥用支配地位规范，而后者为市场份额达90%以上之经营者，美国与欧盟法院皆适用滥用支配地位规范，则对于此类具有排他性质之行为类型是否不具有作为垄断协议进行规范之实益似不无疑问。从搭售及独家交易安排之理论基础角度，两者皆以市场力为效果判断之要件，因此行为之封锁效果判断与市场力直接相关，此在第二编关于市场力因素之作用中已有探讨，在此不做过多赘述。但笔者认为，两者仍存在是否存在合意之探讨价值及空间。

虽两种行为在违法性判断标准上有显著不同，尤以搭售安排以“强迫性”为违法性判断标准之一的特征最为显著，但从两种行为之排他属性以及以往判例来看，无论搭售安排还是独家交易安排，在实务上均较容易产生适用规范竞合

---

① See Andrew I. Gavil et al., *Antitrust Law in Perspective: Cases, Concepts and Problems in Competition Policy*, 2d ed., St. Paul, Thomson/West, 2008, p. 658 – 659.

② 在前述杰斐逊教区医院（Jefferson Parish）案中，奥康纳（O'Connor）法官就搭售案件首次提出以结构式合理原则（Structured Rule of Reason）取代当然违法规则的分析架构，该结构式合理原则之具体表述为：（该案所提出之）搭售安排违法性判断标准仅为门槛条件（threshold conditions），但不足以证明存在经济上之不利效果；只有当满足前述条件后，才需要适用合理原则对经济上之影响为进一步审查，此（与一般合理原则）“不同之标签”（different label）意在实行一种不同的分析模式，而提出门槛条件的作用在于避免一些不必要的审查过程过于冗长与累赘。See Andrew I. Gavil et al., *Antitrust Law in Perspective: Cases, Concepts and Problems in Competition Policy*, 2d ed., St. Paul, Thomson/West, 2008, p. 809.

之问题,即存在同时适用联合规范与滥用支配地位规范之可能,对此问题,欧盟与美国实务上之处理方法有所不同。欧盟之做法现已发展至认为当事人为垄断经营者之单一品牌协议更有可能产生限制竞争的封锁效果,而对此情形常常同时适用第101条与102条,且适用同一种效果分析方法。有学者提出,是否订立排他条款或是否提供回报并非成立单一品牌协议之构成要件,当存在事实上的排他性时即为单一品牌协议。申言之,独家交易安排不以"强迫性"为违法判断之门槛,而先以事实上存在之排他性论垄断协议之成立,而后以封锁效果论违法性;美国之做法则较为复杂,例如,受不同封锁效果理论的影响,可能产生不同的判决结果,但登士柏牙科设备商案提出了"纯粹排他性契约"概念,此或可解释微软案产生之疑问:联合规范与滥用支配地位规范对排他性行为的评价标准是否应有区别(该案认定微软未违反《谢尔曼法》第1条之独家交易安排,但违反第2条之实施排他性行为以维持垄断)。另外,关于《谢尔曼法》第1条与第2条之同时适用问题,在讨论"价格歧视"一节中提及之味可美(McCormick)案,即认定被告之低价行为非单方决定而为基于互利之合意行为(但存在不同观点)。故笔者认为评价标准应有区别。申言之,纯粹排他性契约是独家交易安排成立单方限制行为的一种特殊行为态样,而是否构成纯粹排他性契约以及非纯粹排他性契约是否成立纵向垄断协议,则须结合个案具体分析。例如,非纯粹排他性契约亦可能存在封锁效果程度上的差异,甚至产生效果转化之问题,以一级价格歧视与二级价格歧视并存的味可美案为例,原本纯粹为单方排他性行为的一级价格歧视行为,当遇到相对人亦具有一定市场力之情形时,基于互利之合意行为的限制竞争效果因双方皆具市场力而得到增强,而此时已非单纯之排他效果,而产生来自合意行为之联合效果。搭售安排与独家交易安排就合意认定之分析框架仍应从一方寻求同意与相对人表示同意或默示同意的定义出发,通过分析行为之动机,包括从有利性、依赖性等面向进行探讨。但本书亦赞同欧盟对于品牌间之纵向限制行为采效果分析的方法,且美国在肯认对搭售安排适用合理原则之后,实际上亦是采效果分析的方法,而合理原则适用范围的扩大,并非对垄断协议规范效果的削弱,反而能够有利于防止垄断协议合意内涵的不当限缩。

第四章　混合型垄断协议

第一节　纵向垄断协议与联合抵制交错——以玩具反斗城诉 FTC 案(Toys “R” Us, Inc. v. FTC)为例

一、法院判决

美国 FTC 指控一个玩具零售商玩具反斗城(Toys “R” Us, TRU)通过与 10 个大型玩具生产商中的每一个生产商达成纵向垄断协议来促成 10 个生产商之间达成横向垄断协议,实施对折扣零售商的非法联合抵制行为。玩具零售商 TRU 在国内玩具销售市场上占有 20%的市场份额,且在某本地玩具销售市场上占有 49% 的市场份额,随着玩具销售市场上出现新兴的折扣商店以低价销售玩具,对 TRU 造成竞争威胁,因此 TRU 向 10 个大型玩具生产商提议对折扣商店减少玩具供应量以及供应具高度差异化的产品,并且 FTC 提供的证据表明系争生产商在传统玩具生产市场上占有 40% 的市场份额。美国 FTC 认定 TRU 的行为构成与系争生产商之间的联合以限制向竞争者折扣商店供应产品,并且认定 TRU 与生产商实施之联合抵制行为的目的是使消费者难以对商店之间的售价进行比较,从而使 TRU 能够避免与竞争者之间的价格竞争。申言之,系争联合抵制行为实际上是通过生产商之间的协调行为(coordination)

来阻止价格下降,其最终结果为 TRU 得以维持其销售利润。法院对该案适用西北批发商(Northwest Wholesale)案之分析框架(有限制的当然违法)进行审查,认定系争生产商之间构成共谋,且销售商 TRU 组织实施了该共谋,构成水平性质之限制行为。①

在上诉法院审查过程中,TRU 曾提出抗辩,认为其不具有市场力故而其行为不具有较为显著之限制竞争效果,然法院对此进行了详细阐述:②TRU 误认为原告(本案为委员会)必须首先证明行为人存在较大之市场份额始得证明行为存在限制竞争效果,但实际上此为本末倒置。市场主体在相关市场上之市场份额仅为评价市场力的一种方法,而此方法为最后之考量。最高法院已指出存在两种方法证明市场力,一种为通过限制竞争效果这一直接证据进行证明;③而另一种为常见方法,即通过证明相关产品及地理市场,且证明被告之市场份额超过系争案件中行为所须之市场份额门槛。而本案 TRU 作为一个玩具零售商的市场力虽已经估算,但委员会认为行为人之联合抵制行为明显具有限制竞争效果。具体而言,TRU 成功致使 10 个大型玩具生产商减少对折扣商店的产品供应,而产出的减少使 TRU 不必通过降价来达到折扣商店的价格水平,而其他传统形式的折扣销售商(如 Wal-Mart 与 K-Mart)则并未强加此限制行为;此外,受到影响之生产商占有传统玩具市场上 40% 的市场份额,且 TRU 在国内玩具销售市场上占有 20% 的市场份额,且在某本地玩具销售市场上占有 49% 的市场份额,因此通过生产商之间的协同行为来阻止价格下降已构成违法行为。故上述 TRU 所为之行为证据足以证明存在实际限制竞争效果,并可以作为市场力证明之直接证据,而无须再为进一步的市场分析。

二、本案合意内涵

本案关于合意内涵之确定主要存在以下三个争点。

---

① Toys "R" Us, Inc. v. FTC, 221 F. 3d 928 (7th Cir. 2000). See Andrew I. Gavil et al., *Antitrust Law in Perspective: Cases, Concepts and Problems in Competition Policy*, 2nd ed., St. Paul, Thomson/West, 2008, p. 777. 参见前文第 152 页,"水平性质"系指抵制行为本质上应为水平性质的行为,即以排除竞争者为目的。

② See Andrew I. Gavil et al., *Antitrust Law in Perspective: Cases, Concepts and Problems in Competition Policy*, 2d ed., St. Paul, Thomson/West, 2008, p. 915 - 916.

③ FTC v. Indiana Fed'n of Dentists, 476 U. S. 447, 460 - 61 (1986), citing Toys "R" Us, Inc. v. FTC, 221 F. 3d 928 (7th Cir. 2000).

1. TRU 与每一个生产商之间是否存在纵向垄断协议合意

本案事实部分就 TRU 与每一个生产商之间的意思联络方式阐述为:[1]TRU 与每一个生产商会面并阐述其新策略,而后询问每一个生产商有何计划,如此多次商谈之后,每一个生产商最终同意将仅向折扣商店出售具高度差异化的产品(如特殊的单个产品)并且此类产品仅出售给折扣商店。委员会认为:"TRU 通过其所提出之策略与相关协议,寻求实现减少折扣商店竞争威胁的目标,迫使原本为折扣商店的消费者购买他们不需要的产品,从而削弱消费者将折扣商店之产品售价与 TRU 售价进行直接比较的能力。"因此,委员会认定 TRU 与每一个生产商之间的行为单独构成纵向垄断协议,且存在 10 个有 TRU 参与的纵向垄断协议。

2. 10 个生产商之间是否存在横向垄断协议合意,以及 TRU 与该 10 个生产商之间的关系为何

FTC 指出当 TRU 与每一个生产商之间达成纵向垄断协议后,TRU 督促每一个生产商履行其承诺,但实施过程中存在困难。例如,TRU 必须克服生产商不愿放弃一个新兴的快速发展且有利可图的销售通路的想法。并且生产商亦存在担忧,即倘若折扣商店模式规模扩大且越来越受欢迎,此时任何一个生产商违背承诺出售给折扣商店,则该生产商将能增加销量而自身则受到损失。为解决这一问题,TRU 在中间起到了促成生产商之间达成共同联合抵制折扣商店的横向垄断协议的作用,而关键性证据即为至少有 7 个生产商以其他生产商竞争者将实施同一行为为条件而同意参与联合抵制。[2] FTC 据此认定生产商之间存在水平共谋,此认定为法院所肯认。

地区法院主要通过以下几点认定存在垄断协议合意:(1)TRU 所提策略之性质;(2)策略被提出之方式;(3)实质上的行为一致;(4)缺乏正当性动机的证明。最高法院肯认了地区法院的认定。并且法院将 TRU 案与州际电影公司(Interstate Circuit)案[3]进行比较,认为在证明存在横向垄断协议问题上比后者更具有说服力,盖 TRU 案中生产商停止与折扣商店进行交易的决定是一个突

---

① See Andrew I. Gavil et al., *Antitrust Law in Perspective: Cases, Concepts and Problems in Competition Policy*, 2nd ed., St. Paul, Thomson/West, 2008, p. 262 - 264.

② Toys "R" Us, 221 F. 3d at 932.

③ Interstate Circuit, Inc. v. United States 306 U. S. 208, 226 - 227 (1939). 该案还将出现于后文"苹果电子书"一案的分析中并有具体比较,故有关该案内容详见后文。

然的转变,且生产商要放弃一个有利可图的销售通路,更甚者,TRU 案存在直接的沟通证据,而州际电影公司案中并无此沟通证据。TRU 案中,TRU 试图通过以存在独立行为的动机为抗辩,但法院认为证据表明每一个生产商因害怕自己的竞争者采取欺骗手段并借由新的销售通路获取利益,故有理由相信生产商会同意 TRU 提出之要求是以其能够确定其他生产商亦参与实施为条件①。

3. 本案联合抵制行为之排他性与联合性为何,以及两种性质之间的关系为何

学者将 TRU 案界定为存在垂直性质行为与水平性质行为相混合,且同时存在排他效果与联合效果。② 联合抵制之发话人 TRU 作为国内主要的大型玩具零售商,其寻求与市场上的主要玩具生产商之间达成协议,而该协议以放弃与折扣商店及销售商之间的交易为代价,学者由此认为,生产商倘若并不知悉其他生产商是否也参与,则从经济上之合理性角度,不可能仍遵从 TRU 之要求。③ 易言之,每一个生产商都知悉其他生产商也将参与。

另外,关于 TRU 行为之效果,FTC 提供了大量证据证明行为之实际效果,包括联合效果与排他效果。有学者指出,该案之排他效果体现为从 TRU 之竞争者来看,该竞争厂商的成本提高从而其竞争能力受到损害;而联合效果则体现为从消费者来看,系争限制行为通过直接削弱可进行比价之折扣商店的竞争力,使消费者的搜寻成本增加(无从比价),导致消费者选择受到损害,进而产品之价格被有效提升。④

综上所述,本书思考限制行为之排他性与联合性之间是否存在关联性,以及对于合意之认定是否存在影响。(1)该案联合抵制行为之模式实际上为发话人通过与受话人之间的纵向垄断协议以及受话人之间的横向垄断协议实施排除第三方竞争者之联合抵制行为。其中,值得注意的是,同时存在纵向垄断协议与横向垄断协议,且 FTC 先行论证存在纵向垄断协议,纵向垄断协议之合意主体为 TRU 与每一个生产商,合意方式为直接会面及多次商谈,合意内容为减少对折扣商店的产品供应量且仅供应差异化产品,此合意内容实际上同时具有

---

① Toys "R" Us, 221 F. 3d at 935.

② See Andrew I. Gavil et al., *Antitrust Law in Perspective: Cases, Concepts and Problems in Competition Policy*, 2d ed., St. Paul, Thomson/West, 2008, p. 914.

③ Ibid.

④ Ibid.

限制价格与排除第三方竞争者之性质；而后论证存在横向垄断协议，横向垄断协议之合意主体为生产商与生产商相互之间，合意方式为除直接的沟通证据以外，还以其他生产商竞争者实施同一行为为条件，合意内容为共同实施减少供应量与供应差异化产品的行为。（2）该案限制行为之排他效果与联合效果不仅并存，而且相互影响。以排除第三方竞争者为目的之联合抵制行为本质上具有排他效果，联合抵制发话人与受话人垂直面向上的排他性限制行为（本案为纵向垄断协议）[①]通过受话人之间的横向垄断协议，将联合抵制之排他效果转化成联合效果。申言之，系争限制行为不仅对特定竞争者产生影响，更对整个相关市场之竞争产生影响。

第二节　纵向垄断协议与横向价格限制的交错
——以苹果电子书案为例

一、法院判决

2012年4月，美国司法部对苹果公司与相关出版商提起反托拉斯诉讼，指控其共谋提高和操纵新书与畅销书的零售价格，违反了《谢尔曼法》第1条。地区法院（为本案一审法院，以下简称"地区法院"）[②]于2013年7月判决苹果公司与出版商违反竞争法，并于9月发出禁制令。苹果公司于2013年10月提起上诉。2014年11月，地区法院批准了苹果公司提出以现金及电子书券方式，向2300万消费者支付共4亿美元，向团体诉讼律师支付5000万美元的和解协议，苹果公司的上诉审也在同时进行。此前，包括美国企鹅集团公司（Penguin Group Inc.）在内的5家出版公司已与原告达成协议并支付1.66亿美元罚款。2015年6月30日，美国第二巡回上诉法院驳回苹果公司的上诉，维持原判决，裁定苹果公司联合5大出版商操纵电子书价格的行为违反联邦反托拉斯法，并向消费者及律师支付4.5亿美元罚金。[③] 同年9月，苹果公司向美国联邦最高法院提出上诉，最高法院于2016年3月7日作出终审判决，驳回苹果公司的上

---

① 根据本编第一章关于抵制行为之案例分析，抵制发话人与受话人垂直面向上还可能成立单方限制行为。

② 纽约南部地区法院（Southern District of New York），案号：12 - cv - 02826 - DLC（Jul. 10, 2013）。

③ United States v. Apple, Inc., 13 - 3741 - cv(L)(Jun. 30, 2015).

诉请求,认定苹果公司与5大出版商共谋固定价格并提高电子书价格。

(一)本案事实及地区法院判决

在装载有电子书店(iBookstore)的iPad平板电脑出现之前,美国六大出版商中的5家①出版的电子书主要由亚马逊公司通过其kindle阅读器出售。由于亚马逊公司对电子书的定价很低(9.99美元/本),进而压低了读者对质图书价格的预期心理,影响了它们的纸质图书的销售利润,上述出版商对亚马逊公司的电子书定价一直不满,但多次协商未果。

苹果公司开发出装有电子书店的iPad之后,开始分别与几大出版商接触,协商电子书销售合作事宜。经过反复的分别磋商,苹果公司最终采用代销模式,不同于亚马逊公司的批发模式,分别与除兰登书屋(Random House)以外的其他五大出版商达成一致。这种代销模式使电子书的销售与苹果公司应用商店(App Store)上其他软件的销售模式相同,苹果公司将收取销售额的30%作为佣金。此外,在苹果公司与出版商之间的协议中还设置了最优惠条款(most-favored nations clauses,以下简称MFN条款),即对于苹果公司电子书店销售的电子书,出版商将保证给予苹果最优惠的价格;苹果公司的竞争者以更低价格销售电子书时,苹果公司也可相应降低销售价格。

2010年1月,苹果公司的iPad与电子书店上市后,亚马逊公司的Kindle阅读器的市场占有率受到冲击,公司股价也因此下跌9%。同时,上述五大出版商也不断分别向亚马逊公司施压,要求其也实行代销模式,并再次提出提高售价的希望。亚马逊公司最终接受。代销模式推行之后,出版商开始不约而同地对电子书涨价。当五大出版商同时涨价时,六大出版商中市场占有率最大的兰登书屋并未妥协,而是仍然坚持与亚马逊公司之间的批发模式,因此,亚马逊公司对其电子书定价也继续维持在低位。但苹果公司iPad市场占有率终使得兰登书屋于2011年选择加入苹果公司的销售管道并采纳苹果公司的代销模式。

本案在地区法院审理阶段中当事人双方攻防之争点主要在于事实认定部分,即苹果公司的行为是否构成“参与并促成出版商间固定价格之协同行为”;在上诉法院审理阶段,又进一步以违法性认定所适用之审查方法作深入探讨,足见本案之复杂程度、牵涉范围之广。就前一项内容,本案同时涉及横向价格

① 美国六大出版商分别为:麦克米伦(Macmillan)、哈珀柯林斯(Harper Collins)、阿歇特(Hachette)、西蒙与舒斯特(Simon & Schuster)、企鹅(Penguin)和兰登书屋(Random House)。其中,前5家为本案被告,而第6家兰登书屋则市场占有率最大。

限制和纵向价格限制，上诉法院将本案行为模式认定为“轮轴与轮辐式”共谋（“hub-and-spoke” conspiracies），①其中苹果公司作为“轮轴”（hub）在不同市场层面的若干竞争者（spokes）之间协调一项协议；该模式同时包含轮轴与各轮辐之间的纵向协议以及同时遵循该纵向协议的轮辐之间的横向协议②。因此，当两者以混合型态③呈现时是否将影响后一项内容，即限制竞争违法判断之方法的选择？地区法院对于事实认定的部分争点，如苹果公司与出版商签订之代销协议是否属转售价格限制行为、适用合理原则之经济分析④等问题，均未明确说明；另外，上诉法院虽认定苹果公司与各出版商达成限制价格协议，亦指出本案限制竞争之实质不在于纵向限制的部分，而在于以之为工具所促成之水平限制，但就违法认定部分产生意见分歧，虽多数意见支持原审判决，但反对意见亦陈词详尽且针锋相对。

（二）上诉法院判决及最高法院判决

1. 上诉法院判决——关于违法性认定之审查方法

对于地区法院采取当然违法规则的做法，上诉法院的3名法官中，2名持肯认意见，1名持反对意见，最终采多数意见维持一审判决。多数意见与反对意见辩论的争点最终落在对于丽锦（Leegin）案的解释与适用上。多数意见认为，合理原则所适用的纵向垄断协议，系指诸如一个生产商与其零售商就零售商所售价格或者销售区域所做的限制。易言之，上诉法院认为，合理原则所适用的纵向垄断协议类型应限于单一形态的纵向垄断协议。反观本案，上诉法院认为限制交易的行为不在于苹果公司与出版商被告所订立之纵向协议，并且认为若单看该纵向协议则适用合理原则并无不妥，但本案限制竞争之类型本质上为水平

---

① 该模式在美国法院判决中最早出现于1939年的州际电影公司案（Interstate Circuit, Inc. v. United States）。See Nicolas Sahuguet & Alexis Walckiers, *Hub-and-Spoke Conspiracies: The Vertical Expression of a Horizontal Desire*?, Journal of European Competition Law & Practice 5(10), 2014, p. 712.

② Apple, 13 – 3741 – cv(L), at 52.

③ 混合形态系指混合了纵向与横向限制行为因素的形态（infringements mix elements of vertical and horizontal concerted practices）。See Nicolas Sahuguet & Alexis Walckiers, *Hub-and-Spoke Conspiracies: The Vertical Expression of a Horizontal Desire*?, Journal of European Competition Law & Practice 5(10), 2014, p. 711.

④ 地区法院虽明确采用当然违法规则进行判断，但仍提出“即使适用合理原则，被告仍然违反合理原则”，因代销协议限制零售价格竞争，也阻碍出版商之间竞争，不具有促进竞争之效果。但未依合理原则之审查程序，对限制竞争效果与促进竞争效果分别仔细检视。See United States v. Apple, Inc., et al., 12 – cv – 02826 – DLC, at 120 – 121(Jul. 10, 2013).

交易限制，即由苹果公司组织（organize）、出版商被告之间串通、以提高电子书价格为合意内容的横向垄断协议。[①] 判决书中有多处提到，是苹果公司所同意施加限制的类型（本案为出版商联合提高电子书价格）决定了所应适用的审查标准，而非其中某一被告在该合意中所扮演之角色；[②]转售价格限制的唯一商业功能是促进生产商之间的价格协调一致，[③]应视其为一种工具而非最终目的。故可知，上诉法院对于"混合型"交易限制透露出这样的见解：选择审查标准之关键在于被告所共同同意采取的限制方式及限制内容，[④]而其中某单一主体与其他主体之交易关系则在所不论。

比照反对意见之观点，其强调不可忽视转售价格限制本身所具有的限制竞争与促进竞争的比较分析，认为应当遵循最高法院就丽锦案所揭示的"转售价格限制一体适用合理原则判断"准则。笔者认为，反对意见将辩论之重心落于转售价格限制行为之上确有疏漏之处（并未说明为何重点在于分析转售价格限制的部分），似意将同一案件中的纵向限制行为与水平限制行为分开来处理，此或许恰是其推演过程易遭驳斥之根本原因所在；多数意见将两者相结合并区分主次的做法似更符合混合型垄断协议，有别于一般垄断协议之复杂情形，亦为本书所认同之分析方法，但纵向限制行为却非仅为实现横向垄断协议之工具。以本案为例，当并无能够证明出版商间存在水平意思联络的直接证据时，能够认定其横向垄断协议的间接证据即为其各自与苹果公司签订之代销协议，然如前文所述，签订代销协议的行为符合每个出版商独立的个人商业利益，从而不能排除其具有平行行为之可能性，故有此疑虑之下，又如何能将本案限制竞争类型界定为水平交易限制？故而，当横向价格限制的成立与否尚存疑虑时，对于纵向价格限制的经济效果分析则至关重要，此时，借鉴丽锦案所确立之准则才具有实质意义。

然因法院意识到本案较为特殊之处在于其并非单纯的横向价格限制或纵向价格限制，又因转售价格限制一类案件，自 2007 年始建立了一体适用合理原

---

① Apple, 13 - 3741 - cv(L), at 75.

② Apple, 13 - 3741 - cv(L), at 72.

③ Apple, 13 - 3741 - cv(L), at 86.

④ 此处"共同同意"应理解为，既有垂直方向上的苹果公司分别与各出版商之间的同意，又有水平方向上的各出版商之间的同意，还有混合之后的苹果公司对于各出版商之间共谋固定价格的同意，以及各出版商对于苹果公司与除自己以外的其他出版商达成限制价格合意的同意，然而此同意是否同时包含积极同意和消极同意，则仍期待最高法院给予明确解释。

则之观念，并推翻了沿用一个世纪之久的先例，[①]故法院对于丽锦一案的判决结果可适用之范围界限为何持审慎态度则不难理解。因此，地区法院在适用当然违法规则时并非全无顾忌，仍"简单"分析了适用合理原则下的经济效果，上诉法院对此做了进一步分析，认为本案符合"快速审查"（"quick look" review）的"简略版"合理原则（abbreviated version of the rule of reason）之适用条件——适用于反竞争效果易于确认的垄断协议。上诉法院援引学者论述："当限制行为'从外表上'即能看出其……有提高价格的倾向，'简略版合理原则分析方法'可用于转移举证责任而非省去调查。"[②]法院更以联合抵制为例：当系争行为在相关市场中的经济效果"不能马上显现"时，法院不会适用当然违法规则，但仍无须充分分析行为之反竞争性质。[③]

上诉法院在肯认本案适用当然违法规则的同时，仍对于简略版合理原则的适用进行了补充论述，笔者认为，其目的在于强调：具有"核心卡特尔"外观的垄断协议，例如涉及影响价格变动，即使采用合理原则，举证之主要责任也将落在被告身上；易言之，须由被告证明其行为具有促进竞争之效果，而原告则不需要对于被告行为之反竞争性做出充分、全面的分析。由此观之，美国法院对于同时涉及水平与垂直的混合型价格限制行为之规范态度，似有受 OECD 规范核心卡特尔影响之虞。

2. 最高法院的判决

美国联邦最高法院于 2016 年 3 月 7 日作出终审判决，驳回苹果公司的上诉请求，认定苹果公司与五大出版商构成共谋固定价格并提高电子书价格的行为。最高法院基于地区法院与上诉法院的判决理由进一步阐明以下几点：（1）划分适用界限。并非所有具有促成横向垄断协议之效果的纵向限制行为皆会被认定为当然违法。（2）强调限制竞争之主观意识——有意识的承诺（conscious commitment）。违法性之认定并非仅因其具有横向垄断协议之客观效果，还需要垂直主体明知（knowing about）或同意（agreeing to）水平共谋的目的；但从对于苹果公司以及出版商主观目的的判断上看，又是基于对出版商水

---

① 此处"先例"系指迈尔斯（Dr. Miles）案。

② Apple, 13 – 3741 – cv(L), at 92, citing Phillip E. Areeda & Herbert Hovenkamp, *Antitrust Law*, 3rd ed., Aspen Publishers, 2011, p. 1914d.

③ Apple, 13 – 3741 – cv(L), at 92, citing FTC v. Indiana Federation of Dentists, 476 U. S. 447, 459 (1986).

平共谋事实的认定,即对出版商独立行动的否认——法院认为出版商选择代销模式与否取决于苹果公司能否成功组织,实际上是否认出版商独立行动的可能性;同时法院还指出丽锦案未解决之问题为如何处理“垂直主体(vertical organizer)不仅实施纵向限制行为,并且同意(agreed to)参与水平共谋”之情形,因此丽锦案确立之合理原则无法适用于本案。(3)按合理原则之认定步骤,对限制竞争、促进竞争、最优途径问题逐一阐述。①

综上所述,美国联邦最高法院对于本案共谋事实以及当然违法的适用皆采肯认态度,在一定程度上反映了法院对于垂直关系的参与者主导横向垄断协议这一类型案件的规制态度,虽有进一步明确,但与一、二审法院观点基本一致,故本书不再做特别讨论,但是最高法院几乎未提及市场力量问题,未对有关市场力量之疑虑予以进一步阐释,似有遗憾。

二、本案合意内涵

(一)事实认定之依据

1. 代销协议

本案需要认定出版商间构成横向垄断协议,且出版商与苹果公司之间构成纵向价格限制并促成出版商间固定价格之协同行为。一方面,本案没有直接证据证明苹果与各出版商以及出版商间事先通过沟通协调一致,因此无法直接认定出版商间存在水平意思联络,也无法认定苹果公司参与并促成共谋定价。成员之间无沟通的相互意思,不受《谢尔曼法》第 1 条所规制,仅有成员间的平行行为,并不足以证明成员间达成协同行为,还需要有“辅助证据”(plus factors)。② 另一方面,本案亦无直接证据证明苹果与出版商签订的协议构成固定价格协议。因此,出版商与苹果公司签订的代销协议是本案事实认定的依据,苹果公司的代销行为,是否属受被代理人意思表示限制的代理行为,或是可作为苹果公司参与并促进联合的证据,均需对这种代销模式作具体分析。本案的代销模式是相对于本案之前图书销售所采用的批发模式而言,因此,本

---

① The United States Department of Justice, Apple, Inc., Petitioner v. United States et al., No. 15 - 565, 20 (Nov. 2015), available at https://www.justice.gov/sites/default/files/osg/briefs/2016/01/04/15 - 565 _ apple _ v _ us _ opp.pdf; http://www.supremecourt.gov/search.aspx? filename =/docketfiles/15 - 565.htm.

② Apple, 12 - cv - 02826 - DLC, at 111.

书通过对两种模式的比较来评价本案采用的代销模式。

(1)批发模式

在苹果公司推行代销模式以前,图书销售采用的是传统的批发模式。所谓批发模式,是指零售商(移动通信网络中的平台企业)以批发价格从生产商(移动通信网络中的供货商)处购得商品,再自行定价销售的模式。以苹果电子书案为例,在最初向亚马逊出售电子书时,出版商采用批发模式,但是亚马逊为了促进其移动设备(Kindle)的推广,以9.99美元/本(低于批发价)的价格销售,并迅速占据了电子书市场90%以上的市场份额。出版商们对亚马逊9.999美元/本的定价感到不满,并且意识到这一定价会严重影响消费者对纸质书价格的预期心理,从而降低纸质书的销售利润,但与亚马逊多次协商未果,苹果模式的提出恰好符合他们的期望。

(2)代销模式

代销模式并非第一次被应用于产品销售,苹果公司早在推出其应用商店(App Store)时就引入了该模式,作为各应用软件(apps)在其应用商店上的销售模式。所谓代销模式,是指零售商(平台)变成生产商(供货商)的代理人,由生产商定价,零售商收取一定比例的佣金。在苹果电子书案中,代销协议规定采取分层式"最高"价格(tiered "maximum" price, pricing tiers with caps),并参考纸质书价将畅销书定为12.99美元与14.99美元,苹果公司收取30%的佣金。[①]美国司法部认为,协议中的"最高"零售价其实就是实际销售价格,[②]其行为构成价格操纵;并且当所有出版商被告都在与苹果签订的协议中适用代销模式时,协议中规定的"最高"价格成为出版商间对可接受的电子书售价的共识,并且在之后与亚马逊及其他电子书零售商的谈判中也要求适用类似协议,法院认为可以作为苹果参与并促进联合的证据。

2. MFN条款

法院认为,协议中适用MFN条款是本案认定苹果公司参与并促进出版商联合的另一依据,苹果公司与出版商间的联络表现为向每个出版商承诺相同的MFN条款。[③] MFN条款即"最优惠待遇"条款,由买方或卖方提出,表示买方可

---

① Apple, 12 - cv - 02826 - DLC, at 10, 12, 37; Jonathan M. Jacobson & Kimberley A. Piro, *Storm Over E-Books Waters*, Competition Law Journal: Concurrences 3, 2012, p. 15.

② Apple, 12 - cv - 02826 - DLC, at115.

③ Apple, 12 - cv - 02826 - DLC, at10, 118.

以以最优惠价格从卖方购得产品或服务。该条款被广泛应用于医疗卫生行业，医疗保险公司经常要求医疗服务提供商确保最低价格的服务。①

（二）出版商间是否构成横向垄断协议

在缺乏可直接证明协调价格行为的证据的情况下，5个出版商被告的平行行为是否缘于彼此间意思联络或者仅仅是独立行为，需要通过间接证据进一步论证。首先，图书出版市场的市场结构属于高度集中的寡占市场，这一点在判决书得到证实："5个出版商被告与兰登书屋构成美国'交易类'书籍（"trade" books）市场的6个规模最大的出版商。"②判决书指出，六大出版商2010年销售畅销书数量占全美畅销书总量的90%，即使在电子书领域，这6家出版企业也依然是规模最大的企业。③

根据一般经济学原理，在高度集中的市场，寡占企业很可能仅依靠观察彼此的行为，然后做出反应即可达到行为的相互协调，然而这种行为并不具有竞争法上的非难性，因此需要证明这种平行行为非独立行为而是垄断协议。本案对于出版商间存在价格固定协议的事实认定依据，主要是各出版商与苹果公司签订的代销协议以及协议中的MFN条款。代销协议中规定由苹果公司代销电子书的"最高"价格为12.99美元与14.99美元，法院支持司法部提出的观点，即"最高"零售价事实上等同于实际销售价格，并且该价格成为出版商间对可接受电子书售价的共识，出版商被告的行为构成固定价格行为。出版商的这一"共识"缘于出版商各自与苹果公司签订内容一致的代销协议，由此推断出出版商的平行涨价行为是缘于出版商间的意思联络，这一论证过程跳过了对于出版商行为是否具有经济合理性的讨论，而是援引1939年的经典案例州际电影公司诉美国案（Interstate Circuit Inc. v. United States）中最高法院的一段论述："电影发行商们知道有人计划并邀请自己参与一个协同行为，然后各自遵从这个计划并参与其中，这就足够了。每一个发行商都被告知其他发行商也被要求参与；每一个发行商都知道合作是该计划得以成功实施的基础。他们知道该计划一经实施，将导致限制交易的结果，并且知道该结果违反《谢尔曼法》。"④苹果

① Blue Cross & Blue Shield United of Wis. v. Marshfield Clinic, 65 F. 3d 1406, 1415 (7th Cir. 1995).

② Apple, 12 – cv – 02826 – DLC, at 13.

③ Ibid.

④ Interstate Circuit, Inc. v. United States, 306 U. S. 208, 226 – 227 (1939); Apple, 13 – 3741 – cv (L), at 154.

电子书案件的谈判过程与此相似：苹果公司分别联系几大出版商并告知它将计划与六大出版商逐个面谈，并且在就协议条款谈判过程中，苹果公司亦告知交易相对人已与其他出版商商谈过，面对出版商们担心亚马逊报复而不敢单独给予承诺，苹果公司承诺只要有 4 家出版商同意签署，便开始实施。最终，阿歇特、西蒙与舒斯特、麦克米伦、企鹅同意签署，随后不久，哈珀柯林斯也同意签订协议。

但是本案是否得直接援引州际电影公司（Interstate Circuit）案的结论，而避开分析出版商行为的经济合理性呢？笔者认为仍然有必要讨论出版商行为的经济合理性。两个案件的具体实际情形有很大差异。从市场结构上看，上游市场虽都是寡占型市场，但下游市场的市场结构却不同。两个案件都不是单纯的横向垄断协议而是伴随着垂直交易关系的参与，并且两案下游厂商的市场力量、下游市场的竞争状况均不相同，这直接影响了对于案件的事实认定与法律适用，因此有必要观察下游市场的市场结构。州际电影公司案的下游市场可细分为首映市场（first-run）与后续放映市场（subsequent-run），2 家电影放映商被告在首映市场上具有市场力量，[①]但在后续放映市场上仍面临着后续放映厂商的竞争，协议的目的即在于保证首映电影的高额利润并且限制后续放映厂商与其相竞争。[②] 在苹果电子书案中，根据法院所认定相关市场的范围，亚马逊有 90% 的市场份额，而苹果公司是市场的新进入者，下游市场结构与上述电影放映市场结构不同，并且下游市场竞争状况相较于前者似乎反而得到改善。

首先，从市场行为上看，由于受到市场结构的影响，州际电影公司案的放映商被告利用其市场力量，联合 8 家电影发行商，该放映商是垄断协议的组织者，而发行商则是垄断协议的参与者。这种行为模式是此类案件的共同特征，这一点在苹果电子书案中也被法院提及："一个共谋者利用其市场力量去引导其他共谋者的行为，即使该共谋者不具有完全的控制力，他依然是垄断协议的组织

---

① "The owner of those motion picture theaters in several cities in which the first runs of copyrighted 'feature' pictures were exhibited, taking advantage of its monopoly, secured from each of several copyright owners..." See Interstate Circuit, Inc. v. United States, 306 U. S. 208, 230(1939).

② 协议内容包括两项要求，"发行商同意无论何时在任何一家电影院出售的后续播放影片，其夜间出售价格都不会低于 25 美分"与"对于夜间售价达 40 美分或以上的影片，不会作为连场播放（double features）的影片与其他影片一起出售"。See Interstate Circuit, Inc. v. United States, 306 U. S. 208, 217(1939).

者。"[①]于是苹果公司以自己是市场新进入者提出抗辩，法院对此的解释是"垂直主体不需要具有市场支配地位"[②]而仍然采用州际电影公司案的结论，但并未解释前述"市场力量"源自何处。

其次，即使对州际电影公司案中电影发行商的行为进行经济合理性分析，也可发现其不具有独立行动的可能性。电影发行商的获利管道是通过授权电影播放获得利益，其与电影放映商签订授权协议往往规定获利的多少取决于电影销售量，所以当下游处于竞争的状态时，发行商的利润实际是取决于电影本身质量高低、市场的认可度，因此不存在人为操纵而利益受损的情况。在该案之前，下游市场已存在首映厂商与后续放映厂商间的竞争，面对放映商提出的共谋计划，虽然有利于维持首映电影的高价，但对于发行商而言，是"既得利益者"，相较于共谋所可能承担的违法风险，可能更愿意选择稳妥的办法来维护既有利益，以及若其他发行商最终未能参与则使单方面调价可能导致销售量下滑，所以发行商被告不存在独立行动的可能性。

最后，加入经济合理性分析可能导致判决结果的截然不同，例如，1954 年剧院诉派拉蒙案[Theatre Enterprises v. Paramount Film Distributing Corp. et al. (346 U. S. 537, 1954)]。[③] 该案同样面临着需要借助间接证据来推定电影发行商的平行行为是否出自联合的问题，然而不同的是，在该案中法院采用了经济合理性的分析方法。法院认为，由于原告 Crest 剧院与市中心剧院存在"实质性竞争关系"，同步放映从经济上考虑是不可行的。而且即使被告愿意授予原告放映权，也没有市中心的放映商会同意同步放映。因此，如果申请人要获得首映资格，该放映授权就必须是排他授权。显然，从经济上看并不符合被告的自身利益。因为 Crest 是一个郊区剧院，坐落在很小的购物区，公共交通设施有限，厅内面积不足市中心剧院的 1/10，在吸引赞助商方面根本无法与便捷的剧院相提并论。因此，市中心的剧院为广告宣传与新产品推广提供了更大的市场，被告平行行为完全可能是出自利润最大化的个人商业判断。因此，法院最终驳回原告提出直接判决的请求，将查明是否存在意思联络事实的问题提交陪

---

① Apple, 12 - cv - 02826 - DLC, at 139.

② Apple, 12 - cv - 02826 - DLC, at 153. 判决书原文："Courts have never found that the vertical actor must be a dominant purchaser or supplier in order to be considered a traditional 'hub'..."

③ 该案原告的起诉理由为：原告声称电影制作商(producers)与发行商(distributors)共谋，将其电影首映限制在巴尔的摩市中心的剧院，而原告的郊区剧院仅限于后续放映与不合理的"许可"(clearances)，违反了反托拉斯法。

审团解决。该案最终判定被告行为不构成垄断协议。

综上所述,笔者认为,有必要讨论苹果电子书案件中出版商行为的经济合理性。根据上述,苹果电子书案的下游市场在本案之前由亚马逊垄断,并由其主导的批发模式使电子书价格长期维持在较低水平,但此一价格并非竞争状态下的市场价格,出版商在电子书市场的利润因此受到挤压,甚至影响了纸质书的价格,所以本案出版商不同于州际电影公司案的电影发行商,他们不是"既得利益者",有强烈的改变现状之动机,而唯一顾虑是亚马逊的报复。因此,需要确认苹果公司的承诺是否有效,所以苹果公司提出"有4家出版商同意签署才会开始实施"的保证,让出版商知道自己"不是一个人在战斗",但并不等同于出版商间存在操纵价格的意思联络,不能排除其具有独立行动的可能性。

由于亚马逊的市场支配地位及其推行的"批发模式",使出版商无论是对中间商还是消费者,均无议价权,并且电子书的主要载体——电子阅读器——正面临着各种终端设备抢夺市场份额的严峻形势,即存在较大的需求交叉弹性。[①]这一点即可作为出版商价格行为的经济基础。因为尽管推行新的"代销模式"提高了电子书的市场利润率,将吸引新的竞争者,可以满足消费者对于交互式阅读方式的需求,减少需求交叉弹性,提高产品利润率,符合市场主体自身的利益,因此有众多"追随者"不足为奇,"近乎一致而突然的涨价"(an abrupt shift and near-unanimity of action)[②]证据不足以推翻出版商独立决定的主张。

(三)代销协议是否构成转售价格限制

首先,本案地区法院对于代销行为是否属代理行为并未做相关讨论,且亦未明确指出该代销协议为转售价格限制协议,但本书认为有必要事先明确这一点,因为它将影响之后对于本案法律适用的探讨。关于本案苹果公司代销行为是否属一般法律意义上的代理行为,笔者认为两者并不等同。虽然代销模式下的电子书价格名义上由出版商设定,但苹果公司在与出版商订立协议的过程中,对价格的最终决定扮演着关键的引导甚至是主导作用,包括提出分层式最高价格,并且曾拒绝出版商对于调高价格的建议。[③]

其次,在明确代销行为不属于单纯的代理行为之后,需要进一步确定苹果

---

① 此处"需求交叉弹性较大",系指电子书需求量的变动对于其互补品阅读载体的价格变动的反应较为灵敏。

② Apple,12 - cv - 02826 - DLC,at 111.

③ Apple,12 - cv - 02826 - DLC,at 47.

公司与各出版商间的协议是否符合转售价格限制之构成要件。从主观方面看，主体之间应当形成纵向垄断协议合意。本案合意主体为苹果公司与出版商，苹果公司是零售商，出版商是生产商，两者之间属垂直交易关系；合意方式为签订代销协议并承诺给予买方最优惠价格(MFN 条款)；稍有争议的是合意内容，法院认为苹果公司参与出版商关于调高电子书价格的意思联络，而苹果公司抗辩其并不知出版商们接受代销模式之后如何定价。本书认为，从苹果公司与出版商往来的邮件内容可知，苹果公司曾向出版商提出关于电子书最高价格的建议，并且该价格高于原来由亚马逊销售的价格，表明苹果公司行为已超出“仅为平台”的功能范畴，而是直接参与针对价格方面的沟通，至少可以证明苹果公司与出版商间存在符合竞争法规制范畴的合意内容。

第三节　结　　语

上述两个案例 TRU 案与苹果电子书案皆为具有水平性质之限制行为，且同时并存垂直性质之限制行为(虽苹果电子书案中法院并未明确以出版商与苹果公司之间构成转售价格限制论而是强调固定价格之水平性质)，但是前者系水平性质之联合抵制行为中，在垂直面向上存在纵向垄断协议合意，而后者系水平性质之固定价格行为中，在垂直面向上存在纵向垄断协议合意。如是观之，两案具有较高的可比较之价值。通过两案之比较，可以发现两案在合意认定上存在一定之不同。本书主要从以下两个方面进行思考：

首先，关于纵向垄断协议合意与横向垄断协议合意认定之间的关系问题。TRU 案中不仅是 TRU 起到“轮轴”(hub)的作用，还同时存在生产商之间的沟通证据以及存在符合有利性考量之行为动机，故 TRU 与生产商之间、生产商相互之间皆存在垄断协议合意。在第二编中关于同时存在水平、垂直关系之情形下合意之证明，根据法理及实务，一般认为不可单纯通过上、下游间存在垄断协议合意(如若干下游分别与共同的上游)而推定所有参与者或水平竞争者间存在垄断协议合意。而在苹果电子书案中，系争生产商之间缺乏直接的沟通证据，且生产商与苹果公司的纵向协议符合生产商个人之有利性考虑，为其实施独立行为提供了动机与可能性，此亦为本书对于该案生产商之间合意认定之疑虑。

其次，关于市场力对于合意认定之影响问题，且涉及限制行为之排他性与联合性判定问题。在 TRU 案中上诉法院对 TRU 所具有之市场力进行了详细论证,且因该案适用之审查方法为由西北批发商(Northwest Wholesale)案所确立之有限制的当然违法规则,故对于联合抵制发话人是否具有市场力有检视之必要;另外,该案限制行为同时具有排他效果与联合效果,且两种效果相互影响。以排除第三方竞争者为目的之联合抵制行为本质上具有排他效果,联合抵制发话人与受话人垂直面向上的排他性限制行为通过受话人之间的横向垄断协议,使得联合抵制之排他效果进一步衍生出联合效果。申言之,系争限制行为不仅对特定竞争者产生影响,更对整个相关市场之竞争产生影响。

而苹果电子书案中,法院并未对苹果公司在相关市场之市场力做详细论证,一方面,或与该案不以排除第三方竞争者之联合抵制行为论而以固定价格之垄断协议论相关,且该案与TRU案所适用之审查方法亦不同,该案适用当然违法规则,故降低了对市场力证明之必要性;另一方面,从排他性与联合性之角度观察,虽该案中存在出版商选择与苹果公司联合而拒绝与亚马逊公司继续以批发模式进行交易,客观上存在被排除之第三方竞争者,但法院对于该案垄断协议合意双方之限制竞争目的仅以固定价格论而不以排除第三方竞争者论。易言之,法院将该案之性质界定为联合性限制行为。由于该案缺乏存在横向垄断协议之意思联络证据,而且法院将合意方式认定为"轮轴与轮辐式"共谋,此情形下,似应证明存在若干垂直面向上之垄断协议合意,但假设仅为垂直面向上构成限制价格之合意,且上游市场上存在生产商之间的竞争,同时下游市场上苹果公司又为新进业者,则恐难以达到限制整个相关市场竞争进而影响价格之效果,而若欲实现该效果还必须通过上游市场上生产商之间实施横向垄断协议才可能产生限制整个相关市场竞争之联合效果。故此时具有证明水平面向上亦存在协议合意之必要性。申言之,此种模式为通过上下游间之纵向垄断协议以实现横向垄断协议之模式,然此混合型垄断协议之成立(纵向垄断协议与横向垄断协议皆成立)是否须以市场力为前提则不无疑问。根据以有利性考量作为动机的观点,只有当生产商认为与苹果公司实施纵向垄断协议有利可图时才会接受苹果公司之"邀请",从而达成合意。虽苹果公司采取之"代销模式"能够使产品(电子书)维持较高价格,但如果没有其在相邻市场(平台软件)上之市场力提供支持,恐并不能保证生产商获得利润。而相邻市场上之市场力是否能够作为相关产品市场上之市场力证明则又存在探究余地(类似于搭售安排之"杠杆理论",或"单一市场利润"理论)。由此观之,直接适用当然违法规则之审查方法是否妥适不无疑问,此亦为本书对于该案市场力认定以及审查方法适用之疑虑。

第五章　小结

纵向垄断协议态样中存在联合效果与排他效果之区分，如果单纯从两种效果各自的含义上看，具有排他效果的行为态样只有当实施排除其他竞争品牌行为的生产商的市场力达到较高程度时才具有较为显著之排他效果，如独家交易安排与搭售安排，故该两种行为类型下的案例常出现。当生产商市场力符合支配地位认定时适用滥用支配地位规范，而当市场力不符合支配地位认定时则适用垄断协议规范（须排除仅为单方行为之可能），①且在适用合理原则分析其限制竞争效果时（对于一些搭售安排还可能适用“结构式合理原则”），很可能会因其同时具有较为显著之经济效率与促进竞争的效果而认定不具有违法性，②故难免存在是否还有对其适用垄断协议条款进行规范之实益的疑问。关于此疑问，一级价格歧视与二级价格歧视并存的味可美（McCormick）案或可提供一些参考，在该案中，原本纯粹为单方排他性行为的一级价

① 在满足一定市场力门槛之前提下，且学说上认为确实存在既无法认定为垄断协议又无法认定为滥用支配地位行为之单方限制行为态样，该行为态样为非垄断经营者所为之单方行为，具有限制竞争或阻碍平行进口之效果。See Alison Jones & Brenda Sufrin, *EU Competition Law: Text, Cases and Materials*, 4th ed., Oxford University Press, 2011, p. 147.

② 大量独家交易安排具有效率性，故对其适用合理原则进行审查，且大部分为合法行为。See Herbert Hovenkamp, *Antitrust*, 2nd ed., St. Paul, West Publishing Co., 1993, p. 168.

格歧视行为，当遇到相对人亦具有一定市场力之情形时，合意行为之限制竞争效果会因双方皆具市场力而得到增强，而此时已非单纯之排他效果，而产生来自合意行为之联合效果。如是观之，排他效果与联合效果可能并存甚至相互影响。[①]类似案例在联合抵制行为中亦存在，如荷兰沥青（Dutch bitumen）案亦是上下游皆为具市场力之经营者，该案被欧盟法院认定为所有参与者之间构成固定价格的卡特尔行为，但该案同时为以排除第三方为目的之联合抵制行为。由此进一步观察，在前文对于联合抵制行为态样的归纳中（见表7），当水平面向存在一组厂商作为联合抵制之发话人时，发话人之间通过垄断协议达到增强市场力的效果，故法理上可将该一组厂商拟制为一个垄断者；而在垂直面向上与相对人之间可能构成垄断协议或仅为发话人之单方限制行为，此时倘若相对人之市场力足够大或者市场上相对人的数量少、市场集中度高则可能导致与发话人之间的垄断协议具有卡特尔之严重损害竞争之效果（如荷兰沥青案）。但是就论证逻辑上而言，当行为存在限制竞争之可能时（如达到一定市场力门槛），我们并无法直接先行判断限制竞争效果的程度究竟如何（尤其当同时存在水平与垂直关系之情形时）而后判断是否有对其适用垄断协议条款进行规范之必要，并且对于经营者之市场力的评价本身就具有相当难度，而且，有时对于竞争之损害程度可能尚未达到卡特尔之恶性程度。又如，苹果电子书案，为通过纵向垄断协议以实现横向垄断协议之混合型垄断协议案例（虽对于横向垄断协议之成立尚存疑虑），故纵向垄断协议存在促进横向垄断协议之可能应无疑问。但无论从纵向垄断协议可能促进横向垄断协议之法理上，还是从品牌内竞争可能影响品牌间竞争之法理上，[②]皆不宜忽视对一般性垄断协议，无论水平、纵向垄断协议的认定，而认定之先行问题即为垄断协议合意之内涵。故本书认为，似应摒弃具体垄断协议态样为水平或垂直、为品牌间或品牌内、为联合性或排他性的标签，而是从垄断协议合意内涵的本质上对垄断协议进行认定，并且尽可能从合意内涵上明确其与独立行为、单方限制行为之间的区分界限。

---

① 本书认为，存在两种效果相互转化之可能，例如在味可美案中，具有支配地位的生产商通过一级价格歧视行为排除生产阶段的竞争者，盖有选择的折扣行为会导致对销售阶段竞争的削弱，而相对人市场力的增强会进一步减少生产商竞争者可选择的销售通道，从而增强生产商实施的一级价格歧视行为的排除效果，同时此相互促进的效果为交易双方提供了互利可能，成为实施垄断协议之动机，从而通过实施垄断协议，产生合意行为之联合效果。

② 对品牌内竞争之限制可能反而促进品牌间之竞争，但亦可能减损品牌间之竞争，如味可美案、葛兰素史克（GlaxoSmithKline）案。

第四编　我国垄断协议规范之完善

第一章　我国《反垄断法》立法背景及垄断协议规范体例

我国《反垄断法》于2008年开始施行，是一部规制限制竞争行为的法律。《反垄断法》使用“垄断协议”一词来表述“共谋”的概念，“垄断协议”同时包含横向垄断协议与纵向垄断协议，甚至与部分单方滥用行为类型存在交叉，且在《反垄断法》语境下，“纵向垄断协议”主要包括转售价格维持；横向与纵向垄断协议分别规定于第13条、第14条，第15条规定了垄断协议的豁免情形。

我国《反垄断法》公布之前，我国竞争法规范主要为1993年公布实施的《反不正当竞争法》，由于当时无专门的反垄断法，因而有部分垄断行为亦规定于反不正当竞争法中，故该法既非完全狭义上的不公平竞争规范，也非完全包含限制竞争与不公平竞争两方面规范的“两法合一”的竞争法，至《反垄断法》公布之后，仍维持两法分立之立法体例。此外，在其他法律及行政法规中亦可见若干竞争规范，例如，1993年《产品质量法》（2000年、2009年、2018年修订）、1993年《消费者权益保护法》（2009年与2013年两次修正）、1994年《对外贸易法》（2004年、2016年两次修订）、1997年《价格法》、1999年《招标投标法》（2017年修正）、2002年《政府采购法》（2014年修正）等即包含若干反不正当竞争和反垄断的法律规范。[①] 而行政法规则如,2000 年《电信条例》(2014 年、2016 年两次修订)、2001 年《关于禁止在市场经济活动中实行地区封锁的规定》和《国际海运条例》(2013 年、2016 年两次修订)等法规中亦包含若干反不正当竞争和反垄断规范。[②]

我国《反垄断法》共 8 章、57 条,其中除总则之相关定义外,有关"垄断协议"的具体内容规定于第二章,实体内容上以规制国际上普遍认同之经济性垄断为基本着眼点。[③]《反垄断法》所规定之垄断协议,系指排除、限制竞争的协议、决定或者其他协同行为;明确禁止经营者(经营者)之间限制竞争的横向协议,即具有竞争关系之经营者达成的 6 种垄断协议,亦禁止经营者之间的纵向协议,即经营者与交易相对人达成的 3 种垄断协议,规定了若干豁免情形,并规定行业协会不得组织本行业之经营者从事本法规定的垄断行为。

---

① 参见王先林:《竞争法学》(第 2 版),中国人民大学出版社 2015 年版,第 66 ~ 67 页。

② 同上书,第 67 页。

③ 我国《反垄断法》在实体内容之规范上,除规范经济性垄断外,还特别规范行政性垄断行为,即第五章"滥用行政权力排除、限制竞争"。

第二章 《反垄断法》及配套规定垄断协议合意定义

第一节 研究现状——《反垄断法》中垄断协议合意的研究

本书关于我国纵向垄断协议规范即纵向垄断协议部分的讨论，将以整个垄断协议规范为背景展开，就当前之研究现状，主要从以下三个方面观察：法条解释、垄断协议构成要件、横向与纵向限制之区分及单方与双方限制之区分。

1. 第13条第2款关于垄断协议的定义[①]是否妥适？垄断协议之“禁止”应如何理解？（后一问题本为违法性判断问题，但笔者认为，违法性判断规则的选择既可能受合意内涵宽窄的影响，也可能影响合意内涵宽窄的选择，例如若选择较为严苛的当然违法原则，则合意之内涵及行为类型的列举应当更为清晰以免伤及无辜；反之，若合意内涵较为宽泛，则在设计违法性判断规则时也应有所区分为宜。）

首先，是由垄断协议定义的位置引发的该定义是否包含纵向垄断协议的疑问。第13条第1款规范的是横向垄断协议，第2款规定“本法所称垄断协议”定义，而

---

① 第13条第2款规定：本法所称垄断协议，是指排除、限制竞争的协议、决定或者其他协同行为。

非将定义置于总则或独立成条,如此一来,该定义是否同时适用于第 14 条纵向垄断协议则不无争议。有学者认为,垄断协议的概念被放置于《反垄断法》第 13 条之后,而第 13 条规范的是横向垄断协议。可见,在遵循概念设置位置的以往立法习惯的前提下,《反垄断法》第 13 条规定的也应该是横向垄断协议的概念。① 另有学者提出,在北京锐邦涌和科贸有限公司诉强生(中国)医疗器材有限公司案一审②中,法院在指示适用合理原则时,将第 13 条第 2 款解释为统领第二章垄断协议的一般性条款,存在扩大解释的失当,将局部条款解释为第二章的统领性条款,误读了不同位阶条款的作用和功能。③ 也有学者从法律逻辑思维同一律的角度指出,该条定义的用语为"本法所称垄断协议",在描述"横向垄断协议"的过程中,减少概念内涵的同时扩大了概念的外延,所以,若有一条可以同时适用于第 13 条横向垄断协议和第 14 条纵向垄断协议才更为严谨。④

其次,就"垄断协议"一词的表述,及其合意方式,即"协议、决定或者其他协同行为"之表述亦存在争议。有学者认为,"垄断协议"一词在概念的使用上存在用部分指代整体的问题,因为"协议"只是这类行为表现的一种形式(尽管是主要的和典型的形式),难以涵盖这类行为的全部,故用"联合限制竞争"或者"垄断协议""共同行为""共谋垄断"等概念来表达也许更为合适,而该学者在《反垄断法》立法前的研究中一直使用"联合限制竞争"的概念。⑤ 而就合意方式中的"协同行为",有学者指出此相当于欧盟法的"一致行动",应为与"协议""决定"并列的另一种垄断协议,然而由于"其他"二字使"协同行为"在字面上成为"垄断协议"的同义语,包括"协议""决定""其他协同行为",存在不妥适之处。⑥

---

① 参见刘继峰:《试析我国〈反垄断法〉垄断协议概念的形式逻辑问题》,载《北京化工大学学报(社会科学版)》2012 年第 4 期。

② 参见上海市第一中级人民法院民事判决书,(2010)沪一中民五(知)初字第 169 号。

③ 参见符颖:《纵向垄断协议的诉讼资格及证明责任——"北京锐邦涌和科贸有限公司诉强生(中国)医疗器材有限公司案"评析》,载《交大法学》2013 年第 2 期。

④ 参见辛正强:《中国〈反垄断法〉规则的逻辑问题》,载王晓晔主编:《反垄断法实施中的重大问题》,社会科学文献出版社 2010 年版,第 127 页。

⑤ 参见王先林:《竞争法学》(第 2 版),中国人民大学出版社 2015 年版,第 190 页。

⑥ 参见许光耀:《〈反垄断法〉中垄断协议诸条款之评析》,载《法学杂志》2008 年第 1 期。

另外,《反垄断法》采"禁止……下列垄断协议"[①]的措辞,且采列举方式,则所列行为是否采当然违法原则?列举项是为列举或例示?学者对此有争议。对于"禁止"的理解,有学者认为,列举项之后虽有概括条款,但"反垄断执法机构认定的其他垄断协议"不足以强调"所有""任何"的意思,更像是例外情形,如此则本法所禁止之垄断协议即为列举项,而实际上,所有可能限制竞争的协议,原则上都应纳入禁止范围,并提出,有的协议限制性格外严重应专门列举出来,且不需要对其是否限制竞争进行个案分析,直接认定应当对其进行审查,而对"其他协议"则需要根据具体情况进行分析。[②] 此观点似认为,条文列举出的具体类型应为列举,且所列行为应为严重限制竞争行为,适用当然违法原则。另有学者认为条文采列举方式,表示《反垄断法》并未采用"概括禁止"的立法模式,且单列出严重限制竞争的协议,该做法类似于美国司法实务中的当然违法原则。[③] 还有学者直接认定第 13 条第 1 款与第 14 条为禁止性规定,且列举的典型垄断协议被推定为违法。[④]

但是,亦有学者提出不同意见,如有学者认为,横向协议通常被称为"卡特尔",纵向协议称为垂直协议,且《反垄断法》没有本身违法原则的明确规定,第 14 条也可以理解为适用合理原则,而对于第 13 条横向垄断协议则肯认各国反垄断法对"核心卡特尔"适用当然违法原则。[⑤] 还有学者认为,禁止只表示法律对某种现象持否定态度,否定的对象则可以表现为不同的形态:某种行为形式,行为+潜在效果(危险),行为+具体效果。而列举的目的仅在于提示这些形式的行为通常情况下符合垄断协议的定义,但并不排除存在即便满足形式要件(列举项)也不符合垄断协议定义的情况,以及即便不满足形式要件(列举项)

---

① 第 13 条规定:"禁止具有竞争关系的经营者达成下列垄断协议:(一)固定或者变更商品价格;(二)限制商品的生产数量或者销售数量;(三)分割销售市场或者原材料采购市场;(四)限制购买新技术、新设备或者限制开发新技术、新产品;(五)联合抵制交易;(六)国务院反垄断执法机构认定的其他垄断协议。本法所称垄断协议,是指排除、限制竞争的协议、决定或者其他协同行为。"第 14 条规定:"禁止经营者与交易相对人达成下列垄断协议:(一)固定向第三人转售商品的价格;(二)限定向第三人转售商品的最低价格;(三)国务院反垄断执法机构认定的其他垄断协议。"

② 参见许光耀:《〈反垄断法〉中垄断协议诸条款之评析》,载《法学杂志》2008 年第 1 期。

③ 参见张骏:《论美国纵向限制法律规范及其对我国的启示》,华东政法大学法学院 2010 年博士学位论文,第 166 页。

④ 参见王健:《垄断协议认定与排除、限制竞争的关系研究》,载《法学》2014 年第 3 期。

⑤ 参见王晓晔:《〈中华人民共和国反垄断法〉析评》,载《法学研究》2008 年第 4 期。

也符合垄断协议定义的情况。且学者认为第14条适用合理原则。[①]

综上所述,对于垄断协议尤其是纵向垄断协议违法性判断问题,大致存在两种观点:(1)删除概括项,而以列举方式针对列举项适用当然违法原则;(2)列举项仅为例示规定,与概括项共同适用合理原则。

上述论述虽仅为法条解释层面的思考,但由此可见《反垄断法》在垄断协议定义的规定方面仍存在模糊性及争议性,而通过观察学者对于纵向垄断协议类型之定位亦可一定程度上解释其对于垄断协议定义的解读思路。

2. 垄断协议的构成要件、对于"目的违法"的理解以及协议认定与效果认定之关系问题。

关于垄断协议构成要件问题,有学者提出三方面要素:(1)垄断协议的实施主体是两个以上的独立经营者;(2)垄断协议的表现形式包括书面或口头协议、决议与其他协同一致的行为;(3)垄断协议具有限制竞争的目的或产生限制竞争的效果。[②] 另有学者则将重心放在"表现形式"上,认为认定一项行为构成"垄断协议"。

首先,须证明它是"协议",其表现形式有三:"协议""决定""其他协同行为",认为其类似于欧盟竞争法第101条的"协议、企业协会的决议和协同行为",并指出这些形式只是手段上的差别,垄断协议的本质是当事人之间协调彼此的行为,从而消除或减弱彼此间的竞争,无论采用哪种形式,其本质都是相同的。[③] 但该学者又曾提出,在执法过程中,这两种协议的区分是十分清晰的:纵向协议的主要后果是加强一方当事人(主要是供货商)的市场力量,而不是协调双方当事人之间的关系。如供货商与销售商订立独家交易协议,则会对其他供货商产生排斥。[④] 然而另有学者认为,纵向限制竞争协议是指不同生产阶段的企业订立的限制竞争协议或者这方面的行为协调,如生产商限制零售商的转售价格,这种限制不仅限制了一方协议当事人与第三方订立合同的自由,而且限制了某个生产阶段的竞争。[⑤] 而就具体纵向协议类型,如独家销售协议,有学者认为在协议之认定方面,应首先考察独家销售协议双方当事人(尤其是买方)的

---

① 参见兰磊:《转售价格维持违法推定之批判》,载《清华法学》2016年第2期。

② 参见王先林:《竞争法学》(第2版),中国人民大学出版社2015年版,第191页。

③ 参见许光耀:《论反垄断法上对"协议"的认定》,载《价格理论与实践》2013年第9期。

④ 参见许光耀:《〈反垄断法〉中垄断协议诸条款之评析》,载《法学杂志》2008年第1期。

⑤ 参见王晓晔:《论限制竞争性协议》,载《中国工商管理研究》2000年第4期。

市场地位,当其力量很小时,就不必再进行下一步的考察。① 该观点似将合意主体之市场力作为纵向协议认定的构成要件。

由此观之,学者似乎是从协议的客观效果角度而非合意本身的角度进行辨析。还有学者则在探讨垄断协议的立法问题时直接将讨论范围限于横向垄断协议的法律规制,且将垄断协议与卡特尔作为同等概念进行讨论。②

其次,对于"目的违法"的理解问题,因我国《反垄断法》受到欧盟竞争法一定的影响,故学者常将垄断协议部分的规范与欧盟竞争法第 101 条作比较,其中就垄断协议的目的违法与效果违法问题,学者有不同理解。欧盟法语境下,垄断协议的违法判断要求具有限制竞争的目的或效果,两者具备其一即构成限制竞争,而关于"限制竞争目的"应作何理解,有学者理解为"垄断协议达成的目的",且认为无论合意主体为水平关系还是垂直关系,都表现为各方共同对商品或服务的价格、数量、地区、对象等进行限制。③ 此处"共同"是否要求具有共同限制竞争目的,或只需形式上共同为某种行为即可,不无疑问。另外,学者借鉴欧盟法之目的违法,认为此并非指协议当事人存在违法的主观目的,而是描述一种关于行为性质的客观推定。④ 还有学者在介绍"协同行为"内涵时,认为其主要强调的是客观行为表现,但其目的是"以实际上的合作来代替竞争的风险",因而也要求有一定的主观因素,而该主观因素同样是根据当事人的客观行为来推断的。⑤ 另有学者持不同观点,认为横向垄断协议具有一致对外性,协议双方有共同的目的,而达成纵向垄断协议的主体之间则具有一定限制关系,不存在共同目的。⑥ 此外,也有学者从"共同经济利益"的角度进行阐释,认为横向限制的当事人之间具有共同的经济利益,而纵向限制的当事人相互不是竞争对手,该限制不是出于共同的经济利益,而是为了扩大生产或销售。⑦ 然而涉及"利益"问题时,究竟应属主观判断标准还是客观判断标准,笔者仍有疑问,留待文章中进一步探讨。

---

① 参见许光耀:《独家销售协议的反垄断法调整》,载《中国物价》2014 年第 4 期。

② 参见徐士英:《中国关于垄断协议的立法与实施——竞争文化视角的分析》,载《法治研究》2014 年第 3 期。

③ 参见王先林:《竞争法学》(第 2 版),中国人民大学出版社 2015 年版,第 192 页。

④ 参见兰磊:《转售价格维持违法推定之批判》,载《清华法学》2016 年第 2 期。

⑤ 参见许光耀:《论反垄断法上对"协议"的认定》,载《价格理论与实践》2013 年第 9 期。

⑥ 参见张靖:《论对纵向垄断协议的规制》,载《湖南师范大学社会科学学报》2008 年第 6 期。

⑦ 参见王晓晔:《反垄断法中的垄断与限制竞争》,载《中国价格监管与反垄断》2014 年第 9 期。

最后,关于协议认定与效果认定之关系问题,前文所提关于第 14 条纵向垄断协议是否适用第 13 条第 2 款“垄断协议”定义的争议,实际上与学者对于第 14 条列举之纵向协议,主要为转售价格维持行为,是否以个案中具体证明限制竞争效果为要件这一问题存在分歧。结合前文所述笔者认为,对于垄断协议尤其是纵向垄断协议定义存在争议,在一定程度上与学者认为纵向协议类型中仍有较大的当然违法的适用空间不无关联,但仍有学者认为当前趋势是单纯适用当然违法原则的范围越来越小,其与合理原则的适用范围有日益模糊的趋势。① 不仅学说上有争议,而且在执法与司法中也存在分歧。学者指出,在纵向垄断协议案件处理中,法律适用上出现了冲突,如贵州物价局、四川省发改委在查处茅台、五粮液转售价格维持案件②中并未分析对相关市场的“排除、限制竞争的效果”而是在认定事实之后直接给以处分,而之后的锐邦诉强生案的一审和二审结果虽不同,③但法院在对《反垄断法》第 14 条的解读上却是一致的,均认为原告(上诉人)需对限制最低转售价格协议具有限制竞争效果承担举证责任。④

3. 横向与纵向限制之区分及单方与双方限制之区分问题。

关于横向与纵向限制之区分问题,其实在前文的讨论中已有涉及,强调两者之区别者占多数,但大多从违法判断标准选择的层面提出见解。例如,有学者提出两者涉及的竞争层面不同,横向协议影响品牌间之竞争,而纵向协议则主要影响品牌内之竞争。⑤ 还有学者就完善我国《反垄断法》中关于纵向协议规制提出建议时,认为应在立法中明确可能出现的其他典型纵向价格垄断协议与其他典型纵向非价格垄断协议。⑥ 此建议似意将纵向协议按价格与非价格区分。另有学者具体就转售价格维持行为提出其既可作为纵向限制协议,也可作为横向限制协议来看待。例如,经销商可能通过转售价格维持的方式来掩盖横

---

① 参见王先林:《竞争法学》(第 2 版),中国人民大学出版社 2015 年版,第 198 页。

② 参见《反垄断罚单正式落地:茅台五粮液被罚 4.49 亿》,载人民网,finance. people. com. cn/n/2013/0222/c70846 – 20573079. html。

③ 一审:上海市第一中级人民法院民事判决书,(2010)沪一中民五(知)初字第 169 号。二审:上海市高级人民法院民事判决书,(2012)沪高民三(知)终字第 63 号。

④ 参见李剑:《反垄断法体系的隐含差异与意义》,载王先林主编:《竞争法律与政策评论》(2015 年第 1 卷),上海交通大学出版社 2015 年版,第 28 页。

⑤ 参见许光耀:《纵向限制竞争协议与横向限制竞争协议的比较》,载《西南政法大学学报》2007 年第 5 期。

⑥ 参见张靖:《论对纵向垄断协议的规制》,载《湖南师范大学社会科学学报》2008 年第 6 期。

向共谋，最后提出可以将市场结构条件作为一个"筛选"机制，只有达到特定的市场结构要求，采严厉禁止转售价格维持，且此时不需对行为是横向还是纵向进行区分，统一适用一个标准能够更有效地进行规制。①

而就单方与双方限制之区分问题，学说见解上似乎并未给予明显的区分标准，尤其体现在纵向垄断协议与滥用市场支配地位行为的区分方面。如搭售，有学者认为在对搭售等某些行为进行规制时存在禁止垄断协议制度与禁止滥用市场支配地位制度交叉的地方，搭售既可是双方纵向垄断协议的产物，也可是一方滥用市场支配地位的表现形式。② 另外，关于联合抵制行为，有学者将联合抵制分为横向联合抵制与纵向联合抵制，而我国《反垄断法》第 13 条规定之联合抵制情形为横向联合抵制，而纵向联合抵制涉及产业链具有垂直关系的经营者，故可适用我国《反垄断法》中有关纵向垄断协议和滥用市场支配地位的规定，则根据我国《反垄断法》可能产生联合抵制法条与滥用市场支配地位法条的竞合。③ 此外，就独家销售协议之定性，有学者认为其可能被认定为纵向限制竞争协议，然而如果该协议涉及的市场过大，或者通过这种销售加强了一个占市场支配地位企业的市场势力，则此类协议一般可以被视为违法，且应属滥用市场支配地位。④

整体观之，我国《反垄断法》颁布至今，在法条解释方面仍存在一定的模糊性，关于横向垄断协议与纵向垄断协议之间区别的探讨似乎仍较多从限制竞争效果的角度切入，而鲜有从合意内涵之角度分析。另外，对于纵向垄断协议尤其涉及价格之协议仍适用当然违法之观点仍属多数，此观点对于纵向协议之合意乃至垄断协议合意之内涵界定存在影响。就合意行为与单方限制行为之区分问题，学说见解上似乎并未作明显区分，如搭售、联合抵制及独家销售协议，被认为既可能被认定为合意行为，也可能存在滥用市场支配地位的情形。对这些具体限制行为进行定性时，合意行为与单方行为的界限为何将在文章中进一步探讨。

---

① 参见李剑、唐斐：《转售价格维持的违法性与法律规制》，载《当代法学》2010 年第 6 期。

② 参见王先林：《竞争法学》（第 2 版），中国人民大学出版社 2015 年版，第 194 页、第 196 页。

③ 参见李剑：《论联合抵制交易的违法性判断标准》，载《当代法学》2009 年第 3 期。

④ 参见王晓晔：《王晓晔论反垄断法》，社会科学文献出版社 2010 年版，第 136 页。

第二节　相关配套规定之合意定义

虽我国《反垄断法》的制定与实施确立了反垄断法的基本框架,但学说上亦认为其尚存不尽完善之处(尤其是执法机构和执法程序制度),且诸多规定仅为原则性条款,导致实务上不易操作之困难。① 因此,结合我国《反垄断法》实施中提出的新问题,国务院、国务院反垄断委员会、相关执法机构依各自职权制定了若干配套行政法规和规则,最高人民法院亦发布了相关司法解释,其中与垄断协议相关之规范具体如下:

1. 发改委于 2010 年 12 月公布《反价格垄断规定》以及《反价格垄断行政执法程序规定》;

2. 原工商总局于 2009 年 6 月公布《工商行政管理机关查处垄断协议、滥用市场支配地位案件程序规定》,2011 年 1 月公布《工商行政管理机关禁止垄断协议的规定》;

3. 最高人民法院于 2012 年 5 月公布《关于审理因垄断行为引发的民事纠纷案件应用法律若干问题的规定》(法释〔2012〕5 号)。

上述规定中,最高人民法院之司法解释中就垄断协议部分,主要于第 7 条规定了当事人举证责任之承担问题:"被诉垄断行为属于反垄断法第十三条第一款第(一)项至第(五)项规定的垄断协议的,被告应对该协议不具有排除、限制竞争的效果承担举证责任。"由于我国《反垄断法》第 13 条为横向垄断协议之规定,而且该条第 2 款之垄断协议定义中包含"排除、限制竞争"之要件,故此项举证责任之规定是否系为减轻执法机构于横向垄断协议合法性认定之举证负担(纵向则无),该"不具有排除、限制竞争的效果"与"促进竞争效果"之间的关系为何,且举证步骤上是否仍须由执法机构先为初步之限制效果的举证,又是否应区分具体行为态样,皆有待叙明。

以下主要就发改委与原工商总局公布之规定分别阐述。

一、发改委反价格垄断规定之合意定义

发改委于 2010 年 12 月公布的《反价格垄断规定》中,与垄断协议相关的规

① 参见王先林:《市场取向的经济改革与中国反垄断法的产生和发展》,载王先林主编:《竞争法律与政策评论》(2015 年第 1 卷),上海交通大学出版社 2015 年版,第 10 页。

定主要为第5～10条：

第五条 本规定所称价格垄断协议，是指在价格方面排除、限制竞争的协议、决定或者其他协同行为。

第六条 认定其他协同行为，应当依据下列因素：

（一）经营者的价格行为具有一致性；

（二）经营者进行过意思联络；

认定协同行为还应考虑市场结构和市场变化等情况。

第七条 禁止具有竞争关系的经营者达成下列价格垄断协议：

（一）固定或者变更商品和服务（以下统称商品）的价格水平；

（二）固定或者变更价格变动幅度；

（三）固定或者变更对价格有影响的手续费、折扣或者其他费用；

（四）使用约定的价格作为与第三方交易的基础；

（五）约定采用据以计算价格的标准公式；

（六）约定未经参加协议的其他经营者同意不得变更价格；

（七）通过其他方式变相固定或者变更价格；

（八）国务院价格主管部门认定的其他价格垄断协议。

第八条 禁止经营者与交易相对人达成下列价格垄断协议：

（一）固定向第三人转售商品的价格；

（二）限定向第三人转售商品的最低价格；

（三）国务院价格主管部门认定的其他价格垄断协议。

第九条 禁止行业协会从事下列行为：

（一）制定排除、限制价格竞争的规则、决定、通知等；

（二）组织经营者达成本规定所禁止的价格垄断协议；

（三）组织经营者达成或者实施价格垄断协议的其他行为。

第十条 经营者能够证明所达成的协议符合反垄断法第十五条①规定的，不适用本规定第七条、第八条的规定。

二、工商行政管理机关禁止垄断协议规定之合意定义

原工商总局于2011年1月公布的《工商行政管理机关禁止垄断协议的规

① 系指垄断协议的豁免情形。

定》中，与垄断协议相关的规定主要为第2～9条：

第二条　禁止经营者在经济活动中达成垄断协议。

垄断协议是指违反《反垄断法》第十三条、第十四条、第十六条的规定，经营者之间达成的或者行业协会组织本行业经营者达成的排除、限制竞争的协议、决定或者其他协同行为。

协议或者决定包括书面形式和口头形式。

其他协同行为是指经营者虽未明确订立书面或者口头形式的协议或者决定，但实质上存在协调一致的行为。

第三条　认定其他协同行为，应当考虑下列因素：

（一）经营者的市场行为是否具有一致性；

（二）经营者之间是否进行过意思联络或者信息交流；

（三）经营者能否对一致行为作出合理的解释。

认定其他协同行为，还应当考虑相关市场的结构情况、竞争状况、市场变化情况、行业情况等。

第四条　禁止具有竞争关系的经营者就限制商品的生产数量或者销售数量达成下列垄断协议：

（一）以限制产量、固定产量、停止生产等方式限制商品的生产数量或者限制商品特定品种、型号的生产数量；

（二）以拒绝供货、限制商品投放量等方式限制商品的销售数量或者限制商品特定品种、型号的销售数量。

第五条　禁止具有竞争关系的经营者就分割销售市场或者原材料采购市场达成下列垄断协议：

（一）划分商品销售地域、销售对象或者销售商品的种类、数量；

（二）划分原料、半成品、零部件、相关设备等原材料的采购区域、种类、数量；

（三）划分原料、半成品、零部件、相关设备等原材料的供货商。

第六条　禁止具有竞争关系的经营者就限制购买新技术、新设备或者限制开发新技术、新产品达成下列垄断协议：

（一）限制购买、使用新技术、新工艺；

（二）限制购买、租赁、使用新设备；

（三）限制投资、研发新技术、新工艺、新产品；

（四）拒绝使用新技术、新工艺、新设备；

（五）拒绝采用新的技术标准。

第七条 禁止具有竞争关系的经营者就联合抵制交易达成以下垄断协议：

（一）联合拒绝向特定经营者供货或者销售商品；

（二）联合拒绝采购或者销售特定经营者的商品；

（三）联合限定特定经营者不得与其具有竞争关系的经营者进行交易。

第八条 本规定未明确规定的其他垄断协议，除价格垄断协议外，由国家工商行政管理总局依法认定。

第九条 禁止行业协会以下列方式组织本行业的经营者从事本规定禁止的垄断协议：

（一）制定、发布含有排除、限制竞争内容的行业协会章程、规则、决定、通知、标准等；

（二）召集、组织或者推动本行业的经营者达成含有排除、限制竞争内容的协议、决议、纪要、备忘录等。

从上述发改委《反价格垄断规定》与原工商总局关于《禁止垄断协议的规定》来看，除在合意内容方面由于执法部门之职能区分，对涉及价格与非价格之垄断协议分别予以规定之外，在规范体例上，两者皆主要采例示（或列举）之方式，且后者同时采对概念加以详尽之方式（如《禁止垄断协议的规定》第 2 条第 3 款、第 4 款）。值得注意的是，后者将“联合抵制交易”列为垄断协议之行为态样予以规范，但是从列举之具体行为态样来看，除第 7 条第 3 项以“具有竞争关系”为限定体现同一产销阶段之关系外，其他两款之“联合”是否包含水平与垂直，此或将涉及《反垄断法》第 14 条关于纵向垄断协议仅例示纵向价格限制之问题，是否可认其为纵向非价格限制或混合性垄断协议的一种，有待叙明；在合意方式上，皆肯认对“其他协同行为”考量行为是否具一致性以及业者之间是否存在意思联络或交流（沟通），但是后者另明确提出以“能否对一致行为作出合理的解释”为考量因素，但该合理解释是否应具有唯一性则并未叙明。另外值得注意的是，后者对于“其他协同行为”之界定，提出包含“实质上存在协调一致的行为”之情形，似有肯认“默示同意”概念之意，但此规定仅就“协同行为”（《反垄断法》并未说明“协议”与“协同行为”概念应作区分或统一解释）而非就“其他方式之垄断协议”为规定，似有将“默示同意”仅限于“协同行为”之效果，如果认为“协议”与“协同行为”有不同，则恐有限缩垄断协议合意内涵之嫌。因此，本书认为，规范之方式或可进一步对“其他方式之合意”为统一解释。

第三章　垄断协议合意之实例探讨

第一节　2016年上海市物价局对家电行业海尔最低转售价格限制处罚案

一、处分书内容概要

上海市发展与改革委员会物价局（以下简称物价局）于2015年11月10日至2016年7月13日对重庆新日日顺家电销售有限公司上海分公司、重庆海尔家电销售有限公司上海分公司、重庆海尔电器销售有限公司上海分公司3家公司（以下称被处分人）涉嫌对经销商实施最低转售价格限制的行为进行了调查。

被处分人由海尔出资，在上海地区分渠道及产品线以各自名义与下游经销商、零售商签订经销合同。在经营过程中，被处分人对经销商采取了限定终端零售最低价格的管控措施，涉嫌存在与上海地区经销商达成并实施“限定向第三人转售商品最低价格”垄断协议的事实。[①] 事实认定主要包括如下两项。

---

① 上海市物价局行政处罚决定书2016年第2520160009号。

(一)达成"限定向第三人转售商品最低价格"垄断协议

1. 发送各类销售政策和通知,要求经销商执行统一指导价销售

2015年3月13日,被处分人向各经销商发送经销商管理政策,要求"经销商不允许低于指导价格销售",通知还规定了对于"乱价"的举报方式和处罚条款。同年11月2日,向经销商发送《关于整顿全网市场规范的通知》,决定"加大对全网在线平台乱价行为的管控力度……整顿期间若出现乱价,则予以扣除全部保证金并下架海尔产品,若不予下架,则永久停止线下业务合作"。

2. 不定时发布各类管理公函、沟通函、通知函等,要求经销商不得"窜货乱价",不得扰乱在线市场秩序,规范在线线下产品价值链

2012年11月16日,被处分人向经销商发函,要求"小区店客户在实体店和网上销售、宣传时必须遵守海尔指导价格,不乱价"。2014年12月1日,发送《在线平台网络开发沟通函》,要求"杜绝影响海尔形象及扰乱在线市场秩序的店铺存在"。2015年3月16日,向经销商发函,要求"海尔""卡萨帝""统帅"品牌各自有渠道产业理货商"严格按照理货限价版本在本区域内发货,违规同样视为窜货"。同时,要求各理货商交纳市场保证金10万元,发现违规后将直接扣除保证金,余额不足需重新补齐。上述函件都附有回执,要求经销商必须签字确认,并约定不签回执的视为默认同意。

3. 与经销商签订海尔产品经销总合同、奖励协议,要求"不得出现乱价现象""按照约定统一零售价格在终端零售"

2012年版《海尔产品经销总合同》第5条"货款支付与奖励"约定"甲方承诺将积极配合乙方的价格政策,共同维护乙方的市场稳定";此后,《2014年度海尔彩电161无忧奖励协议》第3条"价格约定"中约定"甲方及其所有乡镇网络按照乙方制定的产品提货价格提货,并按照约定统一零售价格在终端零售"。

4. 与经销商签订《保证金协议书》,约定如果发现在线经销商违反市场规范(含限价),保证金不予退还

2015年6月,被处分人与所辖经销商签订的《保证金协议书》,对开展在线业务的经销商收取保证金,淘宝平台收取2000元,其他平台收取10,000元。并规定,如果发现在线经销商违反市场规范(含限价),保证金不予退还。

(二)实施"限定向第三人转售商品最低价格"垄断协议

物价局认定被处分人通过发布限价表、通报"乱价"行为、处罚"乱价"经销商等多种手段实施了最低转售价格限制协议:(1)定期发布零售限卖价指导书(价值链表);(2)监测在线及线下经销商的"乱价"行为,对"乱价"经销商进行

“罚款”，对于屡次“乱价”的经销商暂停供货、停止合作；(3)2014 年下半年开始，多以口头和微信的方式，通知经销商调整价格。

综上，物价局认定，被处分人与其上海地区经销商属于独立市场主体，两者存在交易关系，被处分人的行为违反了我国《反垄断法》第 14 条第 2 项和《反价格垄断规定》第 8 条第 2 项的规定，属于达成并实施“限定向第三人转售商品最低价格”垄断协议的违法行为，排除、限制了市场竞争，损害了消费者利益和社会公共利益。

二、转售价格限制构成要件之再审视

我国《反垄断法》第 14 条禁止经营者与交易相对人达成固定转售价格、限定最低转售价格以及其他垄断协议，有具体例示之行为态样者为固定转售价格与最低转售价格限制，而条文前段直接以“禁止”为表述，在规范模式上接近于将转售价格限制中的转售价格固定与最低转售价格限制作为目的型限制行为进行规范。但就第 3 项之“其他垄断协议”是否仍包含纵向价格限制之其他行为态样或仅为纵向非价格限制，则仍有探讨余地。

本案物价局对于当事人双方达成垄断协议以及具有实施垄断协议之行为进行了阐述，应仅对第 14 条之垄断协议是否成立进行了论证，并未对转售价格限制之限制竞争效果进行论证，以下主要从本案合意判断与违法性判断两方面进行阐述。

(一)本案中的合意判断

从本案转售价格限制之成立与否层面，应有“一方为寻求同意且相对人至少为默示同意”之证明，处分书关于达成“限定向第三人转售商品最低价格”垄断协议部分的论述，主要包括发送销售政策要求经销商执行统一指导价，发布通知函等函件要求不得“窜货乱价”，与经销商签订海尔产品经销总合同、奖励协议、保证金协议书等措施。

被处分人与经销商签订的正式经销契约，从处分书内容来看，应为 2012 年版《海尔产品经销总合同》，其中就生产商之价格政策有约定，而经销商“承诺将积极配合”生产商的价格政策，是否是授权生产商此后所做的单方价格变动皆对经销商有拘束力，似还需进一步细究契约之内容。如果先行签订的契约条款无明示限制转售价格的约定，则需论证生产商嗣后声明之限制政策是否得到经销商的默示同意。由事实所陈，被处分人所为之发函通知、要求、处罚等行为可构成“寻求同意”之行为，而就经销商之“同意”或“默示同意”行为，应可根据经销商之实际实施行为认定，故处分书第二部分关于“实施垄断协议”之阐述的功能应在于证明经销商之意思表示，然而处分书仍是强调被处分人所实行之多种手段实施系争垄断协议，而最终似径依此手段之不正当性认定该垄断协议具违法性。本书认为，如果合意之判断缺少相对人授权单方行为之效力或至少为“默示同意”之证明，恐尚无法与单方限制行为相区分。

（二）本案中的违法性判断

有关垄断协议之定义在我国《反垄断法》第13条第2款中规定：“本法所称垄断协议，是指排除、限制竞争的协议、决定或者其他协同行为。”虽本法第14条前段亦以“垄断协议”为表述，理论上应与第13条规定之“垄断协议”为同一含义，然无论从第14条所规范之类似目的型限制之行为态样，还是从本案执法机构之认定观察，是否对于最低转售价格限制不需证明具有“排除、限制竞争”效果乃实务中较为通行之做法，不无疑问；且本案亦未对系争限制行为是否可适用本法第15条之“豁免规定”做说明。

笔者认为，此或可体现物价局对于最低转售价格限制适用《反垄断法》第14条的条文理解，即将该条所规范之行为以类似于目的型限制行为论处，但未对该行为态样可能具有之有效率性在本案中予以排除，故而以限制行为之成立即认定其具有违法性。要言之，本案在违法性判断上，尚需进一步为论证之处，包括被处分人之市场力以及行为之限制竞争效果。

第二节　2011年江西省工商局对泰和县液化石油气垄断协议处罚案

经原国家工商行政管理总局（以下简称国家工商总局）授权，江西省工商行政管理局（以下简称工商局）于2010年8月对江西省泰和县液化石油气经营者从事垄断协议行为进行立案调查，于2011年4月对有关涉案当事人下达了行政处罚决定，[①]调查事实及处罚决定如下。

2010年3月，经检举人检举泰和县液化石油气行业涉嫌存在非法垄断协议，后经国家工商总局授权，江西省工商局于2010年8月6日对本案立案调查。

---

① 参见赣工商公处字〔2010〕01号，国家工商总局竞争执法公告2013年第2号。

经查,2008年10月,当事人泰和县华维液化石油气储配站(以下简称华维气站)的经营形态为合伙企业,其独家经营泰和县城散装液化石油气业务,与该县江西省赣中南石油有限责任公司(以下简称赣中南公司)、江西省新深港液化气销售配送有限公司泰和分公司(以下简称新深港公司)、泰和县马市普工液化石油气有限公司(以下简称马市普工公司)、泰和县辉煌液化气站(以下简称辉煌气站)、夏富华(系泰和县万合液化气站个体经营者,以下简称万和气站)、郭某某(系泰和县继龙液化气站个体经营者,以下简称继龙气站)6家经营户达成协议:由华维气站一家经营泰和县城的散装液化石油气充装、销售业务,马市普工公司负责液化气的批发业务(不再从事散装零售),万合气站负责万合附近乡下散装零售业务,赣中南公司、辉煌气站、新深港公司、继龙气站均停止县城液化气零售业务。华维气站按月支付赣中南等6家经营户现金9.4万~10.4万元(其中赣中南公司1.15万元/月,新深港公司1万元/月,马市普工公司3万元/月,2009年1月后马市普工公司4万元/月,继龙气站1万元/月,辉煌气站1.2万元/月,万合气站0.85万元/月)。

经核实,赣中南公司证实该公司目前没有从事液化气相关业务的经营;新深港公司证实该公司参与华维气站垄断协议,按月收受华维气站1万元,目前没有从事泰和县液化气零售业务;继龙气站证实其参与华维气站垄断协议,按月收受华维气站1万元,目前没有从事泰和县液化气零售业务;万合气站证实其参与华维气站垄断协议,目前其经营万合乡业务,没有从事泰和县城液化气零售业务;马市普工公司证实分割销售市场事实,该公司目前没有从事泰和县城液化气散装零售。

根据以上事实,以及我国《反垄断法》第13条第1款第3项规定,“禁止具有竞争关系的经营者达成下列垄断协议……(三)分割销售市场或者原材料采购市场”,工商局认定,本案中,泰和县华维液化石油气储配站为控制泰和县的散装液化石油气经营市场,与赣中南公司、新深港公司、马市普工公司、辉煌气站、夏富华、郭某某6名本案当事人达成协议,人为排除、限制了正当竞争,造成泰和县液化石油气市场独家经营的状况,该行为,一方面,使消费者失去了选择商品的权利,严重损害了消费者的利益;另一方面,也使市场失去优胜劣汰的机制,具有经济效率的企业因不能参与正当竞争,无法扩大自己的市场份额,从而严重损害企业的竞争力,使社会资源不能得到优化配置。因此,华维气站的上述行为构成《反垄断法》第13条第1款第3项所禁止的垄断协议。

依据上述处分书认定,本案的相关产品市场为散装液化石油气经营市场,相关地理市场为江西省泰和县,在该相关市场上,由华维气站一家经营泰和县城的散装液化石油气充装、销售业务,马市普工公司负责液化气批发业务并退出散装零售市场,万合气站仅负责万合附近乡下散装零售业务,其余涉案经营者完全退出零售市场,可见该相关市场实际上包含液化石油气充装市场、批发市场、零售市场,存在3个不同产销阶段。因此,被处分人华维气站与其他6家被处分之经营者实际上同时存在水平与垂直关系,本案垄断协议之性质不仅为单纯的横向垄断协议,而且应属横向垄断协议与纵向垄断协议相交错之混合型垄断协议。

第四章　我国《反垄断法》垄断协议规范完善建议

基于对研究现状之梳理及我国《反垄断法》实施以来的案例研析，从本书所研究议题之角度，试主要从立法方面提出如下两点建议。

（一）完善垄断协议之定义，及明确其所在之《反垄断法》第13条第2款与第13条第1款及第14条间之关系

就《反垄断法》第13条第2款与第13条第1款间之关系而言，鉴于第1款“禁止”之条文表述，是以垄断协议之合意行为的不正当性论处行为之违法性，或是以第2款具有“排除、限制竞争”效果之合意行为论处行为之违法性，如果不进一步明确，恐实际执法中，仍可能产生误解。

就第13条第2款与第14条间之关系而言，由于该第2款垄断协议定义仅规定于横向垄断协议条款中的第2款，难免会产生是否可同样规制第14条纵向垄断协议之疑问。在实务上，亦确有于违法性认定上之差异。由上述海尔最低转售价格限制案与泰和县液化石油气案可知，前者执法机构并未就纵向垄断协议之限制竞争效果进行论述，而后者执法机构则有就系争行为之限制竞争效果之论述。

就第13条第1款与第14条间之关系而言，即具有竞争关系之经营者间达成之横向垄断协议与经营者与交易相对人达成之纵向垄断协议，实行分开于两个条文分别作规定之方式，除条文上即体现之合意主体上之区别外，两者于“垄断协议”之其他构成要件上是否应有区别，尚有待进一步明确。

（二）进一步明确概括条款的适用

我国《反垄断法》第13条规定之横向垄断协议中，以例示之方式所列之行为态样包括固定价格协议、限制数量协议、分割地理市场协议、限制购买或开发新技术与新产品协议、联合抵制的协议，而第14条规定之纵向垄断协议中，以例示之方式所列之行为态样包括固定转售价格协议、限定最低转售价格协议。就具体规范之行为态样而言仍显过于单薄，如在纵向垄断协议规定中，仅规定纵向价格限制行为中的两种行为态样，其他纵向价格限制行为可否适用该条第3项之概括条款不无疑问。另外，对纵向非价格限制行为，如独家交易、搭售安排、纵向地域限制与客户限制虽有部分行为可能适用同法第17条滥用市场支配地位条款，但仍缺乏对合意行为之规范，故是否将上述行为态样亦以概括条款作为法律依据，或增加例示之条款，有待进一步明确。而且就实务中常出现之混合型垄断协议，如上述泰和县液化石油气案，由于现行法中并无可规范混合型垄断协议之具体条款，而且横向垄断协议与纵向垄断协议采分别规定之方式，则是否另单列条款以作混合型垄断协议之规定，或将来如果明确“垄断协议”为横向垄断协议与纵向垄断协议共同适用之定义后，则是否可将该混合型垄断协议与横向、纵向垄断协议一并列为同一条款中例示之行为类型，皆有进一步探究之价值。

综言之，笔者认为，首先就垄断协议之定义而言，似可考虑以单列条文之形式将垄断协议之构成要件、概括性要件之说明（“其他方式之合意”）、合意之证明、行业协会之决议一并规范于“垄断协议”定义中，此规范体例将更有利于对我国《反垄断法》所规定之“垄断协议”条文的理解与适用。除所例示之垄断协议类型之外，对于诸如纵向非价格限制之类的其他具体限制行为是否皆以概括条款为法律依据，或增加例示之条款。此外，对于混合型垄断协议类型，是否另单列条款进行规定，或将来是否可将该混合型垄断协议与横向、纵向垄断协议一并列为同一条款中例示之行为类型，希望本书之探讨可提供一些参考。

第五编　结　　论

第一章 美国与欧盟竞争法合意规范之实践

本书对于有选择地对美国与欧盟竞争法合意规范之思考,可总结如下。

(一)从垄断协议规范内部各层面之纵向关联性思考

合意内涵之探讨,并非孤立存在的问题,从垄断协议之整体概念之角度,其本身即包含合意判断与效果判断两个层面问题,而从垄断协议规范整体之角度,又可从垄断协议之该当性、违法性、可责性以及救济制度设计多个面向进行对整体规范的把握,在遵照竞争法规范意旨之前提下,秉持防止出现过分威慑之假阳性错误与威慑不足之假阴性错误的目标,并结合实务之发展需求,对规范进行修正。如此再观本书之议题,在探讨纵向垄断协议合意内涵时,首先应肯认者,合意判断与效果判断为两个层面之问题,不可混为一谈,但亦值得注意的是,两个层面之制度设计存在相互之影响。例如,在合意判断层面,依合意主体区分同一产销阶段或不同产销阶段,或依合意方式区分仅于同一品牌内为意思联络或于不同品牌间为意思联络,或依合意内容区分价格或非价格;而在效果判断层面,以美国法为例,有当然违法规则与合理原则适用之区分,以欧盟法为例,有目的型限制行为与效果型限制行为类型之区分(并非与美国法下之概念完全对等)。两个层面之相互影响体现为:美国法下,2007 年丽锦(Leegin)案以来合理原则的适用范围得到扩大，随着合理原则适用范围的扩大，为合意内涵的适当放宽提供了一定现实基础；欧盟法下，2014年法国行际网（CartesBancaires）案以来欧洲法院对于不断扩大的目的限制的概念解释开始实行严格限制的态度，亦是与其司法实践中向以效果为基础之分析方法转变之趋势相符，且欧盟在垄断协议合意内涵上本即采较为宽松之界定，如此则有可能扩大构成第101条第1项之行为范畴，此时限制对目的限制概念的解释，有助于防止产生威慑过度问题。

但在实务中，对垄断协议适用合理原则或作为效果型限制行为论，确为被处分人或涉嫌违反垄断协议规范的被告提供了可提出促进竞争效果之证明的机会，由于纵向垄断协议态样于学理上本即不乏学说见解肯认其经济上之有效率性，故而难免产生对适用合理原则或作为效果型限制行为之规范效果的疑虑：倘合理原则或效果分析方法之适用范围被扩大则是否会削弱垄断协议规范对于垄断协议的威慑效果，进而影响经营者对于违法成本的预判。但本书开篇即提及之受《谢尔曼法》第1条规范的垄断协议较受第2条规范的单方行为须接受更为严厉之审判，例如倘适用当然违法规则，则不须审查实际上造成之损害，纵使适用合理原则，亦无如第2条之严格的市场力门槛要求。然而法律解释上，对于垄断协议合意之内涵，究与独立行为、单方行为如何区分，存在争议；再者，欧盟竞争法第101条之垄断协议规范下，虽仍有相当数量之目的型限制行为，但总体趋势正在向以效果为基础之分析方法转变，且自限制适用“持续商业关系”理论以来，对于合意之认定采更为严格之“默示同意”理论，对于部分协议（排他性协议）还可能同时适用第101条与第102条，故对于垄断协议合意之内涵亦有重新梳理之必要。本书之立场即是基于此现实需求之背景下提出本书之议题，且纵观美、欧之学理及实务发展，对于容易被美国法院所忽略的“以共谋手段试图获取垄断”情形，并由此产生之“空白理论”（欧盟法无此理论）以及对于合意内涵宽窄之争议，学说上提出之“默示接受”或“强迫服从”理论，正是为弥合这一空白以及放宽对合意之解释，且与欧盟法实务上扩大适用之“默示同意”理论十分趋近。回归至本书议题，要言之，不应以纵向垄断协议本身所可能具有之经济效率性而将其于合意判断之层面即排除出垄断协议规范范畴，而在效果判断层面对合理原则或效果分析方法适用范围的扩大，并非对垄断协议规范效果的削弱，反而能够有利于防止垄断协议合意内涵的不当限缩，从而使潜在不法行为不至于在是否成立之认定上即逃脱垄断协议之规范范畴。

另外，在防止合意内涵不当限缩的同时，也应注意防止产生过分扩大之问题，此亦可参酌美、欧之相关经验，其中，欧盟法院自拜耳（Bayer）案起，对于“持续商业关系"理论的适用进行严格限制以防止协议定义过分扩大,其中对于相对人默示同意的认定不仅可通过相对人的回应行为进行判断,还要对提出邀请一方的表示行为是否构成邀请相对人共同实现目标的寻求同意行为进行证明(如要求、商谈、惩罚、威胁行为),且欧盟所适用之以行为认定之客观化证明方法,在涉及同时存在水平、垂直关系之情形时,对于合意之认定亦是采取较为谨慎之做法。而美国法院强调因果关系之证明并重视对行为动机之考量,就因果关系之证明,结合学理上之见解,需借助行为之有利性,尤其是行为对相对人之有利性,以及合意主体间之相互依赖性加以证明,通过有利性之分析可为动机提供证明,并且在判例中,法院在认定动机时会实行唯一合理解释的证明方法,即排除行为人存在独立行为之可能,此方面之实例可参酌新近的苹果电子书案判决。

除在构成要件及其证明方法上之把控外,于举证责任分配上亦有可调整之空间,例如,欧盟法下,关于协同行为之举证责任分配,法院指出,由委员会承担证明存在协调之举证责任,而由经营者就不存在实施行为承担举证责任。但需要注意的是,欧盟竞争法之协同行为概念,与美国反托拉斯法之协同行为有所不同,前者与协议之概念稍有不同,而后者则无此区分。欧盟竞争法体系下,协同行为虽同时包含横向协同行为与纵向协同行为之态样,但是在定义上,一般认为协议对"合意"(Consensus)有更高程度之要求,更有学者认为协同行为之定义较协议更为宽松,故举证责任之分配还须与前端"合意"之内涵相匹配始为妥适。美国法下,倾向于从合法性审查方法,即对效果之判定上简化证明步骤,例如,法院对特定限制行为类型提出之"结构式合理原则"乃至"简略版合理原则",与一般合理原则之分析架构有别,前者系当满足一定违法判断之门槛后,再适用合理原则对行为之市场效果为进一步审查,以此简化一些不必要的审查过程;而后者适用于当限制行为从外表上即能看出其有提高价格的倾向,则该方法"可用于转移举证责任而非省去调查"。

此外,不必过分担忧合意内涵范围之调整对其他规范层面的影响,例如在法律责任的承担问题上,可借鉴欧盟委员会之处罚方式,即在肯认即使接受协议一方为不情愿接受亦不妨碍垄断协议之成立的前提下,实际处罚之对象可为该行为之主要受益人。

不应孤立理解垄断协议之合意内涵,而应将"合意"这一概念置于整个垄断协议规范中的一个层面进行观察,同时观察其与其他层面之间的相互影响。而不论从美国于丽锦案扩大对纵向价格限制的合理原则之适用范围,还是其于联合抵制行为由当然违法规则适用向合理原则适用之转变,或其于搭售安排关于绝对适用当然违法规则与提出结构式合意原则之探讨,抑或从欧盟调整目的型限制类型之范围,或肯认目的型转售价格限制适用豁免条款之可能性,或对可能同时适用第101条与第102条之排他协议类型适用同一种效果分析方法,诸如此类效果判断层面之规范的演变,均与合意判断层面之规范发展相关联。例如,在美国孟山都(Monsanto)案中法院认定生产商在控诉者控诉降价销售商之后终止与该销售商的契约不构成就拒绝与该销售商交易之垄断协议合意(非价格之合意),但因案件当时,当然违法规则之适用仅及于价格层面之纵向限制,故法院之关注点亦在价格层面之合意认定,盖倘合意行为成立即具违法性。另外,亦与美国法院对于合意认定中因果关系证明之强调不无关系,但自丽锦案之后,法院无须再从合意层面上对价格与非价格进行区分。

(二)从独立行为、垄断协议、单方限制行为之横向比较思考

前述合理原则与效果分析方法适用范围的扩大,与对垄断协议合意内涵的适当宽松,于实务上有可能产生规范上的竞合问题,即垄断协议规范与滥用支配地位规范的竞合问题,尤以对市场力有较高要求的排他性协议一类,容易产生此类问题。例如独家交易安排与搭售安排,只有当实施排除其他竞争品牌行为的生产商的市场力达到较高程度时才具有较为显著之排他效果,且在适用合理原则时,很可能会因其同时具有较为显著之经济效率与促进竞争的效果而认定不具有违法性,故难免存在是否还有对其适用垄断协议条款进行规范之实益的疑问。此涉及不同限制行为态样的相互交错、混合以及相互影响甚至转化的问题。例如,美国味可美(McCormick)案中,原本纯粹为单方排他性行为的一级价格歧视行为,当遇到相对人亦具有一定市场力之情形时,合意行为之限制竞争效果会因双方皆具市场力而得到增强,而此时已非单纯之排他效果,而产生来自合意行为之联合效果。如此观之,排他效果与联合效果可能并存甚至相互影响。

简单来说,无论从纵向垄断协议可能促进横向垄断协议之法理上,还是从品牌内竞争可能影响品牌间竞争之法理上,皆不宜忽视对尚未达卡特尔恶性程度的一般性垄断协议,不论横向、纵向垄断协议的认定,而认定之先行问题即为垄断协议合意之内涵。故本书认为,似应摒弃具体垄断协议态样为水平或垂直、为品牌间或品牌内、为联合性或排他性的标签,而是从垄断协议合意内涵的本质上对垄断协议进行认定,并且尽可能从合意内涵上明确其与独立行为、单方限制行为之间的区分界限。

以搭售安排为例,该行为态样可常见于以行为之不法性论处其违法性之案例中,该“行为之不法性”系指滥用支配地位行为,盖搭售安排以滥用支配地位为常见之行为态样,与违法性认定上要求实施搭售安排之经营者在搭售产品市场具有市场力之门槛条件相关。换言之,在搭售产品市场不具有市场力的经营者实施的搭售安排不具有对其进行违法性判断的现实意义,但并非等同于,满足上述包括市场力条件在内之违法性判断标准即可认定行为之违法性。以美国法下之杰斐逊教区医院(Jefferson Parish)案为例,自该案起,法院对搭售安排引入“结构式合理原则”标准,认为纵使满足违法性规制门槛,仍需进一步审查市场影响;基于前文论述,垄断协议与单方限制行为均可能存在“强迫性”因素,但均不以此为要件,故而径依行为具有强迫性无法确定行为之性质,更勿论行为之违法性,而搭售安排是唯一直接将“强迫性”作为违法性规制门槛的行为态样,而此是否与搭售当达到“强迫”这一标准时交易双方“互利”之可能亦随之丧失相关。申言之,倘若搭售之强迫成立则应以单方限制行为论(倘“互利”为合意成立之要件),此亦为本书第二编中即已提出之观点,倘如此,则搭售安排违法性判断之其他标准与垄断协议及单方限制行为之认定有何关联,不无疑问。

至美国微软(Microsoft)案,在封锁效果这一标准上,虽对于是否采“完全封锁”理论存在争议,但于前案之基础上,又添加以交易相对人之角度是否存在显著之转换障碍这一因素为违法性判断标准之一。但值得注意的是,微软案上诉法院虽以不符合搭售安排违法性判断之可分离产品要件为由,未以非法搭售,而以非法维持市场支配地位论行为之违法性(适用《谢尔曼法》第 2 条),但实际上,对于搭售安排违法性判断之其他标准,包括市场力门槛、强迫性因素、封锁效果,在该案中均已为法院所肯认。但该案对于排他性协议适用《谢尔曼法》第 1 条与第 2 条之分析框架是否应有不同,此亦为学者所提之疑问。参考美国登士柏牙科设备商(Dentsply)案以及欧盟范登伯格食品(Van Den Bergh)案,或许可有所启发。美国登士柏牙科设备商案提出了“纯粹排他性契约”的概念(滥用支配地位)以区分一般排他性纵向协议,上诉法院就如何界定竞争者被阻碍之程度,提出“界定方法并非完全封锁标准,而是系争行为是否阻碍了相当数量的竞争者或严重地限制了市场范围”,该案以违反《谢尔曼法》第 2 条论处。

在欧盟法背景下,一般认为搭售安排在经营者具有支配地位时,经营者滥用支配地位之行为具有限制竞争之疑虑,故一般对其适用欧盟竞争法第 102 条,且亦以“强迫性”为违法性判断标准之一,但是实务上亦存在对其适用第 101 条之情形,且可能同时适用第 101 条与第 102 条,如范登伯格食品案。但在适用第 102 条时,并非将系争限制行为的成立以“当然滥用”论,而是对于适用垄断协议规范与滥用支配地位规范采用同一种效果分析方法。且该案同时存在独家交易安排,而独家交易安排不以“强迫性”为违法性规制之门槛,故而该案法院亦未将“强迫性”作为认定行为违法之标准;反之,该案之行为方式实际上具有“利诱”之特征,再结合该案实施搭售经营者之市场力,虽市场份额达相关市场之75%,但被封锁之市场比例为40%,此亦为评价系争协议封锁效果之重要因素。如果依照美国登士柏牙科设备商案提出之“纯粹排他性契约”概念,则范登伯格食品案之排他性协议恐尚未达成立纯粹排他性协议之程度,且法院认定存在纵向垄断协议之合意,此时并非以尚未达“强迫性”门槛之搭售安排论行为之违法性,而是以具有显著封锁效果之合意行为论行为之违法性。

如是观之,搭售安排或可视为临界于垄断协议与单方限制行为之间的最为典型的行为态样之一,外在之原因或与实施搭售安排经营者之市场力因素相关,倘经营者之市场力不足以达到致使相对人乃至最终消费者“被迫”购买被搭售产品之程度,则该限制行为恐无法以单方限制行为之违法性论处。但并非等同于该限制行为不存在封锁效果或封锁效果不显著,此时之封锁效果恐与达“被迫”门槛之封锁效果存在程度上之差异,且此程度之差异与市场力因素不无关系,但即使搭售安排非以单方限制行为之违法性论处,亦可能以垄断协议之违法性论处。要言之,搭售安排违法性判断之各标准与垄断协议及单方限制行为认定之关系为:(1)可分离产品要件为搭售安排违法性判断之特有标准,但不影响该限制行为违法性之判断(纵使不满足该标准,亦可能以其他限制行为名义论处);(2)强迫性之有无为区分垄断协议与单方限制行为之标准,但不影响该限制行为违法性之判断(即使不满足该标准,亦可能以事实上具有之排他效果论处);(3)市场力以及封锁效果存在程度上之差异,且此程度之差异不仅产生垄断协议与单方限制行为之区分(如纯粹排他性协议为单方限制行为),亦影响该限制行为违法性之判断。

如果市场力因素是产生显著之排他性限制竞争效果以致违反竞争法之外在原因,则是否存在受市场力因素影响之内在原因,而该内在原因是否即为区分垄断协议与单方限制行为之界限,亦为本书意图探索之合意内涵的一个难点。在对有利性因素进行分析时,搭售安排这一行为态样提供了一项重要线索,即有利性的时点问题。质言之,在搭售安排这一直接以“强迫性”为违法性判断标准之一的特殊行为态样下,原本基于合意行为之“互利”,尤其是行为对于相对人之有利性与该“强迫性”实际上存在着此消彼长之特征,而行为对于相对人之有利性以行为产生显著之封锁效果为区分时点,[①]此时点之后行为显现出强迫性特征,而行为对相对人之不利益亦随之凸显,即对相对人之有利性不足以抵销由封锁竞争者所带来的整体上不利益。而在其他垄断协议态样中,有利性与强迫性并存之情形并非鲜见,且不存在此消彼长之特征,即所谓“利诱”“胁迫”手段可能同时存在于一种垄断协议态样中。例如,葛兰素史克(GlaxoSmithKline)案,销售商同时存在因区域限制将减少获利之不情愿与受到二元定价机制之鼓励两种因素(见图5)。申言之,如果以利诱、胁迫之手段为合意判断之要件,或以之为判断单方限制行为之要件,恐仍将混淆两者之区分界限。

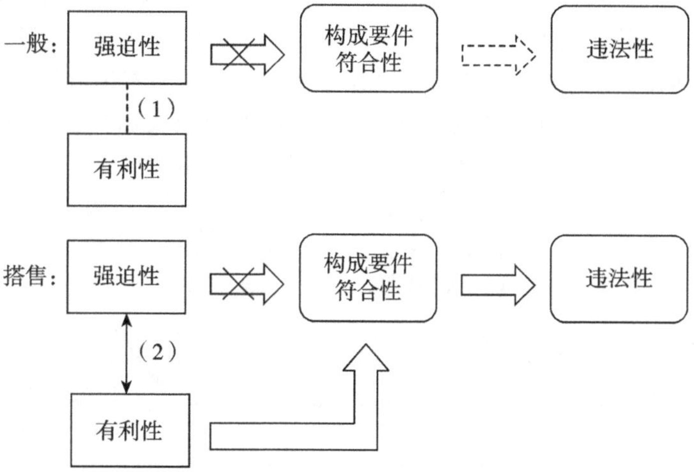

(1)两者无必然联系(可并存,且无此消彼长关系)。
(2)两者有此消彼长关系(以产生显著之封锁效果为区分时点)。

图4　一般限制行为与搭售安排

(三)小结

综上所述,竞争法对垄断协议之评价虽最终落脚于效果,但在纵向限制情形下,亦须关注行为本身是否存在合意。当经营者市场力较小时,可能因为经营者采合意行为而产生竞争损害,如因受第三方强迫所为之转售价格限制即属合意行为且限制竞争效果显著。反之,若非合意行为,即仅为单方行为,且无可

---

① 依据前述实务及学说上之见解,显著之封锁效果可通过主体之市场份额、被封锁之市场比例、交易相对人是否存在显著之转换障碍等相关因素进行评价。

非难之限制竞争效果（如欧盟拜耳案系涉及纵向地域限制之单方行为案例）。当经营者市场力较大时，须注意区分垄断协议与单方限制行为（但此区分问题并非仅存在于市场力较大时），如果不存在合意而系单方限制行为，则行为之限制竞争疑虑是否达以“滥用支配地位”进行规范之必要，则须依滥用支配地位的违法性评价标准进行判断。

要言之，仅从效果判断或违法性判断标准上区分独立行为、垄断协议与单方限制行为，恐不足以应对行为态样之交错、混合以及行为效果之转化问题，而明确纵向垄断协议之合意内涵，不仅有助于厘清在垄断协议规范内部，横向垄断协议与纵向垄断协议之关系，更在对区分独立行为、垄断协议与单方限制行为，以及应对行为态样之交错、混合以及行为效果之转化问题上具有重要之意义。

而在明确须关注行为本身是否存在合意之基础上，可建构出市场力水平与垄断协议、纵向限制、滥用支配地位行为三者的关系图（见图 6），须探讨之问题为：纵向限制是否可归入“合意行为”，或“滥用支配地位”？

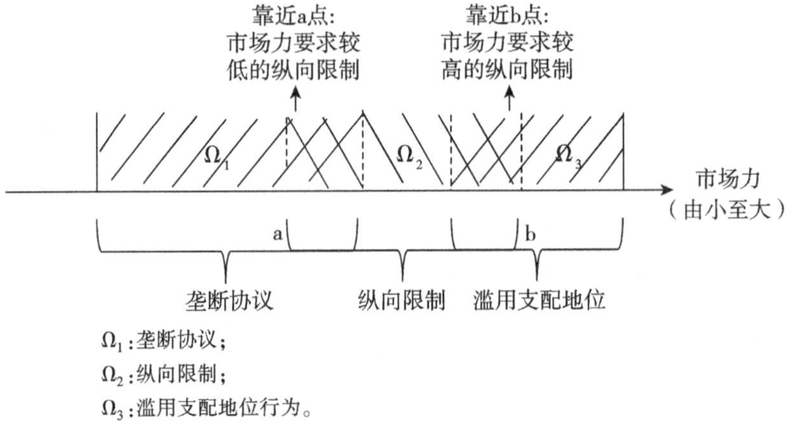

图 5 市场力水平与垄断协议、纵向限制、滥用支配地位行为三者之关系

注：虚线表示纵向限制与垄断协议及滥用支配地位行为之间并非必然存在非此即彼之区隔。其中，靠近 a 点的纵向限制系对市场力要求较低的行为类型（如转售价格限制、纵向地域限制），靠近 b 点的纵向限制系对市场力要求较高的行为类型[相对于“试图垄断”（包括以纵向垄断协议排除竞争者）仍以非法“维持垄断”的高市场份额门槛为基础的传统观点，行为经济学理论（Behavioral Economics）则认为，可能存在经营者进入市场的非理性决策与客观的市场进入障碍不符，以及个人对于风险的反应可能不符合理性的利益最大化选择，因此可能缺乏应对假阴性问题的机制。See Amanda P. Reeves & Maurice E. Stucke, *Behavioral Antitrust*, Indiana L. J. 86, 2011, p. 1556 – 1559.]（如独家交易安排、搭售安排）。

对于靠近 a 点的行为类型，须解决是否成立合意之判断问题（倘不成立合意则仅为单方行为，无可非难性），而对于靠近 b 点的行为类型，须解决法的评价上的衡平问题。由于该类行为往往呈现高市场份额乃至垄断状态，且可能同时存在合意，若如欧盟法对其同时适用第 101 条、第 102 条，则当同时适用两者时，于法的评价上是否会产生不衡平问题。欧盟法对此实行的“同一种效果分析方法”，即为一种解决思路。而美国法则对排他协议类型提出“纯粹排他性契约”概念（滥用支配地位）以区分一般排他性纵向协议（合意行为），亦可作为一种解决思路。不论采何者，皆可避免产生将纵向垄断协议归入“纵向垄断协议”后可能出现的问题，即对市场力水平要求较高的纵向限制行为，当存在法条竞合时，可能由此产生违法性评价标准不同的问题。

综言之，笔者认为，纵向限制可归入“合意行为”，或“滥用支配地位”，无须对其进行个别规制，但须明确其属性，此于美、欧竞争法体例下，体现为仅有“垄断协议”与“滥用支配地位”（或非法维持垄断）两种规范，而对于不存在合意之单方限制行为（如对市场力要求较高之排他性协议），则于美、欧体例下，须检视行为之限制竞争疑虑是否达以“滥用支配地位”进行规范之必要。

第二章　我国《反垄断法》合意规范之完善

基于对研究现状与实践之梳理，以及我国《反垄断法》实施以来的案例研析，从本书所研究议题之角度，笔者试提出以下几点思考并从立法方面提出几点建议。

一、我国《反垄断法》第 13 条第 2 款垄断协议定义之争议

（一）是否应区分规范横向垄断协议与纵向垄断协议

依据种属关系，协议应包含横向协议与纵向协议，但是依据竞争法上可非难性的判断标准，如是否需要具体分析限制竞争效果，横向垄断协议与纵向垄断协议存在差异，因此，垄断协议的规范对象是否可同时包含该两者存在争议。

本书立场为仍应采横向垄断协议与纵向垄断协议一并规范的方式。经济合作发展组织（Organization for Economic Co-operation and Development，OECD）曾于一份关于南非竞争政策的评估报告中，在评述其纵向协议（vertical agreements）规定时提及，大多数竞争法立法例乃将横向与纵向协议一并规范，故特别指出南非的立法

采行区分规范的体例。[①] 并且 OECD 亦曾于 2010 年对巴西竞争政策进行了评估，该评估报告提及，巴西竞争法所规范的行为态样除经营者集中外，皆规定于第 20 条与第 21 条，且报告指出："不同于大多数竞争法立法例，巴西竞争法并未将限制竞争协议(agreements)与单方滥用行为(single firm abusive conduct)区分立法。"规定于第 21 条的单方行为态样(unilateral practices)(该条还列有限制竞争协议)包括排除或使新进入者(或已有竞争者)不利，如通过拒绝交易、限制其取得产品来源、销售通路等方式，以及以低于成本价格不合理销售产品等。并且在其司法实践中，鲜有对未构成单方滥用支配力的纵向垄断协议给予处罚。换言之，巴西竞争法认为纵向垄断协议的可罚性主要在单方滥用，但报告亦特别以 2008 年巴西法院对一项排他性协议的判决为例。虽该案最终以被处罚当事人撤销系争协议达成与竞争主管机关的行政和解，但该案系单纯以协议为规范，而未涉及滥用行为规范，且由于处罚决定使其他竞争者得参与竞争，从而导致产品价格下降至竞争水平的价格，此为 OECD 评估报告中所特别指出之处。[②]

本书理解，按目前纵向垄断协议的经济合理性越来越多受到肯认的趋势，故对于横向垄断协议与纵向垄断协议于效果评价标准及判断方法上确存在较大差异，但于"合意"内涵上是否亦有区分之必要，则更有探究价值。因此，应侧重于区分合法的独立行为与非法的共谋行为，且对此区分之强调大过对于垄断协议内部差异性之关注，而对于未达市场支配地位的经营者所实施之纵向垄断协议，对其是否构成合意的认定可能直接影响系争行为最终之可非难性评价。

(二)如何理解垄断协议之"禁止"

我国《反垄断法》与欧盟法之共同点在于同样遵循"原则禁止，例外合法"

---

① 报告原文："Unlike most competition statutes, which typically group all restrictive practices into a single rule, South Africa's Competition Act separates the rule about restrictive practices between parties in a vertical relationship from the rule about horizontal restraints. The competitive effects of vertical agreements are more complex, and thus they are usually assessed under a rule of reason." See OECD, *Competition Law and Policy in South Africa* (May 2003), available at https://www.oecd.org/daf/competition/prosecutionandlawenforcement/2958714.pdf.

② See OECD, Competition Law and Policy in Brazil(2010), available at http://www.oecd.org/daf/competition/45154362.pdf.

的规范原则，但须明确者，此“禁止”仍须经营者之限制行为具有“可感觉效果”(appreciability)。[①] 故效果要件作为客观要件，乃垄断协议定义之构成要件，当满足一定条件时可能推定系争行为当然具有限制竞争效果，而不需对具体效果予以证明，如目的型限制竞争行为（具有限制竞争目的），但不应将此“禁止”意涵等同于认定行为“具有限制竞争目的”。反言之，亦可能因符合“安全港”(safe haven)适用门槛，而认为其不具有限制竞争危害可能性，因为此时不具有竞争法之可非难性，自然无须“禁止”，而对于不符合我国《反垄断法》第15条第1款规定之豁免情形或第15条第2款规定之适用条件——“不会严重限制相关市场的竞争，并且能够使消费者分享由此产生的利益”的具体行为，则须返回第13条、第14条进行违法性判断。

综言之，本书认为，无论是否须具体分析行为的限制竞争效果，皆可名列于条款中作为例示规定，尤其对于目前仅明文规范部分纵向价格限制的第14条，似乎仍有进一步补足及明确余地。其意义不仅在于明确法条的适用范畴，亦在于明确对于未达市场支配地位之经营者所为之纵向垄断协议究可否以垄断协议进行规范，因为纵向垄断协议态样原则上应可包含现行法第17条所规范的独家交易及搭售安排，还包含部分差别待遇及联合抵制(boycott)[②]行为，因此还存在法条竞合的可能，但如果未对此类行为之合意行为情形作出规定，则可能径依经营者市场力未达支配地位即不予追究其合法性，恐造成对违法行为的误判。

二、完善建议：以单列条文形式完善反垄断法垄断协议定义

基于对研究现状的梳理，本书试主要从我国《反垄断法》修订层面提出如下两点建议。

（一）明确规范对象及扩大解释合意内涵

我国《反垄断法》中规范对象的混乱源于条文位置导致的逻辑不清。垄断协议的本质是一种竞争法意义上的合意行为，对垄断协议的禁止即是对一种特

① 要言之，所谓可感觉效果应符合微量原则(De Minimis Doctrine)。而欧盟法关于目的型限制竞争行为之单一可感觉效果标准是在亿客行公司诉法国竞争管理局案[Expedia, Inc. v. Autorité de la Concurrence(Case C-226/11 EU:C:2012:795, para. 16)]的法院判决中所做的修正。

② 此处“联合抵制”系指广义上的联合抵制行为，即除本法所规范的横向联合抵制，还包含单个厂商与数个交易相对人所构成的纵向联合抵制行为。

定合意行为的禁止。就我国《反垄断法》第 13 条第 2 款与第 13 条第 1 款间的关系而言,第 1 款“禁止”的规范对象是竞争者之间的合意行为,即横向合意行为;但根据第 2 款,规范对象为具有“排除、限制竞争”效果的合意行为,则规范对象是否不论主体之间为竞争关系或非竞争关系皆应具有“排除、限制竞争”效果的一般属性呢?实际上,并非以存在限制竞争效果的事实为一般违法要件,而有足以限制竞争的危害可能性即可。我国《反垄断法》对于如何从合意行为本身判断行为具有潜在危害,依条文尚不明确,本书认为可从行为或与行为所相关之经济背景上予以界定,系指协议的客观的(objective)意思与目的;而所谓“客观”,系指从协议条款的措辞及其意图实现的目标上判断,而非经营者的主观意图,并且该意图实现的目标不得以因受威胁而屈从始达成合意为抗辩理由。

就我国《反垄断法》第 13 条第 2 款与第 14 条间的关系而言,由于该第 2 款垄断协议定义仅规定于横向垄断协议条款中的第 2 款,难免产生是否可同样规制第 14 条纵向垄断协议的疑问。实务上,亦确有于违法性认定上的差异。由前述 2016 年上海市物价局对海尔最低转售价格限制处罚案与 2011 年江西省工商局对泰和县液化石油气垄断协议处罚案可知,前者执法机构并未就纵向垄断协议的限制竞争效果作论述,而后者执法机构则有针对系争行为的限制竞争效果作论述。

就我国《反垄断法》第 13 条第 1 款与第 14 条间的关系而言,即具有竞争关系的经营者之间达成的横向垄断协议与经营者与交易相对人达成的纵向垄断协议,采行分开于两个条文分别作规定的方式,除条文上既已体现的主体之间竞争关系的区别,两者于“垄断协议”的其他构成要件尤其“合意”要件上是否应有区别,尚有待进一步明确。本书认为,由于纵向垄断协议在合意内涵上应包含交易相对人“默示同意”、附加“有利性”条件的“被迫同意”,因此,应对反垄断法语境下的协议的合意内涵适当扩大解释,以保证协议包含横向协议、纵向协议在逻辑上的周延性。

(二)进一步明确兜底条款的适用

我国《反垄断法》第 13 条规定的横向垄断协议中,以例示之方式所列的行为态样包括固定价格协议、限制数量协议、分割地理市场协议、限制购买或开发新技术与新产品协议、联合抵制的协议;而第 14 条规定的纵向垄断协议中,以例示之方式所列的行为态样包括固定转售价格协议、限定最低转售价格协议。就具体规范的行为态样仍显过于单薄,如在纵向垄断协议规定中,仅规定纵向价格限制行为中的两种行为态样，其他纵向价格限制行为可否适用该条第 3 款之兜底条款不无疑问。此外，对于纵向非价格限制行为，如独家交易、搭售安排、纵向地域限制与客户限制虽有部分行为可能适用同法第 17 条滥用市场支配地位条款，但仍缺乏对合意行为的规范，故是否将部分或全部纵向非价格限制行为态样亦以第 14 条兜底条款作为法律依据，或增加例示之条款，有待进一步明确。

综言之，本书认为，首先就垄断协议的定义而言，似可考虑以单列条文的形式将垄断协议的构成要件、概括性要件的说明（“其他方式之合意”）、合意的证明、行业协会的决议一并规范于“垄断协议”定义中，此规范体例将更有利于对反垄断法所规定的“垄断协议”条文的理解与适用。而就除所例示之垄断协议类型之外，对于诸如纵向非价格限制之类的其他具体限制行为是否皆以兜底条款为法律依据，或增加例示之条款，希望本书之探讨可提供一些参考。

参考文献

一、中文文献

(一)专著

王先林:《竞争法学》(第2版),中国人民大学出版社2015年版。

王先林主编:《竞争法律与政策评论》(2015年第1卷),上海交通大学出版社2015年版。

王晓晔:《王晓晔论反垄断法》,社会科学文献出版社2010年版。

王晓晔主编:《反垄断法实施中的重大问题》,社会科学文献出版社2010年版。

何之迈:《公平交易法专论》,中国政法大学出版社2004年版。

何之迈、张懿云、林廷机、陈志民:《公平交易法——司法案例评析》,台北,元照出版公司2015年版。

赫伯特·霍温坎普:《联邦反托拉斯政策——竞争法律及其实践》(第3版),许光耀、江山、王晨译,法律出版社2009年版。

(二)论文

王先林:《市场取向的经济改革与中国反垄断法的产生和发展》,载王先林主编:《竞争法律与政策评论》(2015年第1卷),上海交通大学出版社2015年版。

王健:《垄断协议认定与排除、限制竞争的关系研究》,载《法学》2014年第3期。

王晓晔:《论限制竞争性协议》,载《中国工商管理研究》2000 年第 4 期。

王晓晔:《中华人民共和国反垄断法析评》,载《法学研究》2008 年第 4 期。

王晓晔:《反垄断法中的垄断与限制竞争》,载《中国价格监管与反垄断》2014 年第 9 期。

兰磊:《转售价格维持违法推定之批判》,载《清华法学》2016 年第 2 期。

许光耀:《纵向限制竞争协议与横向限制竞争协议的比较》,载《西南政法大学学报》2007 年第 5 期。

许光耀:《〈反垄断法〉中垄断协议诸条款之评析》,载《法学杂志》2008 年第 1 期。

许光耀:《论反垄断法上对"协议"的认定》,载《价格理论与实践》2013 年第 9 期。

许光耀:《独家销售协议的反垄断法调整》,载《中国物价》2014 年第 4 期。

刘继峰:《试析我国〈反垄断法〉垄断协议概念的形式逻辑问题》,载《北京化工大学学报(社会科学版)》2012 年第 4 期。

辛正强:《中国〈反垄断法〉规则的逻辑问题》,载王晓晔主编:《反垄断法实施中的重大问题》,社会科学文献出版社 2010 年版。

李剑:《论联合抵制交易的违法性判断标准》,载《当代法学》2009 年第 3 期。

李剑:《转售价格维持的违法性与法律规制》,载《当代法学》2010 年第 6 期。

李剑:《反垄断法体系的隐含差异与意义》,载王先林主编:《竞争法律与政策评论》(2015 年第 1 卷),上海交通大学出版社 2015 年版。

张骏:《论美国纵向限制法律规范及其对我国的启示》,华东政法大学 2010 年博士学位论文。

张靖:《论对纵向垄断协议的规制》,载《湖南师范大学社会科学学报》2008 年第 6 期。

徐士英:《中国关于垄断协议的立法与实施——竞争文化视角的分析》,载《法治研究》2014 年第 3 期。

符颖:《纵向垄断协议的诉讼资格及证明责任——"北京锐邦涌和科贸有限公司诉琼森(中国)医疗器材有限公司案"评析》,载《交大法学》2013 年第 2 期。

二、外文文献

(一)专著

1. 日文文献

白石忠志『独占禁止法』(有斐閣,2016 年)。

村上政博『独占禁止法』(弘文堂,2016 年)。

根岸哲编『注釈独占禁止法』(有斐閣,2009 年)。

2. 英文文献

Areeda, Phillip E. & Herbert Hovenkamp, *Antitrust Law: An Analysis of Antitrust Principles and Their Application*, Vol. Ⅶ, Little Brown & Co. Law & Business (1986).

Areeda, Phillip E. & Herbert Hovenkamp, *Antitrust Law: An Analysis of Antitrust Principles and Their Application*, Vol. 2A, Little Brown & Co. Law & Business (1995).

Areeda, Phillip E. & Herbert Hovenkamp, *Antitrust Law: An Analysis of Antitrust Principles and Their Application*, Vol. Ⅺ, Second Edition, Aspen Publishers (2005).

Areeda, Phillip E. & Herbert Hovenkamp, *Antitrust Law: An Analysis of Antitrust Principles and Their Application*, Vol. Ⅵ, Third Edition, Aspen Publishers (2010).

Areeda, Phillip E. & Herbert Hovenkamp, *Antitrust Law: An Analysisof Antitrust Principles and Their Application*, Vol. Ⅶ, Third Edition, Aspen Publishers (2010).

Areeda, Phillip E. & Herbert Hovenkamp, *Antitrust Law: An Analysisof Antitrust Principles and Their Application*, Vol. Ⅷ, Third Edition, Aspen Publishers (2010).

Areeda, Phillip E. & Herbert Hovenkamp, *Antitrust Law: An Analysis of Antitrust Principles and Their Application*, Third Edition, Aspen Publishers (2011).

Areeda, Phillip E. & Herbert Hovenkamp, *Antitrust Law: An Analysisof Antitrust Principles and Their Application*, Vol. Ⅲ, Forth Edition, Aspen Publishers (2015).

Areeda, Phillip E. & Herbert Hovenkamp, Fundamentals of *Antitrust Law*, Forth Edition, Aspen Publishers (2011).

Areeda, Phillip E. & Louis Kaplow, *Antitrust Analysis: Problems, Text, and*

Cases, Wolters Kluwer Law & Business (2013).

Gavil, Andrew I. & William E. Kovacic & Jonathan B. Baker, *Antitrust Lawin Perspective: Cases, Concepts and Problems in Competition Policy*, Second Edition, Thomson/West (2008).

Goyder, D. G., *Ec Competition Law*, Forth Edition, Oxford University Press (2003).

Goyder, Joanna, *Eu Distribution Law*, Forth Edition, Hart Publishing (2005).

Hovenkamp, Herbert, *Economicsand Federal Antitrust Law*, West Publishing Co. (1985).

Hovenkamp, Herbert, *Antitrust*, Second Edition, West Publishing Co. (1993).

Hovenkamp, Herbert, *The Opening of American Law: Neoclassical Legal Thought*, 1870 – 1970, Oxford University Press (2015).

Jones, Alison & Brenda Sufrin, *Eu Competition Law: Text, Casesand Materials*, Forth Edition, Oxford University Press (2011).

Jones, Alison & Brenda Sufrin, *Eu Competition Law: Text, Casesand Materials*, Fifth Edition, Oxford University Press (2014).

Nagy, Csongor Istvan, *Euand Us Competition Law: Divided in Unity?: The Rule on Restrictive Agreements and Vertical Intra-Brand Restraints*, Routledge (2013).

Posner, Richard A., *Antitrust Law: An Economic Perspective*, Universityof Chicago Press (1976).

Posner, Richard A., *AntitrustLaw*, Second Edition, University of Chicago Press (2001).

Ritter, Lennart & David W. Braun & Francis Rawlinson, *European Competition Law: A Practitioner's Guide*, Second Edition, Kluwer Law International (2000).

Sullivan, Lawrence A., *Handbookof the Law of Antitrust*, West Publishing Co. (1977).

Whish, Richard & David Bailey, *Competition Law*, Eighth Edition, Oup Oxford (2015).

(二)论文

1. 日文

伊藤眞「「他の事業者と共同して」認定にかかる主張立証構造」白石忠志ほか編『経済社会と法の役割:石川正先生古稀記念論文集』(商事法務,2013年)。

長澤哲也「単独かつ一方的な取引拒絶における競争手段不当性」白石忠志ほか編『経済社会と法の役割:石川正先生古稀記念論文集』(商事法務,2013年)。

2. 英文

Anderson, Mark D., *Vertical Agreements Under Section* 1 *of the Sherman Act*: *Results in Search of Reasons*, 37 U. Fla. L. Rev. 905 (1985).

Baker, Jonathan B., *Exclusion as a Core Competition Concern*, 78 Antitrust L. J. 527 (2013).

Burns, Jean Wegman, *Rethinking the "Agreement" Element in Vertical Antitrust Restraints*, 51 Ohio St. L. J. 1 (1990).

Easterbrook, Frank H., *TheLimits of Antitrust*, 63 Tex. L. Rev. 1 (1984).

Easterbrook, Frank H., *Vertical Arrangements and the Rule of Reason*, 53 Antitrust L. J. 135 (1984)

Elzinga, Kenneth G. & David E. Mills, *The Economics of Resale Price Maintenance*, 3 Issues in Competition Law and Policy 1841 (2008).

Eric, Gippini-Fournier, *The Notion of Agreement in a Vertical Context*: *Pieces of a Sliding Puzzle*, in Reviewing Vertical Restraints in Europe: Reform, Key Issues and National Enforcement (2012).

European Commission, *Guidelines on the Application of Article* 81(3) *of the Treaty*, 2004 O. J. (C 101); European Commission, *Guidelines on Vertical Restraints*, 2010 O. J. (C 130).

Gavil, Andrew I., *Copperweld 2000*: *The Vanishing Gap Between Sections* 1 *and* 2 *of the Sherman Act*, 68 Antitrust L. J. 87 (2000).

Hovenkamp, Herbert, *Leegin, the Rule of Reason, and Vertical Agreement*, U Iowa Legal Studies Research Paper No. 10 – 40, University of Iowa (2010).

Harrison, Jeffrey L., *Dr. Miles's Orphans*: *Vertical Conspiracy and Consignment in the Wake of Leegin*, 45 Wake Forest L. Rev. 1125 (2010).

Jacobson, Jonathan M. & Kimberley A. Piro, *Storm Over E-Books Waters*, 3 Competition Law Journal: Concurrences 14 (2012).

Kaplow, Louis, *Direct Versus Communications-Based Prohibitions on Price Fixing* ,3 J. Legal Analysis 449 (2011).

Kaplow, Louis, *Antitrust*, in Handbook of Law and Economics, Vol. Ⅱ (2011).

Kaplow, Louis, *The Meaning of Vertical Agreement and the Structure of Competition Law*, Harvard John M. Olin Discussion Paper No. 860, Harvard Law School (2016).

Lidgard, H. H. , *Unilateral Refusal to Supply: An Agreement in Disguise?*, 18 E. C. L. R. 352 (1997).

Lopatka, John E. , *Solving the Oligopoly Problem: Turner's Try*, 41 Antitrust Bull. 843 (1996).

Meyer, Jayma M. , *Relaxation of the Per Se Mantra in the Vertical Price Fixing Arena*, 68 So. Cal. L. Rev. 73 (1994).

Page, William H. , *Objective and Subjective Theories of Concerted Action*, 79 Antitrust L. J. 215 (2013).

Popofsky, M. Laurence, *Does Leegin Liberate the Law Governing Horizontal Conspiracies from Its Vertical Contamination?*, 78 Antitrust L. J. 23 (2012).

Posner, Richard A. , *The Next Step in the Antitrust Treatment of Restricted Distribution: Per Se Legality*, 48 U. Chi. L. Rev. 6, 22 – 23 (1981).

Posner, Richard A, *Vertical Restraints and Antitrust Policy*, 72 University of Chicago Law Review 229 (2005).

Rahl, JamesA. , *Conspiracy and the Anti-Trust Laws*, 44 Ill. L. Rev. 743 (1950).

Reeves, Amanda P. & Maurice E. Stucke, *Behavioral Antitrust*, 86 Indiana L. J. 1527 (2011).

Robinson, O. Glen, *Explaining Vertical Agreements: The Colgate Puzzle and Antitrust Method*, 80 Virginia Law Review 577 (1994).

Rousseva, E. , *Modernising by Eradicating: How the Commission's New Approach to Article* 81 *EC Dispenses with the need to Apply Article* 82 *to Vertical Restraints*, 42 CMLRev 587 (2005).

Sahuguet, Nicolas & Alexis Walckiers, *Hub-and-Spoke Conspiracies: the Vertical Expression of A Horizontal Desire?*, 5 (10) Journal of European Competition Law & Practice 711 (2014).

Segal, Ilya R. & Michael D. Whinston, *Naked Exclusion: Comment*, 90 Am. Econ. Rev. 296 (2000).

Telser, Lester G., *Why Should Manufacturers Want Fair Trade?*, 3 J. L. & Econ. 86 (1960).

Turner, Donald F., *The Definition of Agreement Under the Sherman Act: Conscious Parallelism and Refusals to Deal*, 75 Harv. L. Rev. 655 (1962).